Informatik-Fachberichte 278

Herausgeber: W. Brauer
im Auftrag der Gesellschaft für Informatik (GI)

H. W. Meuer (Hrsg.)

SUPERCOMPUTER '91

Anwendungen, Architekturen, Trends
Seminar, Mannheim, 20. - 22. Juni 1991

Proceedings

Springer-Verlag

Berlin Heidelberg New York London Paris
Tokyo Hong Kong Barcelona Budapest

Herausgeber

Hans W. Meuer
Universität Mannheim, Rechenzentrum
L 15, 16, W-6800 Mannheim 1

Seminar SUPERCOMPUTER '91

Veranstalter:

VEREIN ZUR FÖRDERUNG DER
WISSENSCHAFTLICHEN WEITERBILDUNG
AN DER UNIVERSITÄT MANNHEIM E. V.

Leitung:

H. W. Meuer, Mannheim
H.-M. Wacker, Birlinghoven

CR Subject Classification (1991): C.1.2, C.2.1, C.5.1, C.5.4, D.1.3, D.3.4,
D.4.4, F.2.1, G.1.3, G.1.8, K.1, K.6.2-4

ISBN-13:978-3-540-54231-5   e-ISBN-13:978-3-642-76742-5
DOI: 10.1007/978-3-642-76742-5

2133/3140-543210 – Gedruckt auf säurefreiem Papier

Vorwort

Die Situation auf dem Gebiet der Höchstleistungsrechner läßt sich im Frühjahr 1991, vor dem zum sechstenmal stattfindenden Mannheimer Seminar "Supercomputer – Anwendungen, Architekturen, Trends", wie folgt charakterisieren :

- Beim Marktführer Cray Research hat man jetzt die sehr erfolgreiche YMP–Serie durch ein neues, leistungsfähigeres I/O–Subsystem noch attraktiver gemacht. Man ist durch die Abrundung der Produktpalette nach unten mit den XMS/YMS Minisupercomputern gut gerüstet für das Ende des Produktionzyklus der jetzigen YMP/8. In etwa einem Jahr wird mit der Ankündigung der neuen YMP/16 (C90) gerechnet mit bis zu 16 Prozessoren und einer Spitzenleistung von 16 GFLOPS. Das Projekt der Entwicklung eines massivparallelen Prozessorsystems zur Ergänzung der traditionellen General-Purpose-Linie hat viel Aufmerksamkeit erregt. Zum jetzigen Zeitpunkt darf man davon ausgehen, daß es sich um ein lokales Speicherkonzept auf MIMD–Basis für die Bearbeitung spezieller Anwendungen handelt, das über einen extrem schnellen Bus mit den klassischen Cray-Rechnern verbunden sein wird. Allerdings werden bis zur Realisierung noch eine ganze Reihe von Jahren ins Land gehen.

- NEC hat mit dem derzeit leistungsfähigsten Supercomputer, der SX3, schnell in Europa Fuß gefaßt. Neben der bereits installierten 1–Prozessoranlage an der Universität Köln wird derzeit eine weitere bei der niederländischen Raumforschung und in Kürze eine 2–Prozessorversion im Tessin als nationaler Supercomputer der Schweiz installiert.
  Siemens Nixdorf hat jetzt die ersten S–Modelle an den Hochschulen in Aachen, Karlsruhe und Hannover in Betrieb genommen, eine VP200EX wird an die TU Dresden gehen. Einer landesweiten Hochschullösung für Hessen mit einer S–600/20 in Darmstadt sowie einer S–200/10 in Frankfurt und je einer S–100/10 in Kassel und Gießen hat jetzt die DFG–Rechnerkommission zugestimmt.

- Das Interesse an Parallelrechnern steigt erheblich an. Dies konnte die Einstellung der Entwicklungsaktivitäten bei Suprenum nicht verhindern. Neu in Deutschland auf dem Markt sind MasPar (mit Erstinstallation an der Universität Stuttgart), nCube und BBN. iP-Systems aus Kiel hat einen auf i860-basierten Binärbaum-Rechner kürzlich vorgestellt. Die GMD hat mit einer CM2 und einer Alliant FX/2800 seine Parallelrechner im Rahmen des HLRZ ergänzt. Die FX/2800 hat sich im Markt gut etabliert, das gilt auch für die SuperCluster-Rechner von Parsytec. Convex schließlich hat im vergangenen Jahr erheblich zulegen können, die kommende C3 wird vielleicht den Aufstieg in die Formel 1-Klasse ermöglichen.

- Es besteht ein großer Erfahrungsbedarf bei Parallelrechnern. Man beobachtet nämlich ein erhebliches Defizit an neuen Anwendungen, neuen parallelen Algorithmen sowie performanten Lösungen auf Parallelrechnern. Echte Anwendererfahrungsberichte sind gefragt.

- Die derzeitige Situation – auf der einen Seite die etablierten und sehr erfolgreichen, aber auch teuren MP–Vektorrechner von Cray, NEC und Fujitsu, auf der anderen Seite die immer stärker in den Markt drängenden kostengünstigen, mikroprozessor-basierten Parallelrechnern mit ihren (noch) erheblichen Defiziten bei der Bewältigung des Softwareproblems – hat zu Unsicherheiten bei den Anwendern geführt; man fragt sich, wie es in diesem Jahrzehnt weitergeht und wo die Reise hinführt:
Werden die Vektorrechner überleben, werden die Parallelrechner als Universal– oder doch nur als Spezialrechner eingesetzt werden können? Werden wir in diesem Jahrzehnt die von der Praxis benötigten 1 TFLOPS überhaupt erreichen? Was ist von der kürzlich publizierten EG–Empfehlung unter Leitung des Nobelpreisträgers Carlo Rubbia von CERN zu halten?

Das diesjährige Seminar befaßt sich intensiv mit diesen Entwicklungen und versammelt wiederum Supercomputer–Anwender, –Betreiber und –Hersteller zu einem fruchtbaren Dialog und Erfahrungsaustausch.

Neben den traditionellen "Aktuellen Informationen / Firmenpräsentationen" sind die Schwerpunkte des diesjährigen Seminars:

- Mikroprozessoren als Basistechnologie künftiger Supercomputer
- Vektorrechner – Status und Trends
- Erfahrungen mit Parallelrechnern
- Neues aus dem Parallelrechnermarkt
- Supercomputing 1995 und danach

Dieser Band enthält alle Hauptreferate des Seminars, die verschiedenen Positionen aller Teilnehmer der Podiumsdiskussion 'Supercomputing1995 and beyond' in Form von Antworten auf sieben vorgegebene Fragen sowie die Vorstellung neuer Parallelrechnerarchitekturen, die jetzt in den europäischen Markt eingeführt werden: die Produkte der Firmen BBN, Maspar und nCube. Last but not least wird in einem Beitrag der Firma Parsytec (Aachen) die dort gerade gestartete Europäische Supercomputer Initiative zur Realisierung eines massiv parallelen Rechners im TeraFlops–Leistungsbereich für 1993 vorgestellt.

Abschließend möchte ich mich bei allen Referenten dieses Seminars bedanken, insbesondere für die rechtzeitige Bereitstellung der Manuskripte. Ohne meine Mitarbeiter Dr. Erich Strohmaier sowie die beiden wissenschaftlichen Hilfskräfte Peter Vogel und Dirk Wenzel hätte dieser Band nicht so zügig fertiggestellt werden können. Ihnen gilt mein besonderer Dank.

Mannheim, im April 1991   Hans W. Meuer

Inhaltsverzeichnis

V Supercomputing 1995 and Beyond

Mikroprozessoren als Basistechnologie künftiger Computergenerationen

G. Färber

Technische Universität München
Lehrstuhl für Prozeßrechner
Franz–Joseph–Straße 38
8000 München 40

Zusammenfassung

Die Halbleitertechnologie sorgt mit extrem steigenden Integrationsdichten dafür, daß die einfachste und schnellste Form zur Realisierung neuer, immer aufwendigerer (z.B. superscalarer) Rechnersysteme die Integration auf einen Chip ist: Der 1–Chip–Mikroprozessor ist damit sicher das wichtigste Vehikel zur Realisierung neuer Architekturkonzepte, und die gleichzeitig dramatisch steigenden Taktraten vergrößern noch die Vorteile gegenüber anderen Realisierungsformen.

Der Einsatz dieser neuen Mikroprozessoren verändert die innere Struktur künftiger Computergenerationen. Desktop–Systeme, deren Entwicklung ohne Mikroprozessoren gar nicht denkbar wäre, profitieren direkt von der Leistungsexplosion der neuen Chips. Der Übergang von klassischen Mainframes zu dedizierten Servern hat bereits begonnen: Multimikroprozessor–Systeme zeigen schon heute bessere Transaktions– und Datenbankleistungen als die Mainframes. Auch in die Welt der Supercomputer haben die "Killer–Mikros" bereits ihren Einzug gehalten: Für ihren nachhaltigen Erfolg auch in dieser Rechnerklasse sind allerdings noch einige Voraussetzungen zu schaffen.

1. Trends der Prozessorarchitektur–Entwicklung

Das Thema "The best instruction set architecture" steht heute nicht mehr im Mittelpunkt der Architektur-Diskussion: Mit besonderen Spezialitäten des Instruktionssatzes kann man die Anwender nicht mehr gewinnen. Selbst die CISC/RISC-Diskussion verliert zunehmend an Bedeutung, da man es inzwischen versteht, die Implementierungsprinzipien, die den RISC-Rechnern so hohe Leistung gebracht haben, auch auf CISC-Rechner anzuwenden. Dies führt zwar zu höherem Aufwand als bei RISC, ist jedoch technologisch möglich. Auch die verschiedenen RISC-Systeme unterscheiden sich untereinander nur minimal [1]. Selbst Spezialprozessoren mit besonderen Instruktionssätzen für bestimmte Anwendungen (z.B. Künstliche Intelligenz) verlieren an Bedeutung, da sich die Technologie der Standard-Prozessoren so rasch weiterentwickelt, daß man gewisse Fehlanpassungen der Instruktionssätze in Kauf nimmt.

Die Formel in Bild 1 zeigt, wie die Leistung P eines Prozessors von den 3 Einflußfaktoren Taktrate (Technologie), Instruction Cycle Count (Prozessorarchitektur) und MemD (Memory Delay, Speicherarchitektur) abhängt. Im folgenden soll die Entwicklung dieser Einflußgrößen kurz vorgestellt werden.

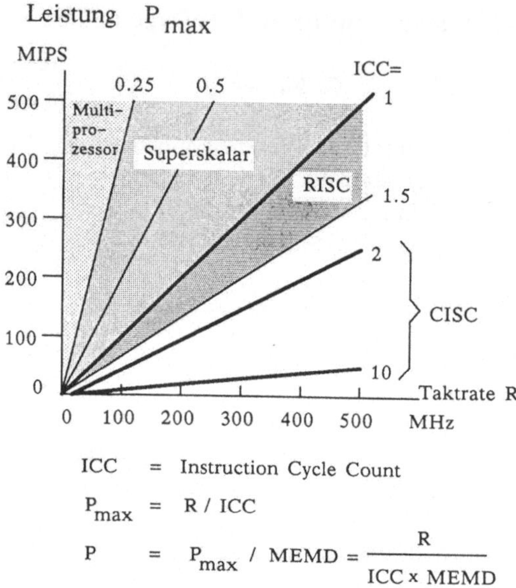

$$ICC = \text{Instruction Cycle Count}$$

$$P_{max} = R \,/\, ICC$$

$$P = P_{max} \,/\, MEMD = \frac{R}{ICC \times MEMD}$$

**1. Auswirkungen von Technologie (R) und
Architektur (ICC) auf die Prozessorleistung P.**

Die Taktrate wird durch die Technologie bestimmt und durch die Verpackung ihrer Komponenten. Für einen Maschinenzyklus werden typisch 20 bis 50 Gatterlaufzeiten der jeweiligen Technologie benötigt, der Kehrwert der Zykluszeit bildet die Taktrate. Beispiele der heute für Mikroprozessor-Implementierungen erreichbaren Taktraten sind in Kap. 2 wiedergegeben.

In dem Kennwert "Instruction Cycle Count – ICC" sind verschiedene, durch die Architektur bestimmte Faktoren zusammengefaßt. Im Prinzip sagt er aus, wieviele Maschinenzyklen benötigt werden, um die einer VAX 11/780-Instruktion entsprechende Rechenarbeit zu leisten. Darin sind eingeschlossen:

– wieviele Zyklen benötigt werden, um einen Maschinenbefehl des jeweiligen Instruktionssatzes auszuführen. Meistens gibt es mehrere Implementierungen, wobei durch interne Parallelisierung bzw. Pipelining diese Zahl mit entsprechendem Aufwand minimiert werden kann.

– wieviele Maschinenbefehle (nativ) benötigt werden, um die einer VAX-Instruktion entsprechende Arbeit zu erbringen (Qualität der Instructionset-Architektur sowie des Compilers).

Bild 1 zeigt verschiedene Wertebereiche, welche der ICC bei verschiedenen neueren Varianten der Architekturimplementierung annehmen kann:

- Klassische Rechner mit komplexem Instruktionssatz (CISC) (z.B. mit mikroprogrammierter Ablaufsteuerung) wie etwa die VAX 11/780 haben einen typischen ICC-Wert zwischen 5 und 10.

- Moderne Implementierungen von CISC-Rechnern verfügen über eine hohe interne Parallelität und Pipelining, wodurch der ICC-Wert auf ca. 1,5 – 3 reduziert werden kann (z.B. Intel 80486, Motorola 68040). Die Compiler müssen in der Lage sein, Befehle in eine solche Reihenfolge zu bringen, daß die prozessorinterne Parallelität auch genutzt werden kann (Instruction Scheduling).

- Rechner mit reduziertem Instruktionssatz (RISC) verfügen über eine einfachere Ablaufsteuerung, erlauben damit – auch wegen der einheitlichen Befehlsformate – eine einfachere Realisierung des Pipelining und gelangen bei geringem Bauelemente-Aufwand zu einem ICC-Wert, der zwischen 1 und 1,5 liegt.

- Mit "Superpipelining" gibt es zusätzlich die Möglichkeit, zwei Befehle pro Zyklus auszuführen, wenn keine Datenabhängigkeiten bestehen (Beispiel: MIPS R4000).

- Bei VLIW-Architekturen (Very Long Instruction Word) können mehrere Verarbeitungswerke im Prinzip parallel arbeiten, wenn der Algorithmus das erlaubt; alle diese Werke werden mit einem einzigen, sehr langen Befehlswort gesteuert. Das Problem besteht hier für den Compiler darin, die Gleichzeitigkeit der ausführbaren Operationen zu bestimmen (Scheduling), im übrigen entsteht ein sehr hoher Code-Overhead, da immer nur ein Teil des langen Befehlsworts effektiv genutzt werden kann. Ein Beispiel hierfür ist die TRACE-Architektur, welche zwar theoretisch einen ICC-Wert von etwa 0,3 erreicht, faktisch aber nur 0,6 bis 0,8 wirksam werden läßt.

- Die Realisierung "superscalarer" Prozessoren ist hier die deutlich intelligentere, hardwaremäßig jedoch auch komplexere Lösung: Auch hier gibt es mehrere Funktionseinheiten (Functional Units), welche im Prinzip parallel arbeiten können (z.B. ein oder mehrere Integer-Einheiten, Floatingpoint-Einheiten, Vektorverarbeitungs-Einheiten, Branch-Prozessor-Einheiten usw.). **Ein** konventioneller Instruktions-Strom von Standard-Befehlen wird geholt und – soweit dies parallel möglich ist – auf die "Functional Units" aufgeteilt (Hardware-Scheduling). Solche Prozessoren sind kompatibel zu anderen Implementierungen derselben Instructionset-Architektur, durch Compiler-Scheduling (der Compiler weiß ja, welche Operationen parallel ausgeführt werden können) erhöht sich die Leistung weiter. Heute werden ICC-Werte von 0,5 bis 1 erreicht, in Zukunft ist mit Zahlen von 0,25 bis 0,5 zu rechnen.

- Die äußere Rechnerarchitektur kann natürlich auch mehrere Prozessoren beinhalten, welche parallel zueinander arbeiten: In jedem Fall kann so der Durchsatz erhöht werden, die "Time To Solution" kann durch parallelisierende Compiler verkürzt werden (vgl. Kap.3). Man muß hier allerdings sehen, daß die einfache, lokal erkennbare Parallelität schon genutzt ist (superscalare Architektur). Hier sind – bei erheblichen Anstrengungen auf dem Gebiet parallelisierender Compiler – ICC-Werte von 0,1 bis 0,25 erreichbar.

In etwas mehr als 10 Jahren konnte durch die Architektur-Entwicklung der ICC-Wert von etwa 10 auf 0,5 reduziert werden: Dies entspricht einem Faktor 20 an Systemleistung. Ein weiterer Faktor

5 kann durch die Architekturweiterentwicklung und durch neue Compilertechniken erreicht werden.

Schließlich gewinnt die Speicherarchitektur immer höhere Bedeutung: Wenn Speicher langsamer sind als Prozessoren, führt dies zu Verzögerungen (Faktor MemD: Memory Delay): Optimal kann dieser Faktor 1 sein, bei zunehmender Taktrate (heute 50 MHz) wird es jedoch immer schwerer, ausreichend schnelle Speichereinheiten zu realisieren. Dies führt zu dem Zwang, Speicherhierarchien einzuführen:

- sehr schnelle 1st Level Caches, die keine Speicherverzögerung mit sich bringen und möglichst groß sein sollen, um kleine MISS-Raten zu erreichen (also kleine Wahrscheinlichkeiten für einen Zugriff zum Hauptspeicher bzw. 2nd Level Cache).

- zusätzlicher schneller 2nd Level Cache, der um den Faktor 3 bis 5 langsamer ist als der 1st Level Cache, was besonders bei Multiprozessor-Anwendungen von Bedeutung ist.

Das Bandbreitenproblem wird immer kritischer, in modernen 1-Chip-Mikroprozessoren beträgt die Bandbreite zwischen dem internen Daten-/Instruction-Cache und dem Prozessor immerhin schon 800 MByte/s.

Bild 2 zeigt den Einfluß der Speicherarchitektur auf die Prozessorleistung: Bei kleiner MISS-Rate m (z.B. 3 bis 5% bei ausreichend großem 1st Level Cache und geeignetem Problem) und einer 2nd Level Cache-Architektur, welche zwei zusätzliche Prozessorzyklen benötigt, kann der MemD-Wert bei etwa 1,1 gehalten werden, was einer Leistungsreduktion von 10% entspricht [2]. Das Bild macht jedoch auch deutlich, daß bei zu kleinem 1st Level Cache (MISS-Rate ca. 10%) und ohne 2nd Level Cache nur mehr die halbe Prozessorleistung erreicht werden kann.

$$MEMD = \frac{T}{T_{Hit}} = 1 + \frac{M}{100} \left(\frac{T_{MISS}}{T_{Hit}} - 1 \right)$$

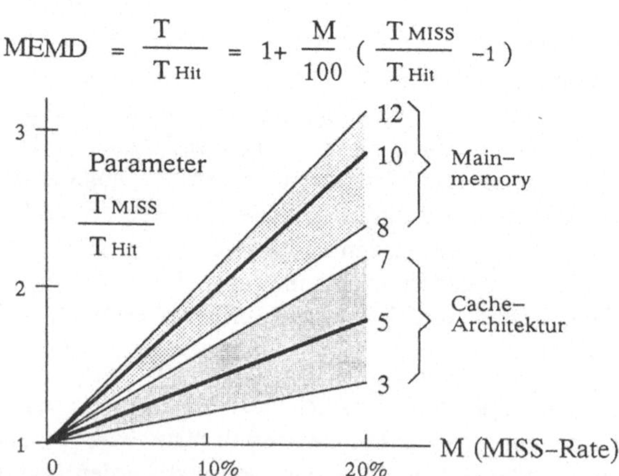

2. Einfluß der Speicherarchitektur auf die Prozessorleistung.

Im folgenden wird nun die Frage untersucht, wie gut die Realisierungsalternative "1–Chip–Mikroprozessor" geeignet ist, diese Architekturkonzepte in reale Produkte umzusetzen.

2. Realisierungsalternative "1–Chip–Mikroprozessor"

Großrechner (Mainframes) und Supercomputer sind heute meist als Multichip–Systeme (Gate Arrays in ECL, zum Teil auch GaAs) mit sehr komplexer Verpackungstechnik und hohen Anforderungen an das Kühlsystem realisiert. Sie nutzen die jeweils schnellsten verfügbaren Schaltkreise, zusätzliche Zeitverluste entstehen allerdings durch die Verbindungstechnik zwischen den einzelnen Gate Arrays, so daß die mit den Schaltkreisen theoretisch erreichbaren Maximalleistungen auf Systemebene nicht zur Verfügung gestellt werden können. Im folgenden wird die Realisierungsalternative untersucht, die neuen Architekturkonzepte – die alle steigende Anforderungen an die Zahl der Bauelemente und Komplexität haben – auf einen Chip zu integrieren (1–Chip–Mikroprozessor).

Besonders bei der CMOS–Technik bietet die Halbleitertechnologie immer größere Integrationsdichten: Als Spitzenwert kann hier das 64 Mbit DRAM gelten, für welches z.B. bei den Firmen Hitachi und Toshiba immerhin ca. 140 Mio Transistoren auf einen Chip integriert wurden [3]. Auch wenn diese Technologie heute noch nicht kommerziell zur Verfügung steht, so ist doch in spätestens 3 bis 5 Jahren damit zu rechnen, und das europäische JESSI–Projekt soll ja hierzu ebenfalls seinen Beitrag leisten.

Versucht man anhand des in Bild 3 dargestellten Schemas, dieses Potential für die Realisierung von 1–Chip–Mikroprozessoren zu nutzen, so ergibt sich folgendes Bild:

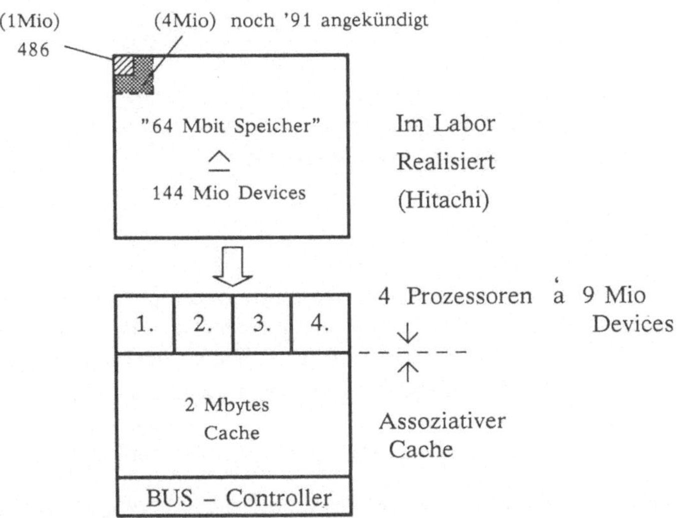

3. Anwendung bereits verfügbarar Technologie auf 1–chip – Mikroprozessoren.

– Heutige moderne Mikroprozessoren benötigen ca. 1 Mio Transistoren, noch in 1991 wird mit 1-Chip-Mikroprozessoren mit 4 bis 5 Mio Transistoren gerechnet: Auch damit werden nur ca. 3% des Technologiepotentials genutzt.

– Würde man versuchen, ähnlich wie in Intels' "Mikro-2000"-Konzept [4] dieses Technologiepotential zu verteilen, so käme man auf 4 Prozessoren mit jeweils 9 Mio Transistoren, auf 2 MByte 1st Level Cache-Speicher (assoziativ) und 1 Bus-Controller, der zur Außenwelt eine hohe Bandbreite und Cache-Kohärenz sicherstellt. Vielleicht ist ein solches "System auf Silicium" noch 8 bis 10 Jahre entfernt, aber dann durchaus realistisch.

Bild 4 zeigt für die CMOS/BICMOS-Technologie, welche Taktraten in nächster Zukunft erreichbar sind [5]: Die heutige CMOS-Technik (Gatterlaufzeit $\approx$ 0,5 ns) erlaubt eine Taktrate von 50 MHz, die in Kürze verfügbare BICMOS-Technik wird zu 100 MHz führen. Das Technologie-Potential liegt bei mehr als 300 MHz, was den Taktraten der schnellsten heutigen Supercomputer entspricht.

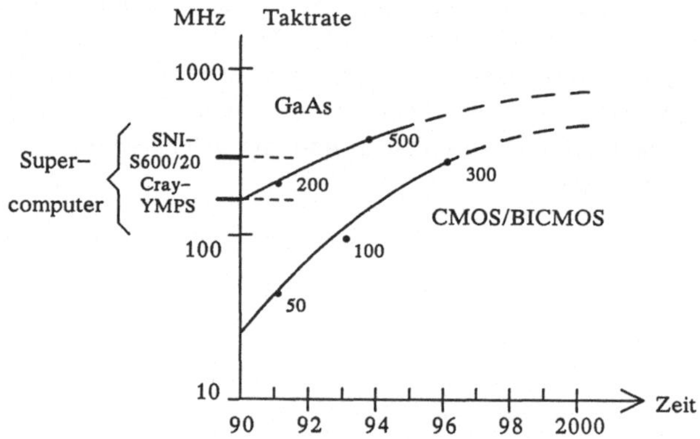

4. Entwicklung der Taktraten für 1-chip – Mikroprozessoren.

Auch andere Halbleitertechnologien werden zur Integration kompletter Prozessoren auf einem Chip eingesetzt. In der bipolaren ECL-Technik sind Gatterlaufzeiten von < 0,1 ns möglich, allerdings bei einer kleineren Integrationsdichte und hoher Verlustleistung. Dies führt zu Multichip-Realisierungen und den damit verbundenen Zeit/Leistungsverlusten durch die Verbindungsstruktur. Bei den bereits mehrfach unternommenen Versuchen, komplette Prozessoren in dieser Technologie zu integrieren, sind folgende Probleme aufgetreten:

– Bei dem ECL-Prozessor R6000 der Fa. MIPS konnte die ursprünglich angestrebte Taktrate noch nicht erreicht werden, mit den Bausteinen und ihrer Verpackung gibt es noch immer technische Schwierigkeiten. Jetzt kommt der CMOS-Prozessor R4000 mit nahezu identischer Leistung auf den Markt.

- Der SPARC–Prozessor existiert als ECL–Baustein, ist allerdings noch nicht in Produkte eingebaut.

- Alle Versuche, die M88000–Architektur von Motorola in ECL zu implementieren (Norsk Data/Dolphin, Data General), wurden abgebrochen, da die neue CMOS–Version 88110 praktisch die gleiche Leistung bringt.

GaAS "war, ist und wird immer die Technologie der Zukunft sein" – diese Aussage war viele Jahre gültig, heute jedoch gibt es schon recht große Gate Arrays und Standardzell–Bausteine (35000 Gatter) mit Gatterlaufzeiten von < 0,05 ns (ein Potential, was Taktraten von deutlich über 500 MHz ermöglicht). Noch in 1991 soll ein SPARC–Prozessor mit 200 MHz Taktrate und 200 MIPS auf den Markt kommen: Die Chancen sind hier vermutlich besser als bei ECL, da diese Technologie mit deutlich kleineren Verlustleistungen auskommt [6].

Sollte die hier untersuchte Realisierungsalternative "1–Chip–Mikroprozessor" bezüglich Integrationsdichte und Taktrate möglich sein, dann ergeben sich folgende Vorteile:

- Es werden wenige "off chip"–Verbindungen benötigt, so daß wenig zusätzliche Verlustzeiten entstehen.

- Die Umsetzung von einem Konzept/Design auf den Chip ist heute sehr gut durch CAE–Werkzeuge unterstützt: In kurzer Zeit können also neue Technologien und Architekturkonzepte auf die Chips gebracht werden.

- Die Integration dieser Chips in Produkte ist einfach und rasch durchführbar: An die Schaltungstechnik und an die Infrastruktur (Stromversorgung, Wärmeabführung usw.) werden nur geringe Anforderungen gestellt.

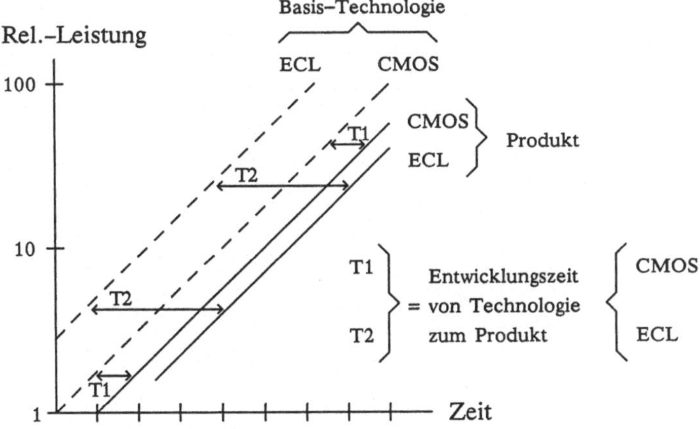

5. Verfügbarkeit von Basis – Technologien und fertigen Produkten.

– Diese Alternative ist ein Nutznießer der raschen technologischen Entwicklung, wie dies in Bild 5 schematisch dargestellt ist: Bei weiterhin exponentiellen Anstieg der relativen Leistung sowohl für die ECL–Technik als auch für CMOS und unter der Annahme, daß es gelingt, in einem Jahr nach Verfügbarkeit des Mikroprozessors ein marktfähiges Produkt zu haben, während bei ECL in der konventionellen Verpackung drei Jahre benötigt werden, zeigt die jeweilige CMOS–Implementierung immer Leistungsvorteile.

Auch die frühere Pinzahl–Limitation ist heute überwindbar: bis zu 500 Anschlüsse können den 1–Chip–Mikroprozessor mit seiner Umwelt verbinden.

Allerdings bleibt das Bandbreitenproblem zum Speicher genauso zu lösen wie bei allen anderen Realisierungsalternativen. Die 1–Chip–Mikroprozessor–Technologie bietet jedoch mit der wachsenden Integrationsdichte die Chance, immer größere 1st Level Caches mit auf den Chip zu bringen: Noch in 1991 werden Mikroprozessoren mit 2 x 16 KByte Cache auf den Markt kommen, wodurch die Anforderungen an die Bandbreite nach außen deutlich sinken werden. Im übrigen wird die 1–Chip–Systemtechnik auch dazu eingesetzt, leistungsfähige Controller und spezielle Speicherbausteine zur Realisierung von 2nd Level Caches bereitzustellen.

Bild 6 zeigt die zu erwartende Leistungsentwicklung von 1–Chip–Mikroprozessoren über der Zeit:

– Von heute etwa 1,25 wird sich der Instruction Cycle Count auf etwa 0,25 reduzieren: eine Leistungs–Steigerung um den Faktor 5.

– Die Taktrate hat das Potential, bei BICMOS auf 300 bis 500, bei GaAs auf bis zu 800 MHz zu steigen.

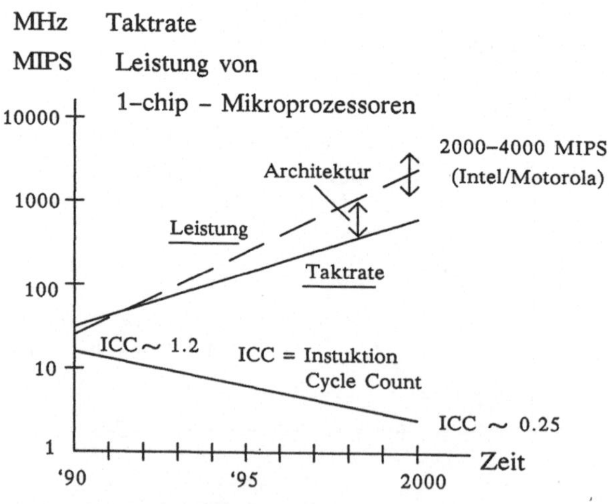

6. **Leistungsentwicklung von 1–chip – Mikroprozessoren.**

– Damit steigt die Leistung dieser Prozessoren auf etwa 2000 bis 4000 MIPS, wobei man davon ausgehen muß, daß ein ausbalanciertes Leistungsverhalten bei Integer- und Gleitkomma-Befehlen besteht. Diese Aussagen entsprechen in etwa der Mikro-2000-Prognose von Intel und den aktuellen Abschätzungen von Motorola.

Einige aktuelle Beispiele sollen im folgenden zeigen, wie der konkrete Status bei der Mikroprozessor-Entwicklung heute gesehen werden muß:

– Intel hat 1989 mit dem Prozessor i860 einen sehr leistungsfähigen RISC-Prozessor mit integrierten Vektor- und Graphik-Verarbeitungseinheiten auf den Markt gebracht, der heute in fast allen Highend-Graphik-Systemen eingesetzt wird. Noch in 1991 wird mit einem Nachfolger gerechnet, der wiederum eine deutlich erhöhte Verarbeitungsleistung bereitstellen wird.

– Die IBM-Power-Architektur, welche noch auf mehreren Chips implementiert ist, liefert mit einer Leistung von bis zu 55 SPECmarks hervorragende Workstation-Leistungen.

– Hewlett Packard hat mit der Neuankündigung der Serie 700 (Precision Architecture) neue Maßstäbe gesetzt, bis zu 72 SPECmarks (also der Faktor 72 zur VAX 11/780 in einem repräsentativen Benchmark) stehen zur Verfügung [7].

– Ebenfalls noch 1991 wird der Motorola-RISC-Prozessor 88110 auf den Markt kommen, der eine superscalare Architektur aufweist. Die dafür angekündigten Verarbeitungsleistungen entsprechen denen moderner Supercomputer (Bild 7).

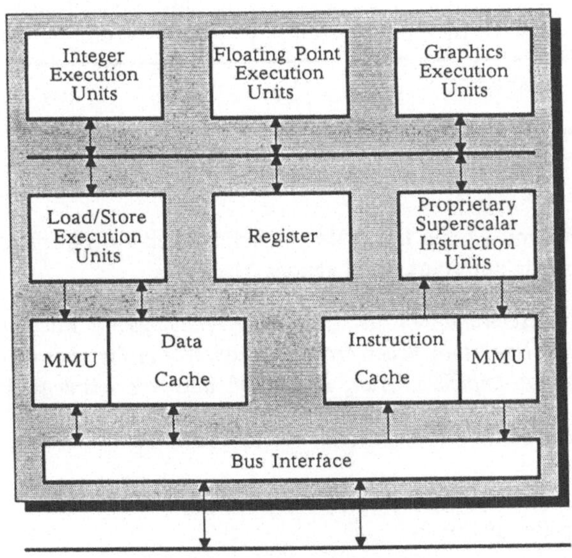

7. Beispiel für superskalare Architektur (Motorola 88110).

– Der bereits erwähnte MIPS R–4000 leistet in seiner ersten Version mit 50 MHz Taktrate mindestens 50 MIPS Leistung.

– Auch die Hersteller der SPARC–Architektur bereiten sich auf die nächste Chip–Generation vor (vgl. Tabelle): CMOS– und erste BICMOS–Realisierungen erreichen 8 MIPS, wie bereits erwähnt, werden GaAs–Implementierungen mit 200 MIPS–Verarbeitungsleistung noch in 1991 erwartet [6]. Ein besonderes, frühes Beispiel für das Leistungspotential der BICMOS–Technologie hat Texas Instruments mit der ALADDIN–Architektur geliefert: 4 Chips wurden für dieses System entwickelt, der Basis–RISC–Prozessor, ein Vektor–Prozessor, der Crossbar–Switch sowie ein Input/Output–Interface. Das komplette System besteht aus 5 Moduln (10 cm ⊘), jeder Modul leistet 100 MIPS, 400 MFLOP und 200 Mio E/A–Operationen. Zusammen erbringt dieser Multiprozessor in der Größe einer Suppentasse also 500 MIPS, 2000 MFLOP und 1000 M E/A–Operationen [5].

Entwickler	Hersteller	Name	Taktrate	ICC	Leist. (MIPS)	Technologie
Texas Inst.	Texas Inst.	Vicking	40	0.5	80	BICMOS
Cypress	Cypress	Pinochel	40	0.5	80	CMOS
LSI–Logic	LSI–Logic	Lightning	40	0.5	80	CMOS
SPEC	Vitesse	(PRISMA)	200	1	200	GaAs
SUN	Vitesse	BRUT	200	1	200	GaAs

Tab. 1: Für 1991 angekündigte SPARC – Implementierungen.

Dieser Entwicklungsstand und die mit hoher Wahrscheinlichkeit zu erwartende Weiterentwicklung der Technologie und Architektur führt zu folgender These:

Integrationdichte und Geschwindigkeit der Halbleitertechnologien wachsen so rasch, und die Entwurfstechniken für die Umsetzung neuer Architekturkonzepte in "systems on chip" sind so gut, daß die 1–Chip–Mikroprozessor–Implementierung in Zukunft auch die leistungsfähigste Implementierung einer neuen Architektur ist.

3. Multimikroprozessor–Perspektiven

Schon im letzten Abschnitt wurde deutlich gemacht, daß weitere Leistungssteigerungen nur noch durch weitergehende Parallelisierung möglich sein werden (z.B. mehrere Prozessoren auf einem Chip). Hier soll dies jedoch nicht im Sinne "massiv paralleler Systeme" behandelt werden (einige

Bemerkungen hierzu werden in Kapitel 5 folgen), vielmehr wird hier das Ziel verfolgt, ein prinzipiell sequentielles Programm schneller auszuführen.

Ein Multiprozessor–System im engeren Sinn ist durch die gemeinsamen Speicher (Shared Memory) gekennzeichnet, wie dies in Bild 8 dargestellt ist:

- Es besteht aus einem großen gemeinsamen Speicher mit Multiport–Struktur (einem Crossbar–Switch zwischen den Prozessoren und den Speicherbänken). Da jeder Prozessor ohne Cache ca. 20 MByte/s/MIPS, mit Caches ca. 1 – 4 MByte/s/MIPS benötigt, ergeben sich hier extreme Leistungsanforderungen.

- Prozessoreinheiten jeweils mit dem eigentlichen Prozessor und einem möglichst großen (z.B. 1 MByte) 2nd Level Cache, wobei die Cache–Kohärenz zwischen den Prozessor–Caches und dem Hauptspeicher sichergestellt werden muß.

- Schon bei wenigen Prozessoren ergeben sich sehr große Anforderungen an die Bandbreite (z.B. 8 Prozessoren mit 50 MIPS: 1600 MByte/s), so daß die Gesamtzahl der in solchen Anordnungen betreibbaren Prozessoren heute auf ca. 10 bis 50 begrenzt ist.

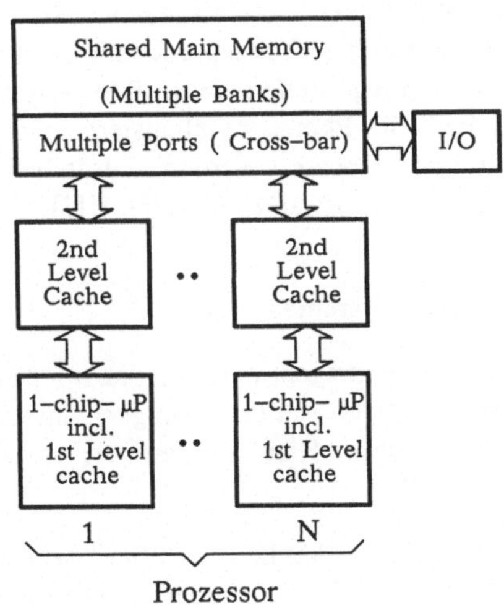

8. Shared Memory – Multiprozessorsystem.

Relativ einfach ist es, mit einer solchen Anordnung den Durchsatz zu erhöhen, also voneinander unabhängige Programme parallel zueinander zu betreiben. Mit dem Einsetzen einer gemeinsamen Job–Warteschlange genügt es, auch solche Systeme gut auszubalancieren. Hierfür gibt es erprobte und gute Betriebssystem–Lösungen (Sequent, Corallory).

Schwierig ist dagegen, die Laufzeit eines sequentiellen Programmes durch Parallelisierung zu reduzieren (die "Time To Solution"). Die automatische Parallelisierung ist für jede Granularität

(Fine Grain, Loop, Thread, Process ...) schwierig, es ist meist nur interaktiv möglich, sequentielle Programme in eine geeignete Form zu bringen, die dann eine automatische Parallelisierung zuläßt. Beispiele für solche Systeme sind:

- Alliant FX2800 bzw. FX800 mit dem PAX-System (parallelisierender Compiler und Hardware-Unterstützung für die Loop-Parallelisierung)

- Convex C2X0-Serie (parallelisierende Compiler und Hardware-Unterstützung zur Prozessor-Allocation (ASAP)).

Zweifellos ist es ein wichtiges Forschungsgebiet, Compiler zu entwickeln, die vorhandene Programme ohne strukturelle Veränderungen parallelisieren können.

Neue Sprachkonzepte (z.B. FORTRAN 90) und parallele Sprachen haben keine Chance, rasch in die praktische Anwendung zu gelangen: Sie machen vielfach das Neuschreiben großer Programme und - was noch viel schwieriger ist - das Umdenken der Programmierer erforderlich.

Abschließend einige Bemerkungen zu dem Engpaß Ein/Ausgabe: Die Übertragungsbandbreite insbesondere zu den Massenspeichern sowie zu schnellen lokalen Netzen muß ebenfalls an das Leistungsprofil angepaßt sein. Zum einen trägt ein immer größerer Hauptspeicher dazu bei, die meisten benötigten Daten und Programme lokal zu halten und damit den I/O-Verkehr zu reduzieren, zum andern gibt es leistungsfähige Konzepte für die Peripherieankopplung, welche die entsprechende Bandbreite zur Verfügung stellen (z.B. RAID-Systeme (Redundant Array of Inexpensive Disk), bei welchem auch die Platten parallelisiert und über große Disk-Caches in bezug auf die mittleren Zugriffszeiten verbessert werden. Zusätzlich sind Redundanz-Konzepte realisiert, welche den Ausfall einzelner Laufwerke tolerieren) [8].

4. Mikroprozessoren in Client-Server-Systemen

Mittel- bis langfristig muß davon ausgegangen werden, daß in zahlreichen Anwendungen die heutigen Mainframes mit ihren mehr oder weniger intelligenten Terminals durch Client-Server-Konzepte abgelöst werden: Hier werden die 1-Chip-Mikroprozessoren eine zentrale Rolle übernehmen.

Auf seiten der **Clients** ist dies besonders deutlich: In allen Arbeitsplatzrechnern, unabhängig davon, ob es sich um einen Personal Computer oder eine Workstation handelt (wobei die Unterschiede mehr und mehr verschwinden werden: Wenn PCs auf Basis des Intel 586 am Markt erscheinen, haben sie dieselbe Leistung wie heute Workstations, SUN und das um die Fa. MIPS neugegründete Consortium bemühen sich darum, Hochleistungs-RISC-Prozessoren zur Basis zukünftiger PCs zu machen), gibt es viele Mikroprozessor-Aufgaben. Die eigentliche zentrale Verarbeitungseinheit, ausgeführt als 1- oder Multi-Prozessor-System, sowie dedizierte Prozessoren z.B. für die Graphik (in vielen Arbeitsplatz-Rechnern gibt es heute z.B. 1 bis 4 i860-Prozessoren für diese Aufgabe). Heute verfügen diese Arbeitsplatzrechner über 2 bis 20 MIPS, bis zu 70 MIPS sind bereits am Arbeitsplatz verfügbar (z.B. HP-Serie 700): Die Leistung der Clients wird auch weiterhin sehr rasch mit der verfügbaren Chipleistung ansteigen.

Auch in dem **Netz**, das die Clients mit den Servern verbindet, spielen leistungsfähige Mikroprozessoren eine große Rolle. So ist heute die Übertragungsleistung auf lokalen Netzen im wesentlichen durch die Protokoll–Verarbeitungszeiten begrenzt: Auf Ethernet sind statt der theoretisch möglichen 800 KByte/s nur 200 KByte/s möglich, noch extremer wird dies für das zukünftige schnelle FDDI–Netz. Schnelle RISC–Prozessoren zur Abwicklung dieser Kommunikationsprotokolle können diese Situation wesentlich verbessern, auch andere kommunikationsspezifische Komponenten wie Router oder Bridges sind in ihrer Leistung direkt von den Mikroprozessoren abhängig.

Zukünftige spezialisierte **Server** übernehmen einen Teil der früheren Mainframe–Aufgaben: Während die Ausführung der Applikationsprogramme mehr zur Workstation (Client) wandert, bleiben speziell Datenbank– und Transaktionsfunktionen zentrale Aufgaben. Diese Server werden heute als Multimikroprozessor–Systeme (z.B. Sequent, Pyramid) realisiert, welche bereits bessere Transaktionsleistungen erbringen als klassische Mainframes.

Dennoch: Mainframes werden noch ein langes Leben haben, denn die Investitionen in die Anwender–Software sind immens, die Kunden werden sich nur langsam an die neuen Architekturkonzepte gewöhnen, und auch das Vertrauen in die neuen System–Lösungen wächst nur langsam. Darüber hinaus verfügen Mainframes heute noch über eine bessere Ausgewogenheit zwischen der Prozessor– und der Ein/Ausgabe–Leistung (Kanal–Architektur): Dieser Vorsprung ist allerdings möglicherweise schnell aufgeholt, wie in Kap.3 bereits angedeutet wurde.

Im übrigen ist es kein Problem, ein "Mainframe on the Chip" zu integrieren, dies wurde auch von verschiedenen Unternehmen (z.B. IBM, Siemens) bereits realisiert. Allerdings sind die Stückzahlen zu klein, so daß die Endprodukte nicht von großen Stückzahlen und damit vom raschen Technologiefortschritt profitieren können. Mittelfristig wird dies zu einer Verschiebung von den proprietären Mainframes–Architekturen zu den Standard–Mikroprozessoren führen.

5. Mikroprozessoren und Supercomputer

Noch vor 10, 15 Jahren stand die Mikroprozessor–Technologie im extremen Gegensatz zu den Supercomputern: Heute ist es Gegenstand intensiver Diskussion, wann und wie Mikroprozessoren auch die Funktion von Supercomputern übernehmen können. Im folgenden soll daher die Bedeutung der 1–Chip–Mikroprozessoren für die verschiedenen Ausprägungsformen der Supercomputer kurz behandelt werden.

Die heute kleinste Form des Supercomputers, die **"Superworkstation"** oder der "Personal Supercomputer", verfügt heute über eine Leistung wie etwa die klassische CRAY1. Beispiele hierfür sind die Produkte der Fa. Stardent, ggf. sind auch die neuen Workstation–Generationen von IBM (RS 6000) und HP (Serie 700) mit ihren größeren Modellen in diese Klasse zu rechnen. Basis dieser Produkte ist die 1–Chip–Mikroprozessor–Technik. Die effektiv erreichbaren Leistungen unterscheiden sich in der konkreten Anwendung gar nicht mehr so wesentlich von den Supercomputern: So zeigen etwa die Erfahrungen eines großen Anwenders mit Finiteelement–Programmen auf einer i860–Workstation, daß ein Job, der auf der Workstation ca. 5 Stunden läuft, auf einer CRAY X–MP zwar nur 1 Stunde benötigt, zusätzlich jedoch 4 Stunden für die Datenübertragung – der Preis der Zentralisierung bei der heutigen Telekommunikations–Infrastruktur. Die Kostensituation ist dabei so, daß nach ca. 8 bis 10 Jobs die Workstation bezahlt ist.

Mini–Supercomputer wurden in der ersten Hälfte der 80er Jahre entwickelt mit dem Ziel, das Gap zwischen den Supercomputern und den klassischen Workstations zu füllen (Departmental Supercomputer). Beispiele hierfür sind:

- Die Fa. Convex, welche eine eigene Prozessor–Architektur entwickelt hat und welche ihren Leistungsvorsprung durch möglichst rasche Umsetzung neuer Halbleitertechnologien in kompatible Produkte erhalten will. Die hierbei verwendete Technologie (ECL, GaAs) erlaubt noch nicht die Realisierung von 1–Chip–Mikroprozessoren.

- Die Fa. Alliant hat zunächst ebenfalls eine eigene Architektur entwickelt (FX8/80), dann jedoch den Übergang zum Standard–Mikroprozessor Intel 860 gewagt (FX2800). Das Ziel dabei ist, mit der rasanten Leistungsentwicklung dieser Prozessoren zu wachsen, die Architektur im Umfeld der Prozessoren zu optimieren und sich auf die Software (insbesondere parallelisierende Compiler) zu konzentrieren [9].

- Mehrere Mini–Supercomputer–Startups, welche nicht erfolgreich waren (z.B. SCS oder Supertec, die von Cray übernommen wurde und dort das Cray-compatible Einstiegsmodell entwickelt), zeigen, wie kompetitiv dieser Markt ist.

Gerade für diese Rechner–Ausprägung gelten die in Kap.3 dargestellten Probleme: einerseits die begrenzende Speicherbandbreite und andererseits die Technologie automatisch parallelisierender Compiler. Da dies jedoch auch die Weiterentwicklung der Höchstleistungs–Supercomputer begrenzt, werden die Leistungsunterschiede zu den Mikroprozessor–basierten Mini–Supercomputern immer kleiner.

Massiv parallele Systeme sind wirtschaftlich nur auf Mikroprozessor–Basis realisierbar; zum Teil sind auch bereits mehrere Prozessoren auf einem Chip realisiert, um die erforderliche Prozessor–Anzahl wirtschaftlich realisieren zu können (z.B. N–Cube). Es handelt sich um lose gekoppelte Multi–Rechnersysteme mit verteiltem Speicher und sehr unterschiedlichen Verbindungstopologien (z.B. Hypercube, Pyramide, Baum). Der Verzicht auf gemeinsame Speicher löst das Bandbreiten–Problem und ermöglicht im Prinzip eine bessere Skalierbarkeit der Systeme.

Die Aufteilung eines einzigen sequentiellen Jobs auf viele lose gekoppelte Rechner mit dem Ziel der Verkürzung der "Time To Solution – TTS" ist jedoch ein sehr schwieriges Problem: Es wird heute im allgemeinen von Hand durchgeführt, besonders für solche Probleme, welche evident grobkörnig parallelisierbar sind (lange Laufzeit, wenig Kommunikation). Architektur–Beispiele sind die Supercluster (Transputer), Suprenum, TX3 oder iPSC (i860), N–Cube usw. Aus heutiger Sicht muß man diese Systeme wie folgt bewerten:

- Es handelt es sich eher um Spezialrechner für besondere, manuell optimierte Aufgaben.

- Es besteht das Problem der Nutzung vorhandener Software sowie der Erfahrung der Programmierer (auch wenn neuere Programmiersprachen wie z.B. Fortran 90 die automatische Parallelisierung unterstützen).

- Allerdings: Probleme mit wirklich großen Leistungsanforderungen sind auch fast immer parallelisierbar.

In Zukunft wird damit gerechnet, daß diese Mikroprozessor–basierte Technologie sehr viel breiter anwendbar wird und auch ein sehr viel größeres Leistungspotential in sich trägt als die klassischen Höchstleistungs–Rechner: Ein Anzeichen dafür, daß dies vielleicht schon in näherer Zukunft genutzt wird als bisher angenommen wurde, lieferten kürzlich die Sandia National Laboratories, New Mexico: Dort wurden die ca. 20 wichtigsten Programme für die Benutzung von Parallelrechnern konvertiert, die ca. 95% der gesamten Rechenzeit benötigen – ihre Ausführung auf Connection– oder N–Cube–Systemen ist bereits heute sehr viel billiger und bis zum Faktor 100 schneller als auf CRAY–Rechnern [10].

Der Leistungsunterschied zwischen den heutigen ”Supermikros” und den **High–End–Supercomputern** ist allerdings noch beträchtlich: Diese leben besonders von der Peakleistung: das ist die Leistung, von der der Hersteller garantiert, daß sie nicht überschritten wird – nur wenige Anwendungen können sie annähernd erreichen. Als Peakleistung werden heute bis zu 5000 MFLOP genannt, auf 1–Chip–Mikroprozessoren wird noch in 1991 mit Produkten mit immerhin 100 MFLOP gerechnet. Bei dem Modell der ”Killermikros” (Bild 9) [11] geht man davon aus, daß die Leistung dieser 1–Chip–Mikroprozessoren deutlich rascher wächst als die schon an der Technologiegrenze befindlichen Supercomputer: Beide stoßen an die gleichen technologiebedingten Grenzen (z.B. Speicherbandbreite) an.

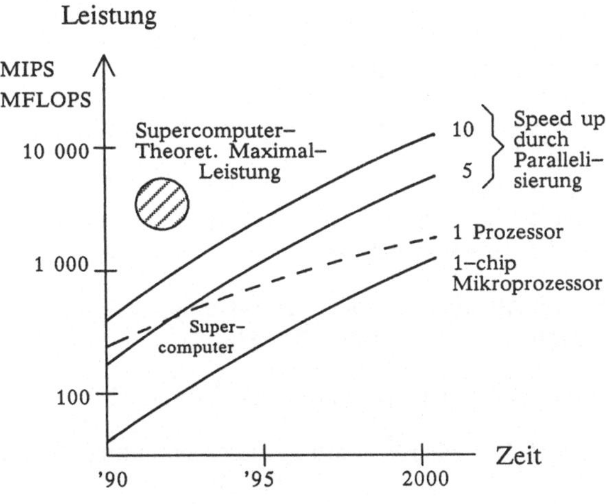

9. Das ”Killermikro” – Modell.

Das Architekturkonzept des ”Virtual Shared Memory” ist vielleicht ein Ausweg aus dem Bandbreiten–Problem: Jeder Prozessor verfügt über private Speicher (sozusagen Caches), welche zusammen virtuell einen gemeinsamen Speicher bilden – bei Zugriff auf nicht vorhandene Adressen wird von anderen privaten Speichern ”gepaged”. Ob und bis zu welchem Grad diese Systeme für praktische Anwendungsprofile wirklich skalierbar sind (Fragen der Zugriffsstatistik, Chache–Konsistenz usw.), ist allerdings noch ein Thema der Forschung.

Bevor 1–Chip–Mikroprozessoren auch den größten Supercomputern Konkurrenz machen können, muß das zentrale Software–Problem gelöst werden: Wenn es gelingt, bei z.B. 30 Prozessoren durch parallelisierende Compiler Speedups von 10 bis 20 zu erreichen, dann kann dadurch der Leistungsvorsprung kompensiert werden, den die Supercomputer noch vor den Supermikros haben.

Literatur

[1] J.L. Hennessy, D. Patterson: Computer Architecture – a quantitative approach. Morgan Kaufmann Publishers Inc., Palo Alto, 1990.

[2] D.N. Pnevmatikos, M.D. Hill: Cache Performance of the Integer SPEC Benchmarks on a RISC. Computer Architecture News, Vol.18, No.2, Juni 1990, S. 53–68.

[3] G. Moosburger: Speicherbausteine: Motor für die Elektronikindustrie. Elektronik 6, 1990, S. 28–32.

[4] A. Grove: Mikro 2000. Vortrag während der Systems '89, München 1989.

[5] S. Weber: BICMOS: The next great wave in Silicon? Electronics, 12/90, S. 40–46.

[6] Anonym: Gallium Arsenide SPARCS "sample this quarter". Unigram.X, Unigram Products, London, No. 316 (1/1991), S. 1.

[7] Anonym: HP's RISC–Maschinen setzen Rechenleistungs–Maßstäbe. Computerwoche Nr. 9, 1991, S. 4.

[8] D.A. Patterson, P. Chen, G. Gibson, R.H. Katz: Introduction to Redundant Arrays of Inexpensive Disks (RAID). IEEE, 1989.

[9] H. Reska: Highlights of Alliant's Parallel Super–Computer Generation FX/2800 Series, Supercomputer '90. Springer, Berlin, 1990, S. 148–160.

[10] Anonym: Notiz in: Unigram.X, Unigram Products, London, No. 319, 1991, S. 6.

[11] E. Brooks: Attack of the Killer–Mikros. Vortrag Supercomputing '89, Reno, Nevada, 11/89.

A Review of the Japanese Supercomputer Scene

Sverre Jarp

EUROPEAN LABORATORY FOR PARTICLE PHYSICS
Computing and Networks Division
CERN
1211 Geneva 23
Switzerland
(Sverre @ Cernvm.Cern.CH)

Abstract

The author spent two months in Tokyo during the summer of 1990 studying the Japanese high-end computing scene with the aim of understanding how CERN (and the West in general) may be affected by the increasing strength of the Japanese computer companies.

Several large Japanese manufacturers already have very interesting products on the hardware side, both general mainframes and supercomputers. Today, they claim to have the fastest systems available, and they are working on future technologies like Ga-As or Josephson junctions to further increase their strength.

Up until now, however, the software and communications facilities have not been the strong point of the Japanese offerings. The issue is therefore to try to establish whether the standardisation of system software (via UNIX^) and communications infrastructures, as well as the globalisation of the market place, will allow them to move in rapidly as a major supplier of high-end computing equipment.

The main part of the report is made up of descriptions of the latest supercomputer systems offered by NEC, Fujitsu and Hitachi, as well as a brief overview of their operating systems and current installed base. A reference is made to the systems installed by IBM and CRAY in Japan. A comparison is made to the European supercomputer installed base. The fact that supercomputers were chosen is merely tactical, but these systems do convey very clearly the technological strength of a manufacturer since supercomputers are always built with state-of-the-art technology.

The first two chapters of the report are aimed at providing background material for understanding Japan as a nation. The conclusion tries to predict what will happen in Europe in the large-scale computing area over the next few years, and offers the opinion of the author on how best to profit from the situation.

Disclaimer

Clearly this report (as every other report) reflects the author's background and experience. I have tried to absorb enormous amounts of information related to the topic, but the Japanese computing scene with its ramifications is broad and complex. Facts have been stated to the best of my awareness (and corrections are welcome).

I have tried to be objective and to look at the Japanese computer manufacturers in comparison to others with neutral eyes. I have no illusions, however, that I have not always succeeded. The report is biased by the fact that supercomputer hardware was chosen to analyse the Japanese computing scene to the detriment of mainframes and/or an in-depth analysis of application software packages and their individual performance characteristics on selected platforms.

Acknowledgement

This study was made possible due to support from IBM Switzerland, IBM Europe, and CERN. The author was also assisted by CRAY Switzerland as well as IBM Japan, CRAY Japan, Fujitsu Ltd., Hitachi Ltd, and Nippon Electric Company (NEC). A large number of good friends around the world should also be thanked.

1 Introduction

1.1 Japan's Pursuit of Economic Power and Technological Leadership

Japan with only 123 million people, half of the population and one twenty-fifth the geographical size of the United States, has now risen to become an economic giant. Although the US Gross National Product is still almost twice as big as that of Japan (5 trillion dollars against 2.7 trillions in 1989), the growth of Japan's GNP is higher and the GNP per capita overtook that in America a few years ago; additionally the Japanese economy is extremely solid, with a trade surplus of 65 billion dollars annually, whereas the US has a deficit of a similar size ($ 50 billion in 1989)

Japan has therefore become a country with formidable financial resources to back her broad electronics industry and her other critical industrial sectors.

This report will not go deeply into the economic or the resulting political issues and the reasons behind them. What will be analysed in some depth, however, is the Japanese producers of large-scale computers, both mainframes and supercomputers, and try to indicate what their strengths or weaknesses are.

The future of the vital domain of computer technology is certainly going to be decided between the triangle formed by the US (or the North American continent), the European countries, and the Pacific Rim (mainly Japan, but also Korea to some extent) over the next few decades. The reason for including Europe is the fact that after 1992 Europe will be the biggest single market in the world, and the belief that this will not only stimulate Japan and the US, but also the (embryonic) European computer industry itself. It is hoped that this report will help people in Europe understand Japan's success in building up a computer industry that is today both broad and strong.

About 30 years ago, Japan was entirely dependent on American computing equipment (mainly made by IBM). To reduce their dependency on foreign systems, they employed a scheme of strong governmental support for reproducing other companies' computer designs and began to build up their own computer industry. For about two decades they were largely content to produce mainframes that imitated the IBM/370 systems, selling them in the local market with a Japanese MVS (Multiple Virtual Systems) look-alike operating system, or as plug-compatible machines abroad. The Japanese manufacturers would typically wait for IBM to make a new announcement, and then announce 'compatible' systems within a given time delay.

In recent years we have seen several changes in this scenario:

- First of all the Japanese companies now dominate the domestic market by providing an impressive 80 % of all computer equipment. Japanese technology is now state-of-the-art, and this has led to a self-assurance amongst the Japanese where they no longer wait for American vendors to announce in order to come out with similar products.

- The large Japanese manufacturers have expanded beyond mainframes into supercomputers and are today claiming to have the fastest supercomputers on the market.

- UNIX is about to remove the burden of having to stay compatible with IBM's proprietary operating system and should give the Japanese a greatly improved marketing platform for selling their systems in Europe and in the US.

This report will look in detail at the three largest computer manufacturers (Fujitsu, Hitachi, and NEC) and their high-end computer products. A quick review of the situation of CRAY and IBM in Japan will also be undertaken. It was beyond the scope of this report to cover the other partners in the broad computer (and electronics) industry in Japan as well as new development areas like massively parallel computing.

1.2   A Vigorous Computing Industry

The best demonstration of the vigour of the computer manufacturers is the list of events that occurred at around the same time as the author's visit to Japan (July - August 1990):

- May: Fujitsu's new supercomputers start shipping (VP-2000 series).
- June 12th: Hitachi announces new mainframes series (4-way M-880).
- July 4th: NEC announces new mainframe series (6-way ACOS-3800).
- July/Aug: Fujitsu announces ICL purchase.
- August: NEC SX-3 available for benchmarking.
- Aug. 30th: Fujitsu announces new VP models, new version of UNIX.
- Sept. 4th: Fujitsu announces new mainframe series (8-way M-1800)

In particular the last announcement which happened "co-incidentally" the day before IBM made its biggest announcement in 25 years, can probably be taken as a clear sign from the Japanese that they want to be considered to be in a position of technological leadership.

2 Japan's Demography and Geography.
Relations with the West

2.1 Demography and Geography

As already mentioned Japan has 123 million inhabitants living on about 372 thousand square kilometres. This corresponds to a population density (331 inhabitants/square km) which is one of the highest in the world after Bangladesh, South Korea and Holland. The geographical size, however, corresponds to that of Finland in Europe or the state of Montana[1] in the US.

Japan consists of 4 big islands (Hokkaido, Honshu, Shikoku, and Kyushu), and innumerable smaller ones. The main population lives on Honshu (78%), followed by Kyushu (11%), Hokkaido (5%), and Shikoku (4%). The Japanese islands have always been rather hostile due to climatic and meteorological hardships. For this reason the population inhabits the plains that used to provide (and still provide) the best rice-growing capabilities. A large proportion of the Honshu population is consequently to be found in the Kanto plain surrounding Tokyo or the Kansai plain surrounding Osaka.

The harsh climatic environment may be one of the factors that have led Japanese society to adopt rules for collective behaviour that are much more rigorously enforced than in Europe or in the US, and which seem to be at least part of the explanation for the Japanese economic success.

2.2 Does Japan Inc. Exist ?

Many people wonder whether "Japan Inc." exists or not. There seems at least to be a great deal of loyalty to the country. As mentioned earlier this may be linked to the way the Japanese had to structure their society simply to maximise the probability of survival on some rather inhospitable islands. Today one finds a lot of loyalty inside companies; the companies themselves are often faithfully integrated inside groups (Keiretsus or others). Furthermore the government through MITI (Ministry of Trade and Industry) is able to establish projects where there is patriotic participation across the industry sector, allowing for transfer of technology. The net result is a kind of a magnet which has a strong force because its individual domains are aligned.

Some people may find this discussion misplaced, but the author believes that Japanese economical and technological strength must also be viewed against Japanese sociological order and behaviour.

2.3 Exchange with the Western World

One of the West's big problems vis-à-vis Japan is the fact that so few Westerners go there, either to live or for a visit. Whereas in 1988 there were 195,000 Japanese living in North America (including Hawaii) and 80,000 in Europe, there were only 31,000 Americans and less than 10,000 Europeans in Japan. When we consider that the European population is about three times the Japanese one, this becomes an under-representation of a factor of about 25 !

---

[1] The population in Montana is less than one million inhabitants.

Altogether the Japanese are keeping more than half a million people abroad to make sure Japanese interests are well covered in other countries. Many Europeans also stay abroad but, as described, they are very unlikely to be found in Japan.

Similar exchange problems can be demonstrated with tourists. Whereas 7 million Japanese went abroad in 1988, only 1 million tourists visited Japan. Looking at the US one finds that 2.4 million Japanese visited the US, but only 200,000 Americans 'returned' the visit. Again the ratio is no better for Europe.

It could be argued that the lack of first-hand experience with Japan leads to a clear lack of knowledge about the country in our society. We do not have adequate knowledge about the country, the people, their history, or their ambitions. Clearly both the language and the culture in Japan are reasons for some of the unwillingness on the part of Western people, but it is firmly believed that given the importance of Japan in today's world, the West has no other choice than to keep itself well informed about the Japanese. We need factual and first-hand information about Japan allowing us to judge their strengths as well as their weaknesses.

Finally, the Japanese are in the privileged position that they master English well enough to be able to absorb all written material that is issued in the West. Our problem, however, is the fact that although a large amount of written material is issued in Japan every year, only very small portions of this material is ever read or translated into English (or other Western languages).

3 The Japanese Electronics Industry

3.1 Japanese Electronics Companies

This report does not cover all the Japanese companies in the semiconductor, electronics or computing field, like SONY, Matsushita, Toshiba, or Omron, but it is important to review how broad and strong the Japanese electronics industry really is. To that extent a list of the world's most profitable companies has been included. Although IBM is second in the list (after Nippon Telephone & Telegraph), the top of the list is packed with Japanese banks[2], followed by an impressive list of the main Japanese electronics companies.

- Hitachi   17
- Matsushita Electric   24
- Toshiba   40
- NEC   50
- SONY   61
- Fujitsu   71
- Nintendo   89
- Mitsubishi Electric   95
- SHARP   105
- Sanyo Electric   106

---

2 Industrial Bank of Japan, no 3; Sumitomo Bank, no. 7; the Fuji Bank, no. 8; Mitsui Taiyo Kobe Bank, no. 10; Dai-Ichi Kangyo Bank, no.11; the Mitsubishi Bank, no. 12; Sanwa Bank, no. 14.

In contrast, Europe's electronics industry can only point to Siemens (46) and BASF (158). Similarly, the United States (apart from IBM) can only point to HP (128), DEC (130), and Motorola (138). Clearly the Japanese success in computers is related to the success and the strength of the electronics and semiconductor industry itself.

Additionally it seems important that the Japanese government through MITI has managed to get the large companies to line up behind government projects like the VLSI project, the 5th generation project (with the 6th coming), the 10 Gflop supercomputer project and now the Image-processing (Ga-As) project and others. The fact that the resulting implementations of a product can then be fairly similar across the participating companies, does not surprisingly seem to be a problem for the participants.

The next sections will review NEC, Fujitsu, and Hitachi. All three companies are very large (in terms of annual sales) and they are all extremely active in the semi-conductor field and telecommunications, as well as in the field of general purpose computers and more recently supercomputers. All three companies enjoy a healthy annual growth, both in terms of revenue and number of employees.

3.2 Overview of Fujitsu, Ltd.

Founded in 1935 Fujitsu is the 'youngest' of the three Japanese computer giants. It specialises in three fields: *Information Processing (IP)* which covers computers, peripherals and others; *Telecommunications (TC)* which covers switching systems and transmission systems; and *Electronic Devices (ED)* which covers semiconductors and electronic components.

By comparing computer sales in Japan, one discovers that Fujitsu is the market leader with sales of about 1.4 trillion yen[3] in 1989, ahead of IBM with 1.19 trillions, NEC with 1.17 trillions, and Hitachi with 0.92 trillions. Fujitsu also had the highest growth rate with 14.6%. Amongst its divisions IP represents 66% of total sales, TC 16% and EC 14% (with 4% other activities). The Fujitsu Group (including all subsidiaries) had 104,500 employees in FY89 and expanded to 115,000 employees in FY90. Total income amounted to 2.35 trillion yen in FY89 and 2.55 trillions in FY90.

3.3 Overview of Hitachi, Ltd.

Started in 1910 as an electrical repair shop for a copper-mining company in Japan, the Hitachi Group is now the 17th largest company in the world with five diversified operating divisions: *Power Systems and Equipment; Consumer Products; Information and Communication Systems and Electronic Devices(ICS/ED); Industrial Machinery and Plants; Wire and Cable, Metals, Chemicals, and other Products.* Total sales in FY89 were 6.38 trillion yen and the total staff was 274,000. In FY90 sales were 7.08 trillions and the staff had grown to 290,800.

---

[3] 1 trillion yen correspond to approximately 10 billion Swiss francs.

ICS/ED produces a very broad range of equipment including computers, computer terminals and peripherals, workstations, magnetic disks, Japanese word processors, Telephone exchanges, Facsimile equipment, Broadcasting equipment, Integrated circuits, semiconductors, picture tubes, CRT displays, Liquid crystal displays, magnetrons, test and measurement equipment, analytical instruments, medical electronics equipment. ICS/ED represents 33% of the total sales.

3.4 Overview of Nippon Electric Company

Founded in 1899 as an importer and manufacturer of communications equipment such as telephone sets and switching equipment, NEC belongs to the Sumitomo group (Keiretsu), and used to be called the Sumitomo Electric Company. Today NEC is ranked 39 in the world with five branches to its corporate NEC-tree: *Computers and Industrial Electrical Systems* (43 % of total sales), *Communications* (26 %), *Electrical Devices* (19 %), *Home Electronics* (7 %) and *New Opportunities* (5 %); all of it based on a solid technology foundation.

Total sales in FY89 were 3.1 trillion yen and the total staff was 104,000. In FY90 sales were 3.3 trillions and the staff had grown to 115,000.

It is the world's leading producer of semiconductors (ahead of Toshiba and Hitachi), one of the largest producers of telecommunications equipment (half the size of AT&T), and fourth computer manufacturer (behind IBM, DEC and Fujitsu).

4 Supercomputer Evolution

4.1 Introduction

Less than a decade ago there were no Japanese supercomputers. The first models were announced in 1983. Naturally there had been prototypes earlier (like the Fujitsu F230-75 APU produced in two copies in 1978) but Fujitsu's VP-100 and Hitachi's S-810 were the first officially announced versions. NEC announced its SX series slightly later.

The last seven years seem to have been hectic. Two generations of machines have been produced by each manufacturer and model improvements have also been offered during the life-span of these machines. During seven years about 150 systems have been installed in Japan (with relatively few installations outside the country), and a whole infrastructure of supercomputing has been established. All major universities have supercomputers, most of the large industrial companies and research centres as well; and there are well established supercomputer research institutes and industry observers.

4.2 Initial Development of Japanese Supercomputers

Based on their own success with mainframes and the success of the CRAY-1 and the CDC Cyber 205, the Japanese decided in the late seventies to start producing vector-based supercomputers. The first versions were rather primitive, but in a short period of time all three manufacturers have gone from basic implementations to versions that today are considered to be amongst the best in the world. This is a remarkable achievement and underlines the fact that a company that possesses the underlying technology can relatively easily progress to the point of mastering logic design and the ensuing implementation complexity.

The Japanese supercomputers were initially orientated towards parallel pipelines featuring multiple floating-point units always governed by one control processor. With the advent of the latest generation of systems from Fujitsu and NEC these supercomputers have added the dimension of multiprocessing; Hitachi's next system is bound to do the same. The change logically follows from the fact that only computing problems with long vectors and the right mix of floating-point instructions could expect to move towards peak performance in the early versions of these supercomputers. Multiprocessing adds a dimension of versatility to the hardware, but the price to pay is added complexity in the software requiring the basic operating system, the compilers, the libraries, and the applications to be made aware of this architectural feature.

In contrast, the design of the CRAY X-MP took almost the opposite approach, with multiple CPUs, each featuring only one add and one multiply single-pipeline functional unit. It is expected that in the future all systems must include both multiprocessors as well as multiple pipelined functional units per processor to remain competitive. We should therefore expect the Japanese to increase multiprocessing to 8, 16, or more; and Cray and others to offer more pipelining per CPU. According to Cray Research their next machine, the C-90, will offer 16 CPUs, with two sets of pipelined add and multiply floating-point units per CPU.

All three Japanese manufacturers currently employ the scheme of driving the vector processor at half of the scalar cycle time (by using a minor cycle time and a major cycle time[4]). Whereas this is good for the vector performance, it can lead to an aggravating imbalance in the total system, since the scalar Flops are orders of magnitudes lower than the vector Flops. Such systems can run the risk of being suitable for only a narrow set of applications, demanding general-purpose systems for the applications that do not vectorise well. In other words they promote the classical front-end back-end combination.

4.3   High-End Development Philosophy

Whereas the original supercomputers in Japan were developed from the existing mainframes by adding vector processors, a decade later the Japanese have now moved into a position where they concentrate the development on supercomputers and obtain the mainframe computers as a 'by-product' by employing the scalar processor of the supercomputer as the general-purpose processor in the mainframes. Clearly the memory system has to be somewhat redesigned, but the technology remains the same.

This philosophy allowed NEC recently to announce the ACOS/3800 6-way mainframe processor based on the SX-3 and Fujitsu to announce the M-1800 8-way system based on the VP-2000 processor design.

---

[4]   The CRAY-2 employed a similar scheme of minor cycles, but both the CRAY X-MP and Y-MP employ full cycles.

Financially this approach must be very attractive. It allows the R & D needed to develop competitive supercomputers to be amortised not just over a few dozen of these, but rather over several hundred supercomputers and mainframes combined.

Vis-à-vis other manufacturers, CRAY in particular, this seems to be a strong competitive advantage for the Japanese and may provide one explanation of the apparent cost-effectiveness of their hardware systems.

The philosophy of IBM and DEC of expanding their mainframes to super-computers by the addition of a vector facility should offer a similarly attractive cost advantage.

4.4   Installed Base History

Several lists exist of supercomputer installations in Japan[5]. By analysing the installation dates it can be shown that up until 1983 there were only two supercomputers in Japan (both Cray-1s). In 1983, as already stated, the first domestic systems were delivered, but until the end of 1985 there were less than 30 systems installed. 1986 - 1988 then provided three 'golden' years with about 30 super-computers installed each year. Although the lists available may be incomplete concerning the last two years, there is strong evidence to conclude that the Japanese market has now come to a point where market growth will definitely be lower.

1980	2
1983	3
1984	8
1985	13
1986	33
1987	29
1988	31
1989	16
1990	16
Total	**151**

Table 1:
Systems installed by year in Japan.

---

[5]   This report is based on an updated version of a list circulated by D. Kahaner (ONRFE, Tokyo) . Appendices D - H list detailed installations for each manufacturer.

4.5   Comparison between Japan and Europe

Although the aim of this report is to review high-end computing in Japan, it may be instructive to compare Europe and Japan in terms of supercomputer installations. In 1990 the Japanese distribution was thought to be the following (both excluding and including vendors' own installations):

Company	Manufacturer exclusive	Inclusive
Fujitsu	63	73
Hitachi	18	29
CRAY	26	26
NEC	18	21
CDC/ETA	2	2
Total:	**127**	**151**

Table 2:
Japanese supercomputers by vendor.

A certain subset of IBM's 3090 should be added to these numbers. The Department of Defense (DoD) rules for export of supercomputers would suggest the addition of all 3090 systems (model 180 or higher) with at least one vector facility and all 3090-600S or 600J (VF or not). It is estimated that about 65 such systems exist in Japan[6].

In Europe the supercomputer distribution is quite different according to recent estimates:

CRAY	71
Siemens/Fujitsu	10
Amdahl/Fujitsu	7
CDC/ETA	6
NEC	2
Total	**96**

Table 3:
European supercomputers by vendor.

---

[6] It was not possible to establish a detailed list of IBM installations for the verification of this number. The number of Vector Facilities is estimated to be about 110 .

The IBM systems (DoD-categorised 3090s) exceeds 100. One noticeable difference is the European Academic Supercomputing Initiative (EASI) that promoted 3090-600 systems (with 6 VFs) in several European Academic Institutes. A total of 18 EASI sites[7] are in existence. Adding RAL (UK), IBM Bergen Scientific Centre (N), and ECSEC in Rome (I) where 3090-600/VF systems also exist one finds that scientific or university sites alone account for more VFs than Japan has in total.

Nevertheless, the total sum of supercomputers, about 200, is the same. This leads to the conclusion that *the installed base of supercomputers per capita is at least a factor three better in Japan than in Europe.*

Given that supercomputers are basically advanced tools for industry, research and education, this imbalance represents a real handicap for the competitiveness of Europe.

4.6 CRAY in Japan.

As already mentioned, CRAY has operated in Japan since 1980. Today, 26 systems are installed, mainly in commercial organisations. These systems are a mixure of CRAY-1s, X-MPs, CRAY-2s, and Y-MPs. Most of them have now been converted to UNICOS. Relatively few systems have the largest configuation and quite a few X-MPs or Y-MPs exist with only one or two CPUs. There may be two reasons for this. One could be the fact that CRAY's prices are considered high, especially given that the systems must be purchased (most domestic systems are leased) with little or no discount. The other explanation may be that the prime need of the Japanese is to get access to applications that run only on the CRAY, without a need for the maximum CPU capacity. A clear need for application access is, for instance, demonstrated by the Japanese car manufacturers that have acquired CRAY systems to run an application called PAM-crash for car crash simulation.

In spite of the relatively small penetration of CRAY systems in Japan, they are nevertheless considered as prestigious trend-setters in the market for several reasons. The CRAY systems are architecturally very well balanced, UNICOS is seen as a mature supercomputer operating system and most importantly, a large number of applications (more than 600) exist for the CRAY.

With the CRAY Y-MP now installed by the Tohoku University, which has traditionally used only NEC equipment, CRAY may have started to penetrate seriously the academic market.

4.7 IBM in Japan.

IBM has been present in the Japanese market for a very long time. In the early sixties, when the Japanese government decided to react to foreign dominance, IBM controlled about 80% of the market. Although the Japanese have reversed this situation IBM still plays a very important part in

---

[7] They are RWTH Aachen (G), CEA Paris (F), CERN Geneva (CH), CINECA Bologna (I), CIRCE Paris (F), CNUSC Montpellier (F), DESY Hamburg (D), ETH Zurich (CH), FCR Barcelone (E), GSI Darmstadt(D), IN2P3 Lyon (F), KFK Karlruhe(D), KUL Leuven (B), Rome University (I), SARA Amsterdam (NL), Vienna University (A), TU Braunschweig (D), UMEA Skelleftea (S).

the Japanese computing scene. In 1989 IBM sold equipment worth 1.19 trillion yen (about $ 8.5 billion, equivalent to approximately 15% of IBM's world-wide sales).

The commercial companies, in particular, seem to be large IBM customers. It is not unusual to see computer centres with several 3090 systems installed (all running MVS) and huge DASD farms with hundreds of Gigabytes. In total it is believed that several hundred 3090 systems exist in Japan. The commercial companies seem to appreciate IBM for their total system integration and well-balanced systems. IBM is able to offer a wide range of peripherals that go with their mainframes, as well as a huge set of applications on top of MVS, both from IBM and from third-party vendors.

As already stated, IBM has not had the same penetration in the scientific market in Japan. There has been no equivalent to the EASI programme and the total number of Vector Facilities is rather limited. The recently announced IBM/9000 series will provide IBM with a more powerful system with which to compete in the future. Each VF should offer a peak performance of 400 Mflops.

5 Current Japanese Supercomputers and Mainframes

5.1 Introduction

This chapter describes the current offerings from NEC, Fujitsu, and Hitachi. A comparison is made with the previous versions. Appendices A, B, and C con-tain the specifications of the supercomputer models discussed.

5.2 NEC's SX Series

5.2.1 Overview

The SX-3 series is the second full generation of production-level NEC supercomputers. In 1984 NEC announced the SX-1 and SX-2 and started delivery in 1985.

The first two SX-2 systems were domestic deliveries to Osaka University and the Institute for Computational Fluid Dynamics (ICFD). The SX-2 had multiple pipelines with one set of add and multiply floating point units each. With a cycle time of 6 nanoseconds, each pipelined floating-point unit could peak at 167 Mflops. With four pipelines per unit and two FP units, the peak performance was about 1.3 Gflops. Due to limited memory bandwidth and other issues the sustained performance in benchmark tests was typically less than half the peak value.

For some reason the SX-1 had a slightly higher cycle time (7 ns) than the SX-2. In addition it had only half the number of pipelines. The maximum execution rate was 570 Mflops.

At the end of 1987, NEC improved its supercomputer family with the announcement of the A-series which gave some improvements to the memory and I/O bandwidth. The top model, the SX-2A, had the same theoretical peak performance as the SX-2. A family of lower speed systems included the SX-JA (250 Mflops), the SX-1EA (330 Mflops), and the SX-1A (665 Mflops).

5.2.2 NEC SX-3

In 1989 NEC announced a rather revolutionary new model with several important changes. New technology was used with logic chips that have the highest density in industry today. The vector cycle time was halved, the number of pipelines was doubled, but most significantly NEC added multiprocessing capability to its new series. The new top of the range currently features four independent arithmetic processors (each with a scalar and a vector processing unit); and NEC has pushed its performance by more than one order of magnitude to an impressive peak of 22 Gflops (from 1.33 on the SX-2A). From initial benchmark results, one would deduce that the SX-3 is now the most powerful system in the world.

The logic LSI of the SX-3 has 20,000 gates per chip and a gate switching time delay of 70 picoseconds per gate. This is a major technological jump from what NEC applied in the SX-2 series, namely 1,000 gates and 250 ps time delay. The packaging consists of Multi-Chip Packages (MCP) that are made of a ceramic substrate upon which the LSIs are mounted directly. A board is $22.5 \times 22.5 \ cm^2$ and can contain a maximum of 100 LSIs. It is water cooled by the cold plate method.

The scalar unit has 128 64-bit registers. It decodes all instructions and runs in parallel to the vector unit. It is a RISC-based design using scalar pipelines to speed up execution. Nevertheless, the cycle time is the full machine cycle (5.8 ns) and peak scalar Flops are roughly two orders of magnitude lower than peak vector performance. This fact highlights the need to push applications in the direction of full vectorisation in order to exploit the SX-3 at its best. The scalar processor has a 64 KB cache and a 4 KB instruction stack with 1.6 ns access time. The cache size is no bigger than it was in the SX-2. The processor has a sophisticated branch prediction mechanism built into the instruction stack hardware.

The instruction format is either 64-bit with memory addresses included (for load, store and branch instructions), or 32-bit for arithmetic operations (specifying three registers). Unlike Hitachi and Fujitsu, NEC's basic instruction set is not compatible with that of IBM. The scalar processor supports 64-bit integers directly in native hardware.

The vector processor is equipped (in the largest configuration) with four pipelines integrating four floating-point units (two add and two multiply). The compilers will optimise the vector performance automatically by scheduling vector instructions on all the parallel hardware, but will have to be enhanced to cope with parallel execution.

The SX-3 can cope with CRAY and IBM floating-point-format (in hardware). IEEE formats can be expected in future systems, but not in the SX-3.

Below is a detailed overview of the various SX-3 models and their corresponding peak performance values.

SX-3 Model	11	12	14	22	24	42	44
Arithmetic Processors (AP)	1	1	1	2	2	4	4
Add/Mult pipelined units	1	2	4	2	4	2	4
Add/Mult FP units	4	4	4	4	4	4	4
Vector regs (KB/AP)	36	72	144	72	144	72	144
Max speed (Gflops)	1.37	2.75	5.5	5.5	11	11	22

Table 4:
Model differences for the SX-3 supercomputer.

Primary memory was based on 256 Kbit SRAMs with 20 ns access time. NEC has announced that this will be changed to 1 Mbit memory chips in 1991. The maximum memory configuration will then be expanded from 2 GB to 8 GB. The total memory bandwidth is subdivided into two halves (with two processors each) which in turn feature two vector load and one vector store paths as well as one scalar load and one scalar store paths. Like its predecessor, the SX-3 is probably unable to offer the memory bandwidth needed to sustain peak performance unless most operands are contained in the vector registers.

The current maximum size of the external memory unit (XMU) is 16 GB based on 1 Mbit DRAMs with 70 ns access time. By changing to 4 Mbit DRAMs in 1991 NEC will increase the external memory to 64 GB. This is an incredible memory size. (How many people remember 64 KB as a respectable memory size!) The system allows eight bytes to be transferred from the XMU to memory per minor clock cycle, giving a transfer speed of 2.75 GB/s.

There can be a maximum of four I/O processors (IOPs), each with a 250 MB/s throughput. The channels can be 3, 6, or 20 MB/s (with a maximum of 64 channels/IOP). High-speed channels operate as eight pairs of 100 MB/s channels directly through Direct Memory Access (DMA). NEC has an agreement with Ultranet and will provide a HPPI interface in 1991.

NEC has started shipping uni-processor versions of the SX-3 to Europe. The University of Cologne has received a SX-3/11 and The Dutch Aerospace Lab, NLR, will receive a SX-3/12 in May 1991. The Swiss government will most likely install a dyadic version in the second half of 1991. Four processor versions of the SX-3 are not expected before 1992.

5.3 Fujitsu's VP Series

5.3.1 Overview

The VP-2000 series is the second generation of full production-level Fujitsu supercomputers. In 1977 they produced the first supercomputer prototype called the F230-75 APU that was a pipelined vector processor added to a scalar processor. This attached processor was installed in the Japanese Atomic Energi Commision (JAERI) and the National Aeronautic Lab (NAL).

In 1983 they came out with the VP-200 and VP-100 systems, which later spun off the low-end VP-50 and VP-30 systems. In 1986 came the VP-400 (with twice as many pipelines as the VP-200) and as of mid-1987 the whole family became the E-series with the addition of an extra (multiply-add) pipelined floating point unit that boosted the performance potential by 50%.

Thanks to the flexible range of systems in this generation (VP-30E to VP-400E), and other reasons such as good marketing and a broad range of applications, Fujitsu became the largest domestic supplier with 63 systems.

5.3.2 VP-2000 Series

Announced in 1989, and available since March/April 1990, is the VP-2000 family with a peak performance of 5 Gflops.

Fujitsu's design philosophy (like the other Japanese manufacturers) has been centred around the original APU design where the Vector Processor was a distinctly separate unit from the scalar unit. Emphasis was put on multiple pipelines with multiple floating-point units. The VP-2000 series is the first Fujitsu supercomputer with multiple scalar or vector processors.

The VP-2000 system was initially announced with four vector performance levels (model 2100, 2200, 2400, and 2600) where each level could have either one of two scalar processors (corresponding to a model /10 or a model /20). The VP-2400/40, announced end-August 1990, doubles the number of processors com-pared to the VP-2400/20, and will have a peak vector performance similar to the VP-2600.

The following table explains the relationship of the Fujitsu models.

VP-2000 Model	2100	2200	2400	2400 m. 40	2600
vector cycle time	4	4	4	3.2	3.2
vector processors (VPs)	1	1	1	2	1
scalar processors	2	2	2	4	2
vector Fl.point units	5	7	7	7	7
Mult/Add. Fl.point units	2	4	4	4	4
Pipelines/VP	1	1	2	4	4
vector regs per scalar unit (KB)	32	32	64	64	64
max speed (Gflops):	0.5	1	2	5	5

Table 5:
Model differences for the VP-2000 series.

Like the other Japanese manufacturers, the model range is basically constructed by removing hardware elements from the top model. Firstly the pipelines are reduced from four to two and then to one, and finally one of the two sets of add and multiply units is removed. The memory pipes are reduced in a similar fashion.

The logic LSI has 15,000 gates per chip and a propagation delay of 80 ps/gate. This is a very impressive level of integration although the corresponding NEC figures are slightly better. Both Fujitsu and NEC seem to be at the very leading edge of VLSI today. The very high integration in the VP-2000 series enables the entire scalar processor to sit on just one multi-layer glass ceramic board of 61 layers, which allows elimination of off-board signal delays for the processor. The board is 24.5 x 24.5 cm^2 and can contain a maximum of 144 LSIs.

The scalar unit has a cycle time of 6.4 ns and is connected to a 128 KB buffer storage with an access time of 1.6 ns. This very fast Logic-and-RAM LSI is built up of 64 Kbit chips with 3500 gates. The same chips are used for the vector registers.

In Fujitsu's design, the vector processor sits between two scalar processors which act as instruction processors. The vector processor can be fed from either. Having twice as many scalar processors as vector processors can be seen as an effort to improve the balance between scalar and vector performance.

The memory system can be configured with 2 GB of real memory using the latest LSI technology with 35 ns 1 Mbit SRAM chips. The Secondary Subsystem Unit (SSU) can have up to 8 GB of memory using 1 Mbit DRAM (100 ns) chips and Fujitsu has declared that it will move to 4 Mbit DRAMs in 1991 this allowing second-level memory systems of 32 GB.

Previous machines have been heavily criticised for the lack of memory throughput. The VP-400 series had only one fetch/store path to memory that ran at 4.5 GB/s. This has been improved in the VP-2000 series, but is probably not sufficient in all cases (in particular where all operands and the results must be fetched or replaced).

As already stated Fujitsu has been shipping the new series since April 1990. The first two VP-2600 systems were delivered to the Japanese Atomic Energy Commission (JAERI). Via Siemens several systems have also been imported to Germany. The University of Karlsruhe and the University of Hannover have each installed a VP2400/10 and Siemens itself has installed a VP2200/20 in their VLSI design centre. The University of Aachen has a VP2400/10 on order for February 1991.

Amdahl marketed the previous version of the VP systems (after having added MVS support). It has announced that it will not market the VP-2000 series.

5.4 Hitachi's S-Series

5.4.1 Overview

Hitachi differs from the two other manufacturers in a couple of aspects. Firstly it does not export its supercomputers and secondly the current offering is somewhat out-of-date compared to the latest systems from NEC and Fujitsu. In this report the S-820 is therefore treated less thoroughly than the other systems. Nevertheless, the S-820 should be judged on the technology it represented at first shipment date, and Hitachi should be judged on the technology it possesses in general. It is believed that a new supercomputer from Hitachi will be announced during 1991.

5.4.2 The S-820 Series

Appendix C summarises the main characteristics of the two generations of supercomputers manufactured by Hitachi.

The S-820 system offers four performance levels (m.20, m.40, m.60, and m.80) corresponding to the number of pipelines per floating point unit. The lowest model has an 8 ns vector cycle time.

The logic LSI has 5,000 gates per chip and a propagation delay of 250 ps/gate.

The scalar unit has a cycle time of 8 ns (major cycle time) and is connected to a 256 KB buffer storage with an access time of 4.5 ns. This bipolar RAM is built up of 16 Kbit chips whereas the faster LSI for the vector registers has 2,500 gates, 6.9 Kb capacity and an access time of 2.5 ns.

S-820 Model	20	40	60	80
Vector cycle time	8	4	4	4
Mult/Add. pipeline units	3	3	3	3
Vector pipeline units	5	5	5	5
Pipelines inside unit	1	1	2	4
Vector regs per scalar unit (KB)	32	32	64	128
Data bus (8B/4ns)	1	2*1	2*2	2*4
Max speed (Gflops):	0.375	0.75	1.5	3

Table 6:
Model differences for the S-820 supercomputer.

The memory system can be configured with 512 MB of real memory using a technology with 20 ns 1 Mbit BiCMOS chips. The Extended Storage can have up to 12 GB of memory using 1 Mbit DRAM (120 ns) chips.

Hitachi has put great emphasis on a fast memory although this has meant limiting it to maximum 512 MB. The memory bandwidth (2 words per pipe per vector cycle) is a respectable achievement, but it is not enough to keep all functional units busy (if memory access is needed for each add, multiply, and generated result).

The I/O processor supports 64 channels and half of them can be 9 MB optical channels. The total I/O capacity is 288 MB/s.

5.5 Japanese Mainframes

As already described in section 1.2, all three Japanese manufacturers announced new mainframe systems between July and September 1990. As far as NEC and Fujitsu are concerned, their mainframes are based on the scalar processor of their supercomputer, only with a higher level of multiprocessing and a different memory system. The two-level cache is, for instance, one manifestation of this difference.

The following table lists the latest announcements.

Mainframe	CPU cycle time	Max. CPU configuration	Commercial MIPS	Announced delivery
Hitachi M-880	8.0 ns	4 way	155 MIPS	4Q90
Fujitsu M-1800	6.4 ns	8 way	325 MIPS	3Q91
NEC ACOS/3800	5.8 ns	6 way	375 MIPS	3Q91

Table 7:
Latest generation of Japanese mainframes.

Hitachi and Fujitsu offer their systems also as plug-compatible systems to IBM abroad. Fujitsu offers systems via their 47% share in Amdahl who licenses the technology and makes the systems compatible, and Hitachi does it via Comparex, Olivetti, and Hitachi Data Systems.

NEC does not offer IBM compatible systems, but is expected to announce UNIX-support for its ACOS/3800 in the export market (as well as domestically).

The MIPS rates are estimates of commercial MIPS. In a scientific environment the performance is not known, but both the Fujitsu processors and the NEC processors are estimated at about 30 Mflops (scalar) for the LINPACK 100 x 100 test.

All three vendors are expected to announce 8-way systems as the maximum configuration of this machine generation.

6 Japanese System Software and Compilers

6.1 Proprietary Systems

As already explained, the Japanese supercomputers originally grew out of the mainframe families. The corresponding operating systems did the same, and since the Japanese domestic operating systems were all inspired by IBM's MVS, these mainframe systems also invaded the supercomputers. Fujitsu had MSP, Hitachi had VOS3, and NEC had SXOS.

The advantage for domestic installations that possessed both mainframes and supercomputers was the 'de facto' compatibility between the two, but both the European and the US market refused to get seriously interested in these systems.

6.2 Manufacturers' Involvement with UNIX

With the latest series of supercomputers and mainframes the Japanese manufacturers have announced a serious interest in UNIX. Fujitsu has had a version of UTS (UTS/M), which it obtained from Amdahl in 1985, available on its mainframes since 1986 (native since 1987). With the announcement of the VP-2000 series Fujitsu initially announced a VPO (Vector Processing Option) to make UTS/M into a supercomputer operating system, but it has now announced a consolidated UNIX offering for both environments, 'UXP/M', which will be based on System V, release 4 and shipped in the middle of 1991. NEC has also announced its version of UNIX, Super-UX, for its supercomputers, not (yet?) for its mainframes. NEC will also ship their UNIX-version in the first half of 1991. Both manufacturers base their systems on AT&T System V and are members of UNIX International. Hitachi has not announced UNIX for its high-end systems, but is expected to do so with the announcement of its next supercomputer generation. Hitachi is a member of OSF.

In section 4.4 it was speculated that the Japanese market is experiencing a limited growth as far as supercomputers are concerned. This can be interpreted as an additional argument why it is vital for the Japanese manufacturers to offer UNIX to satisfy the export market.

6.3 UNIX Usage in Japan

In the domestic market UNIX is available in certain sectors. Workstation systems are almost exclusively based on UNIX. The domestic market leaders are HP/Apollo, SUN, and Sony, all with about 25-30% of the market each. Beyond the workstation segment CRAY has largely converted its customer base from COS to UNICOS. This is, of course, a marginal UNIX penetration seen from a global market perspective, but one should not underestimate CRAY's influence as a trend-setter in supercomputer software. Some installations (universities and research centres) run UTS/M as a parallel offering to the domestic MSP system, but with little real emphasis until now.

It is therefore believed that the conversion to UNIX in the domestic market in Japan will be relatively slow and that the Japanese manufacturers will initially target their UNIX systems to the export market. This could imply a heavy burden on the first foreign companies as they will have to get involved in debugging and enhancing these versions of UNIX on large systems, in a similar fashion to the very early customers of CRAY's UNICOS.

6.4 UXP/M and Super-UX

Both NEC and Fujitsu have to repeat what CRAY did several years ago, namely convert UNIX from a time-sharing system to a highly reliable and sophisticated operating system for a supercomputer.

The changes that are necessary are rather fundamental; kernel modifications for the detailed support of the architecture, the multiprocessor support, the memory management scheme, the I/O subsystem, the scheduler, etc. A batch system, NQS (Network Queuing System), has to be integrated and significantly enhanced.

The file system needs modifications both for speed improvements, large file sizes, and complexity. I/O drivers for the full set of peripherals must be integrated. Reliability features need to be added to make sure the system software can keep the machine up all the time.

This is no simple task, but a good UNIX implementation has become a require-ment for the Japanese manufacturers (at least in the scientific export market).

SUPER-UX will start shipping early in 1991 (release 1.1). It is based on System V release 3 with many BSD extensions. In addition to the general improvements already mentioned, it will come with a Supercomputer File System that is implemented in parallel to the System V file system (SVFS). It will offer support for Ethernet, FDDI, and HPPI networks including NSC's DX and Ultranet.

UXP/M is in a similar situation. Its predecessor UTS/M + VPO (vector processing option) started shipping in 4Q90. The file system has been greatly enhanced with several options such as asynchronous I/O, bufferless I/O, high-speed I/O via secondary memory, etc. Furthermore, NQS, memory management, reliability improvements for hardware and software as well as improved systems management facilities have had to be integrated.

6.5 Assemblers and Compilers

First some words about assemblers. Interestingly enough neither NEC nor Fujitsu offered the assembler to their customers on their previous supercomputer systems. Hitachi did offer it after domestic pressure from the user community. Today the assembler is made available both for the SX-3 and the VP-2000 series. For code optimisation and complex coding in certain areas assembly programming can still be an important asset in maximising the use of a supercomputer.

Most supercomputer programs, however, rely on a highly optimised FORTRAN compiler. In the past the Japanese FORTRAN compilers have been optimised for single-task vector processing. With the introduction of multiprocessing hardware a new dimension of parallel execution has been opened for the supercomputer users, but at the cost of complex additions to the compiler itself. Language extensions for user-controlled parallelism as well as automatic parallelisation techniques have to be added. Both macrotasking at the subroutine level and microtasking at the loop or statement level must be dealt with.

NEC and Fujitsu will start offering these capabilities as of 1991, but an additional period for refining the techniques in light of the experience with real-life applications in the field must be included.

6.6   Application Software

It is beyond the scope of this report to provide an in-depth review of the application software available on the Japanese platforms. Given the on-going effort to offer UNIX as the preferred operating system at least abroad, it is believed that such a survey should be undertaken when the UNIX offering is mature and the porting of applications has been carried out on a massive level.

The Japanese manufacturers are extremely keen to be able to offer the same applications on their platforms as CRAY. For this reason both NEC and Fujitsu have established competence centres and collaborations in the United States.

In certain cases there will be political pressure to stop applications being ported to Japanese platforms. This is the case today with PAM-crash which is a vital applications package for automobile crash simulation and certification.

7   Summary and Conclusions

7.1   The Japanese Computer Industry

This report has tried to demonstrate that the Japanese seem to be succeeding in what is thought to have been the two legs of their national computing strategy:

- Create computing solutions (hardware and software) that will satisfy the domestic demands as much as possible.

- Enhance or adapt these solutions so that they will compete successfully in the export market.

The Japanese have largely fulfilled the first goal by acquiring a share of about 80% (revenue-based) of the domestic market whereas in the sixties they achieved a mere 20%. It is interesting to note that this success is based on a very broadly-based computer industry as demonstrated in Chapter 3.

On the export market Fujitsu and Hitachi have had an initial strategy to operate as Plug Compatible Manufacturers (PCMs) to IBM. This has allowed them to penetrate both the American market via Amdahl and HDS (Hitachi Data Systems) as well as the European market via HDS, Comparex (Siemens/BASF), Olivetti, and Amdahl. As long as this continues to be a lucrative market these companies are expected to stay put. Nevertheless the general trend to UNIX and Open Systems is believed to gradually move the emphasis away from proprietary systems. The Japanese manufacturers have clearly understood the importance of this shift and should offer complete UNIX systems for both mainframes and supercomputers within the near future (Fujitsu has already announced its UXP/M for both environments). To secure the success of this effort the Japanese companies have all established centres in Europe or the United States to ease porting operations and capture new trends and evolutions in the rapidly moving UNIX area.

Japanese component technology has been state-of-the-art for some time already. Whether one considers chip density, switching speed or other technological factors, the Japanese compete successfully with everybody else in the world.

With the latest series of integrated mainframes or supercomputers the Japanese have also demonstrated that they are now strong players who want to act as market leaders, and not as complacent followers any longer. They have reached the stage where their integrated products have the same complexity in terms of multi-processing or memory subsystems as their competition. Their strategy is now to offer these hardware systems with open system software to a world-wide market.

To create a balanced view of the situation it must be kept in mind that some of the hardware and software features described in this report are not yet fully available. A year or two may still be needed by the Japanese manufacturers to be able to offer their latest hardware systems, in their largest configurations, with a fully developed and debugged UNIX system and a full range of applications.

7.2   Future Evolution

In the near future the Japanese will continue to enhance their systems to improve their competitiveness in the market place. By 1993 they are expected to have the same proportion as the Americans of the world-wide computer market (about 42% each). NEC, Hitachi, and Fujitsu should all by then be selling mainframes and supercomputers with solid UNIX operating systems and a broad spectrum of applications. Follow-on models of the existing systems can be expected, either as new families or as upgrades within the existing families. New players in the high-end computer market can also be expected. Matsushita has already announced its intention to compete in the supercomputer market in the future.

Beyond today's systems the Japanese are evaluating several approaches to improving their products. Silicon-based improvements are being pursued, and Hitachi has already announced a laboratory version of its 64 Mbit DRAM. Memories should therefore become larger and larger with the advances in memory technology. All manufacturers will pursue the race for lower cycle times (approaching the 'magic' 1 ns cycle). Because of inherent limitations of silicon chips this race could bring out innovative new technologies such as Ga-As or Josephson junctions, both of which have already been explored inside the Japanese research labs for quite some time. Integration into commercial products is believed to depend more on what the competitors can achieve than anything else.

Fujitsu has, for instance, developed the HEMT (High Electron Mobility Transistor) which is a variant of the Ga-As technology with promising features both in terms of reduced heat dissipation and greatly improved switching time. The company is already producing 64 Kb memory chips based on HEMT and should offer integrated circuits in the near future.

Although traditional architectures will continue to dominate the market for the next few years, the Japanese are also seriously interested in other architectural approaches. Massively-parallel systems are believed to be the next evolutionary step in the sophistication of their systems.

7.3   Implications for Europe

One of the purposes of this report was to understand the implications for Europe of the current strength of the Japanese computer manufacturers. Unlike the Japanese themselves, the Europeans have not managed to build up an internal computer industry that has sufficient strength to compete with the Americans. Europe has therefore been a faithful acquirer of American mainframes and supercomputers (with the notable exception of a few Japanese systems).

In 1993 Europe will be the biggest united market in the world and vital to every large computer manufacturer that wants to succeed in the long term. For the Old World it is critical to anticipate the implications of this privileged position. After this study[8] the author believes that Europe should initiate a policy based on the following principles:

- Adopt an immediate strategy of encouraging a strong and healthy competition in the European market place between the Americans and the Japanese computer manufacturers. This could lead to lower prices as well as better and more varied software and hardware offerings. Manufacturers should also be told that Europe expects supplementary benefits in terms of local investment in factories and research and development laboratories, which would bring additional employment opportunities and tax money to our communities. This strategy should also ensure that Europe becomes as well equipped with supercomputers as Japan (or the US for that matter) and therefore maintains European competitiveness.

- Europe should build up a strong software industry as rapidly as possible. This industry should profit from the Open Systems penetration and build portable application packages that will satisfy not only European demands but will also allow European software products to compete successfully on a worldwide basis. Europe has strong traditions in software and, although the Americans are also very strong software builders, we can probably profit from the fact that our demands are more complex and diversified than the those of the United States. How many times have we experienced American software products that do not cope with the intricate production environments in Europe? Since software is currently also the weak point in Japan's computer strategy, we would have an excellent chance of providing products for their systems both domestically and abroad. This does, of course, presuppose that we become 'truly' European in our activities. If we focus solely on regional demands and pursue only local market opportunities we will not achieve this goal. On the other hand this strategy should not require the existence of huge

---

[8]   The author has also been involved with American computer manufacturers for the last twenty years.

companies like the Japanese electronics giants. We can encourage small and dynamic software houses to help us achieve this goal.

- The third element in our strategy should be system integration. The future of computing will be very complex. Computer manufacturers will bring innumerable platforms to the market from hand-held micro-computers to Tera-flop supercomputers. In addition vast numbers of peripherals, multiple connectivity options, and evolving network protocols will all be elements that will contribute to a high-level of complexity in our data-processing environ-ments, and the only realistic option is to assume that the issue will not get simpler over time. Computer users, however, will demand applications and systems that give a unified view of distributed software and databases. In the author's opinion it is, therefore, much more important to master the aspects of system integration than to produce the individual hardware elements. Nevertheless it assumes broad-minded companies that can evaluate the advantages of individual computing elements and produce both a vision and follow up the vision with a solution. The broadness of the vision should not be the limits of Europe in 1993, it should be the limits of the globe. Japan and its activities must absolutely be an integral part of it on par with the US.

In contrast, the author is rather sceptical about direct European competition with the American and Japanese electronics giants as far as hardware systems are concerned. Siemens will, we hope, continue to be present on the list of the world's largest companies, but up until now it has in no way been able to initiate a computer hardware strategy analogous to that of the Japanese companies discussed in this report. On the contrary, the supercomputers sold by Siemens are obtained directly from Fujitsu and the large mainframes offered by Comparex (a joint Siemens/BASF company) are Hitachi systems.

There will probably be *niche* opportunities, and Europe should continually try to explore the possibility of producing systems where added value is given to an integrated computer product even if the components are largely bought off the shelf in Japan or the US.

In recapitulation:

Up until now, computers were mainly supplied to Europe by the US. In the future they should be acquired from both the US and Japan. Rather than hoping for Europe to become a computer supplier of the same calibre as these two, we should exploit fully this competitive situation as well as the opportunities for providing value-added software solutions and highly qualified system integration.

Appendix A: NEC SX-2A and SX-3 model characteristics.

System	SX-2A	SX-3
Scalar processors	1	4
Scalar cycle time (ns)	6	5.8
Vector processors	1	4
Vector cycle time (ns)	6	2.9
Gates in logic	1,000	20,000
Switching time (ps)	250	70
Cache technology/chip density	1 Kbit bip. RAM	40 Kbit + 7K gates
Cache access time (ns)	3.5	1.6
Cache size (KB/CPU)	64	64
Vector regs. (KB/CPU)	80	144
Floating-point units	2 (Mult/Add)	4 (2 Mult/Add)
Pipelines per F.P. unit	4	4
Max Gflops	1.3	22
Memory interleave	512 way	1024 way
Memory transfer rate (GB/s)	11	80
Main memory technology	256 Kbit SRAM	256 Kbit SRAM
Memory access time (ns)	40	20
Max. memory (GB)	1	2
Second-level memory	256 Kbit SRAM	1 Mbit DRAM
Access time (ns)		70
Max. memory (GB)	8	16
Transfer rate to main (GB/s)	1.3	2.75
I/O units	1	4
Total I/O throughput	192 MB/s	1 GB/s
Initial shipment date	June 88	Sept.90

Table 1:
Main features of the last two generations of NEC supercomputers.

Appendix B: Fujitsu VP-400E and VP-2600 model characteristics.

System	VP-400E	VP-2600
Scalar processors	1	2
Scalar cycle time (ns)	14	6.4
Vector processors	1	1
Vector cycle time (ns)	7	3.2
Gates in logic	400/1,300	15,000
Switching time (ps)	350	80
Cache technology/chip density	4 Kbit	64 Kbit
Cache access time (ns)	5.5	1.6
Cache size (KB)	64	2*128
Vector regs. (KB)	128	2*128
Floating point units	3 (Add+M-Add)	4 (2 Mult-Add)
Pipelines per F.P. unit	4	4
Max Gflops	1.7	5
Memory interleave	128/256 way	512 way
Memory transfer rate (GB/s)	4.5	20
Main memory technology	256 Kbit SRAM	1 Mbit SRAM
Memory access time (ns)	55	35
Max. memory	256 MB	2 GB
Second-level memory	256 Kbit SRAM	1 Mbit DRAM
Access time (ns)		100
Max. memory	768 MB	8 GB
Transfer rate to main	4.5 GB/s	10 GB/s
I/O units	1	1
Total I/O throughput	96 MB/s	1 GB/s
Initial shipment date	Dec . 87	April 90

Table 1:
Main features of the last two generations of Fujitsu supercomputers:

Appendix C: Hitachi S-810 and S-820 model characteristics.

System	S-810/20	S-820/80
Scalar processors	1	1
Scalar cycle time (ns)	14	8
Vector processors	1	1
Vector cycle time (ns)	7	4
Gates in logic	550/1,500	2,000/5,000
Switching time (ps)	350/450	200/250
Cache technology/chip density	1 Kbit	6,900 Kbit+2,500 gates
Cache access time (ns)	4.5	4.5
Cache size (KB)	256	256
VR access time (ns)	4.5	2.5
Vector registers (KB)	64	128
Floating point units	3	3 (Add&L + Add/Mult)
Pipelines per F.P. unit	2	4
Max Gflop	0.63	3 (2 if unchained ops)
Memory interleave		256
Memory transfer rate (GB/s)		16
Main memory technology	16 Kbit CMOS	64 Kbit BiCMOS
Memory access time (ns)	40	20
Max. memory (MB)	256	512
Second-level memory	256 Kbit DRAM	1 Mbit DRAM
Access time (ns)		120
Max. memory (GB)	3	12
Transfer rate to main	1 GB/s	2 GB/s
I/O units	1 (32 ch.)	1 (64 ch.)
Total I/O throughput (MB/s)	96	288
Shipment date	Dec. 83	Jan. 88

Table 1:
Main features of the two generations of Hitachi supercomputers

Appendix D: CRAY supercomputers installed in Japan.

Customer name	System	Date	Prefecture	Sector
Aichi Inst. of Techn.	X-MP/14se	88 03	Aichi	Priv. Univ.
Asahi Chemical	Y-MP2E/116	91 03	Shizuoka	Chemistry
Century Research Corp.	Cray-1	80 02	Tokyo	Service Bureau
Century Research Corp.	X-MP/18	88 01	Kanagawa	Service Bureau
Daihatsu-Kogyo	Y-MP2/216	90 07	Osaka	Automobile
Honda R & D	Y-MP8/364	90 09	Tochigi	Automobile
Honda R & D	X-MP/14	87 03	Tochigi	Automobile
Isuzu Motor	Y-MP2E/232	91 04	Kanagawa	Automobile
Mazda	X-MP/216	88 12	Hiroshima	Automobile
Mazda	Y-MP2E/232	91 02	Hiroshima	Automobile
MITI/AIST	X-MP/216	88 02	Ibaraki	Gov. & Nat. Lab
Mitsubishi Elec. Lab	Y-MP4/132	89 10	Osaka	Conglomerate
Mitsubishi H.I.	X-MP/116	90 05	Hyogo	Heavy Industry
Mitsubishi Motor Corp.	Y-MP4/116	89 10	Aichi	Automobile
Mitsubishi Res Inst	Y-MP2/116	89 11	Tokyo	Research Centre
Mitsubishi Research Inst	Cray-1	80 07	Tokyo	Service Bureau
Nippon Telephone & T.	X-MP/22	84 08	Tokyo	Conglomerate
Nippon Telephone & T.	Cray-2/4	87 12	Tokyo	Conglomerate
Nissan	X-MP/12	86 05	Kanagawa	Automobile
Nissan	X-MPEA/432	88 10	Kanagawa	Automobile
Nissan	Y-MP8/664	90 08	Kanagawa	Automobile
Recruit	X-MP/216	86 12	Kanagawa	Service Bureau
Recruit	X-MP/18	88 02	Osaka	Service Centre
Sumitomo Chemical	X-MP/116se	89 09	Osaka	Chemistry
Tohoku University	Y-MP8/4128	90 12	Miyagi	Nat. University
Toshiba	X-MP/22	85 02	Kanagawa	Conglomerate
Toshiba	Y-MP8/232	90 03	Kanagawa	Conglomerate
Toyota	X-MP/116	88 08	Aichi	Automobile
Toyota	Y-MP8/232	90 03	Aichi	Automobile

Table 1:
Known CRAY supercomputers installed in Japan by Dec. 90 (26 installed systems, sorted by
installation name. 3 Y-MP2Es on order).

Appendix E: ETA supercomputers installed in Japan.

Customer name	System	Date	Prefecture	Sector
Meiji University	ETA10-P	89 04	Kanagawa	Priv. Univ.
Tokyo Inst. of Techn.	ETA10-E8	88 05	Tokyo	Nat. Univ.

Table 1:
ETA supercomputers installed in Japan (2 systems, sorted by installation name).

Appendix F: Fujitsu supercomputers installed in Japan.

Customer name	System	Date	Place	Sector
Advantest	VP-50	85 11	Tokyo	Conglomerate
Air Force	VP-50	87 08	Tokyo	Gov. & Nat Lab
Asahi Kogaku PENTAX	VP-30E	88 10	Tokyo	Optical
Chiyoda Info. Service	VP-50	86 04	Tokyo	Chemistry ?
Chuo University	VP-30E	87 10	Tokyo	Priv. Univ.
Computer Techn. Integ.	VP-2400/20	90 08	?	Service Bureau
Daikin Air Conditioner	VP-100	87 03	Osaka	Mechanical
Diesel Kiki	VP-30E	89 02	Tokyo	Automobile
Electric Power Lab.	VP-50E	87 09	Tokyo	Gov. & Nat Lab
Fuji Electric	VP-50	85 12	Kanagawa	Conglomerate
Fuji Electro-Chemical	VP-50E	88 11	Tokyo	Conglomerate
Hazama-gumi	VP-30E	88 10	Tokyo	Construction
ICFD (Fluid Dynamics)	VP-200	86 04	Tokyo	Research Centre
ICFD (Fluid Dynamics)	VP-400E	89 03	Tokyo	Research Centre
Inst. Nuclear Fusion	VP-200	83 12	Ibaraki	Gov. & Nat. Lab
Inst. Nuclear Fusion	VP-200E	88 03	Ibaraki	Gov. & Nat. Lab.
Inst.Space Aeronautic S.	VP-200E	88 04	Tokyo	Gov. & Nat. Lab
Ishikawajima-Harima	VP-50	86 05	Kanagawa	Heavy Industry
Jaeri (Atomic Energy)	VP-2600/10	90 04	Ibaraki	Gov. & Nat. Lab
Jaeri (Atomic Energy)	VP-2600/10	90 04	Ibaraki	Gov. & Nat. Lab
Kanagawa University	VP-30E	87 08	Kanagawa	Priv. Univ.
Kansai University	VP-50E	88 08	Osaka	Priv. Univ.
Kawasaki Steel	VP-50	86 01	Chiba	Metal
Keio University	VP-50E	89 08	Kanagawa	Priv. Univ.
KHI	VP-50	87 06	Kawasaki	Mechanical
Kobe Steel	VP-200	87 06	Hyogo	Metal
Kodak Japan	VP-50E	88 11	Tokyo	Chemistry
Kyoto University	VP-400E	87 08	Kyoto	Nat. Univ.
Kyoto University	VP-2600/10	90 09	Kyoto	Nat. Univ.
Kyushu University	VP-200	87 08	Fukuoka	Nat. Univ.
Matsushita	VP-30E	87 08	Osaka	Conglomerate

Matsushita	VP-100	85 12	Osaka	Conglomerate
Mitsubishi Kasei	VP-50	86 07	Kanagawa	Chemistry
Nagoya University	VP-200E	88 03	Aichi	Nat. Univ.
NAL (Space Techn.)	VP-400E	86 12	Tokyo	Gov. & Nat. Lab
NAL (Space Techn.)	VP-2600/10	90 10	Tokyo	Gov. & Nat. Lab
Nat. Astro. Observatory	VP-200E	89 11	Tokyo	Gov. & Nat. Lab
Nihon University	VP-30E	87 12	Chiba	Priv. Univ.
Nikko Shoken	VP-2200/10	90 12	?	Financial
Nippon Kokan (NKK)	VP-50	87 08	Kawasaki	Metal
Nippon University	VP-30E	87 12	Chiba	Priv. Univ.
Nippon University	VP-30E	87 12	Chiba	Priv. Univ.
NTT	VP-50	86 05	Kanagawa	Conglomerate
Olympus	VP-50	86 05	Tokyo	Mechanical
Osaka Inst. of Techn.	VP-30E	88 12	Osaka	Priv. Univ.
Pacific Consulting	VP-30E	89 01	Tokyo	Consulting
Recruit	VP-200	86 06	Tokyo	Service Bureau
Recruit	VP-400	86 06	Tokyo	Service Bureau
Sharp	VP-50	86 04	Osaka	Conglomerate
Shibaura Inst of Techn.	VP-30E	87 10	Tokyo	Priv. Univ.
Shimizu	VP-50	86 06	Tokyo	Construction
Shionogi	VP-30	87 05	Osaka	Chemistry
SONY	VP-2200/10	90 11	Kanagawa	Electronics
Suukeikaku	VP-30E	88 10	Tokyo	Math. program.
Tokyo Electronics Univ.	VP-100E	89 10	Tokyo	Priv. Univ.
Tokyo University	VP-100	86 11	Tokyo	Nat. Univ.
Toray	VP-30	87 08	Tokyo	Chemistry
Toyota	VP-100	85 08	Aichi	Automobile
Toyota	VP-100E	88 04	Aichi	Automobile

Table 1:
Known Fujitsu systems installed in Japan by Dec. 90 (59 out of 63 systems, sorted by installation name). Internal Fujitsu systems not included.

Appendix G: Hitachi supercomputers installed in Japan.

Customer name	System	Date	Prefecture	Sector
Bridgestone	S-810/5	87 05	Tokyo	Chemistry
CANON	S-820/60	89 10	Kanagawa	Conglomerate
Dainippon Print	S-810/5	88 02	Tokyo	Conglomerate
Hokkaido University	S-820/80	89 02	Hokkaido	Nat. Univ.
ICFD (Fluid Dynamics)	S-820/80	88 10	Tokyo	Centre
IMS (Molecular Science)	S-820/80	88 01	Ibaraki	Gov. & Nat. Lab.
JIP	S-810/5	87 05	Chiba	Centre
KEK (High Energy Lab)	S-820/80	89 03	Ibaraki	Gov. & Nat. Lab.
Metrology Agency	S-810/20	87 11	Tokyo	Gov. & Nat. Lab
MRI (Meteorology)	S-810/10	85 11	Ibaraki	Gov. & Nat. Lab
NDK Nippon El.Comp.	S-810/10	87 02	?	Centre
Nihon University	S-820/40	89 06	Chiba	Priv. Univ.
Nissan Diesel	S-810/5	87 04	Saitama	Automobile
Olubis	S-810/5	88 02	Shizuoka	Centre
Suzuki Motors	S-820/60	88 12	Shizuoka	Automobile
Tokyo University	S-820/80	88 01	Tokyo	Nat. Univ.
Toyo Gum	S-810/5	87 10	Tokyo	Chemistry
Yamaichi Shoken	S-820/60	89 04	Tokyo	Finance

Table 1:
Known Hitachi systems installed in Japan by Dec. 90 (18 systems, sorted by installation name).
Internal Hitachi systems not included.

Appendix H: NEC supercomputers installed in Japan.

Customer name	System	Date	Prefecture	Sector
Aoyama University	SX-1EA	88 10	Tokyo	Priv. Univ.
Computer Engineer Ctr.	SX-1A	88 12	?	Service Bureau
Daiwa Shoken	SX-1A	89 08	Tokyo	Financial
ICFD (Fluid Dynamics)	SX-2	87 05	Tokyo	Research Centre
Japan Dev. Construction	SX-JA	90 03	?	Construction
Japan Railway	SX-JA	88 11	Tokyo	Gov. & Nat. Lab
Kumagai	SX-1	89 08	Tokyo	Construction
Mazda	SX-2A	89 09	Hiroshima	Automobile
Obayashi Corp.	SX-1EA	88 06	Tokyo	Construction
Okayama University	SX-1E	87 05	Okayama	Nat. Univ.
Osaka University	SX-2	88 01	Osaka	Nat. Univ.
Port & Harbor Research	SX-1E	87 12	Kanagawa	Gov. & Nat. Lab
Recruit	SX-2A	88 10	Tokyo	Service Bureau
Sumitomo Metal	SX-2	88 03	Osaka	Metal Industry
Tohoku University	SX-1	86 03	Miyagi	Nat. Univ.
Tohoku University	SX-2A	88 12	Miyagi	Nat. Univ.
Tokai University	SX-1E	86 09	Kanagawa	Priv. Univ.
Tokai University	SX-1	89 09	Kanagawa	Priv. Univ.

Table 1:
Known NEC systems installed in Japan by Dec. 90 (18 installed systems, sorted by installation
name). Internal NEC systems not included.

Vektorrechner und Parallelrechner: Gemeinsamkeiten und Unterschiede

Friedrich Hertweck

Max-Planck-Institut für Plasmaphysik (IPP)
Boltzmannstraße 2
8046 Garching bei München

Zusammenfassung

An Hand einer konkreten Fallstudie, nämlich der Lösung der 2dimensionalen elliptischen partiellen Differentialgleichung vom Poisson-Typ mit einem direkten Verfahren (dem sog. Buneman-Algorithmus), werden Gemeinsamkeiten und Unterschiede von Vektorrechnern (als Monoprozessoren angenommen) und Parallel-rechnern (vom Typ "distributed memory MIMD") diskutiert. Dabei zeigt sich, daß eine parallelisierte Version des Verfahrens auch auf einem Vektorrechner Leistungsgewinn bringt, und daß auch bei Vektorrechnern der Datentransport, ein bekanntes Problem bei Parallelrechnern, nicht vernachlässigt werden kann.

1   Einleitung

Die Poisson-Gleichung, eine partielle Differentialgleichung vom elliptischen Typ, also eine Gleichung, die ein Gleichgewicht beschreibt, kommt am häufigsten in der Elektrostatik als Potentialgleichung vor. Eine Variante ist die Gleichung für das Magnetfeld-Potential in toroidaler Geometrie [1]. Die Potentialfunktion beschreibt z.B. das Magnetfeld in einem "Tokamak", einer Vorstufe eines Fusionsreaktors. Diese Maschine, wie sie im IPP als ASDEX Upgrade oder auf europäischer Ebene als JET in England betrieben wird, besteht aus einer Anzahl von Magnetfeldspulen, die ein torusförmiges Vacuumgefäß umschließen, in dem ein Plasma hoher Temperatur erzeugt wird (bestehend aus ionisiertem Wasserstoff). Da in diesem Plasma selbst ein toroidaler Strom fließt, der wiederum ein Magnetfeld erzeugt, erhält man ein zwar rotationssymmetrisches Magnetfeld, welches jedoch von komplizierterer Form ist als das reine durch die äußeren Spulen erzeugte Toroidalfeld. Die Potentialflächen sind einerseits Flächen konstanten Magnetflusses und andererseits die Flächen, in denen sich eine Magnetfeldline bewegt, die man um den Torus herum verfolgt (sie windet sich dabei mehrfach um die Torusachse). Die Lösung dieser Gleichung hat sowohl Interesse in der Plasmatheorie, wenn man neue Tokamak-Anordnungen untersuchen will, als auch bei den Experimenten, da man die Flußflächen für die korrekte Interpretation von Messungen kennen muß. Schnelle Lösungsverfahren sind also von großer Bedeutung.

Es soll noch folgende Anmerkung gemacht werden: Die klassische Poissongleichung

$$\frac{\partial^2 U}{\partial x^2} + \frac{\partial^2 U}{\partial y^2} = - f(x,y)$$

läßt sich im Prinzip durch ein ganz einfaches Iterationsverfahren, nämlich die punktweise Relaxation (Jacobi-Iterationen), lösen; dieses sog. Jacobi-Verfahren ist sehr leicht parallelisierbar. Deshalb wird es immer wieder als Beispiel für parallele Prozesse verwendet und von Herstellern mißbraucht, um zu zeigen, wie leicht auf dem jeweiligen Parallelrechner die Paralallelisierung zu bewerkstelligen ist.

Leider hat das Jacobi-Verfahren in der Praxis keine Bedeutung, da die Konvergenz so unerträglich langsam ist, daß man es nicht kosteneffektiv verwenden kann. Deshalb sind verschiedene verbesserte Iterationsverfahren entwickelt worden, die wir hier aber nicht weiter besprechen wollen. Allen gemeinsam ist die bedeutend schnellere Konvergenz und der beträchtlich höhere Programmieraufwand. Wir werden im folgenden das von Buneman vorgeschlagene direkte Verfahren betrachten, welches ursprünglich für sequentielle Rechner entwickelt wurde und sowohl bei der Vektorisierung als auch bei der Parallelisierung gewisse Schwierigkeiten bereitet, deren Auflösung jedoch interessante Einblicke in die Rechnerstrukturen liefert.

2 Die Poissongleichung

Die Gleichung für das toroidale Magnetfeldpotential ist quasi-linear, da die rechte Seite (in der elektrostatischen Poissongleichung ist dies die Ladungsdichte) wiederum vom Magnetfeldpotential abhängt. Man löst sie deshalb iterativ, indem man eine Näherung des Potentials in die rechte Seite einsetzt und dann eine verbesserte Potentialfunktion berechnet. Wir betrachten deshalb nur die linearisierte Gleichung

$$-\frac{\partial}{\partial r}\left(\frac{1}{r}\frac{\partial U}{\partial r}\right) - \frac{\partial}{\partial z}\left(\frac{1}{r}\frac{\partial U}{\partial z}\right) = \frac{1}{r} f(r,z)$$

Diese Gleichung ist näherungsweise auf einem diskreten Gitter in der r-z-Ebene zu lösen, wobei die Zahl der Gitterpunkte mit $(N+1) \cdot (M+1)$ angenommen sei (siehe Abb. 1).

In die Differenzengleichungen für den Punkt (i,j) gehen nur die in Abb. 1 markierten Punkte ein. Die Differenzengleichungen lauten dann für die $(N-1) \cdot (M-1)$ inneren Punkte:

$$-\lambda^2 \left[\frac{u_{i+1,j}}{r_{i+1/2}} - \left(\frac{1}{r_{i+1/2}} + \frac{1}{r_{i-1/2}}\right) u_{i,j} + \frac{u_{i-1,j}}{r_{i-1/2}}\right] - \frac{1}{r_i}\left(u_{i,j+1} - 2\,u_{i,j} + u_{i,j-1}\right) = \frac{h_z^2}{r_i} f_{i,j}$$

wobei $\lambda = h_r/h_z$ ist. Ohne Einschränkung der Allgemeinheit kann man die Randwerte $u_{0,j}$, $u_{M,j}$, $u_{i,0}$ und $u_{i,N}$ Null setzen, da andernfalls diese Werte auf die rechten Seiten gebracht werden können. Ferner sei angenommen, daß $(M+1)$ eine Zweierpotenz sei (in der Praxis ergibt M=127 brauchbare Genauigkeit).

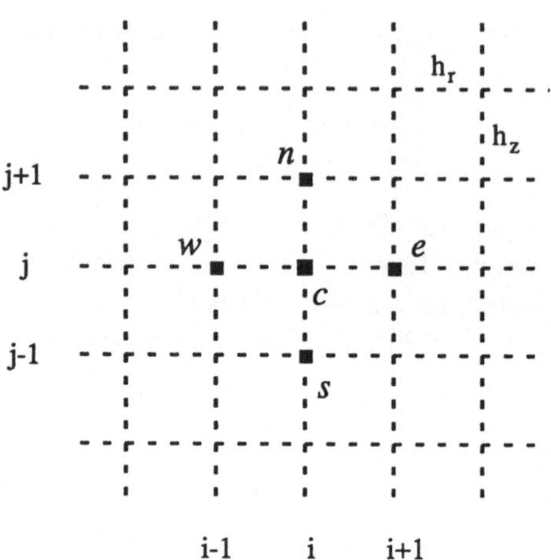

Abbildung 1:
Ausschnitt des Gitters mit den Punkten, die in den Differenzengleichungen auftreten.

Nach einigen Umformungen erhält man für die Differenzengleichungen in einer "halb-graphischen" Anordnung:

$$(1) \qquad \begin{vmatrix} & -\ u_{i,j+1} & \\ +\,w_i\,u_{i-1,j} & +\ c_i\,u_{i,j} & +\ e_i\,u_{i+1,j} \\ & -\ u_{i,j-1} & \end{vmatrix} \ =\ h_z^2\,f_{i,j}$$

Mit den Abkürzungen c (= centre), w (= west), e (= east) für die Koeffizienten. Die Indizierung der Koeffizienten zeigt an, daß sie **nicht** von der Koordinaten z (d.h. vom Index j) abhängen; im übrigen werden die Koeffizienten entsprechend dem mittleren Punkt des 5-Sterns indiziert.

Man betrachtet jetzt die u_{ij} als Komponenten eines Vektors **v**, der die Lösung der Differenzengleichung darstellt. Die Anordung der Komponenten sei:

$$[u_{11}\ u_{21}\ u_{31}\ldots u_{N-1,1}]\ \ [u_{12}\ u_{22}\ u_{32}\ldots u_{N-1,2}]\ \ldots\ [u_{1,M-1}\ u_{2,M-1}\ldots u_{N-1,M-1}]$$

$$v_1\ \ v_2\ \ v_3\ldots\ v_j\ \ldots\ v_{M-2}\ \ v_{M-1}$$

In den eckigen Klammern sind die u_{ij} für gleiches j, d.h. für eine z-Zeile, zusammengefaßt. In der zweiten Zeile, in der nur ein Index verwendet wird, steht v_j für die Vektorkomponenten in der entsprechenden eckigen Klammer der Zeile darüber; jedes v_j steht also für N-1 Komponenten von u_{ij}, ist also selbst ein (N-1)-Vektor.

Da in den Differenzengleichungen alle Komponenten von **v** nur linear vorkommen, haben wir demnach ein System von (M-1)•(N-1) linearen Gleichungen zu lösen:

$$
\begin{pmatrix}
T & -E & & & & & \\
-E & T & -E & & & & \\
& -E & T & -E & & & \\
& & -E & T & & & \\
& & & & \cdots & & \\
& & & & & T & -E \\
& & & & & -E & T
\end{pmatrix}
\cdot
\begin{pmatrix}
v_1 \\ v_2 \\ v_3 \\ v_4 \\ \vdots \\ v_{M-2} \\ v_{M-1}
\end{pmatrix}
=
\begin{pmatrix}
g_1 \\ g_2 \\ g_3 \\ g_4 \\ \vdots \\ g_{M-2} \\ g_{M-1}
\end{pmatrix}
\tag{2}
$$

Diese Matrix ist also eine symmetrische $(M-1)\bullet(M-1)$ Block-Tridiagonal-Matrix, deren Diagonal-Elemente wiederum $(N-1)\bullet(N-1)$ Tridiagonal-Matrizen T sind mit den Elementen:

$$
c_i = \lambda^2 \left(\frac{r_i}{r_{i-1/2}} + \frac{r_i}{r_{i+1/2}} \right) + 2 , \qquad w_i = -\lambda^2 \frac{r_i}{r_{i-1/2}} , \qquad e_i = -\lambda^2 \frac{r_i}{r_{i+1/2}}
$$

Die rechte Seite ist ein $(M-1)$-Vektor mit den Komponenten

$$
g_j = h_z^2 [f_{1j} \ f_{2j} \ f_{3j} \ \cdots \ f_{N-1,j}]
$$

Jede dieser Blockzeilen entspricht den Differenzengleichungen der Potentialgleichung für eine z-Zeile. Für große r (d.h. weit von der Achse entfernt) ist $c_i \approx 4\lambda^2$ und $w_i \approx -e_i \approx -\lambda^2$, wie es dem ebenen Fall der Poissongleichung entspricht.

3   Der sequentielle Buneman-Algorithmus

Das Buneman-Verfahren (vgl. hierzu [2]) läuft darauf hinaus, dieses Block-Tridiagonal-System durch zyklische Reduktion direkt auflösen. Dabei werden die Gleichungen mit geradem Index von links mit T multipliziert und die benachbarten Gleichungen mit ungeradem Index dazu addiert; man erhält dann für die geraden Indices $j=2, 4, \ldots, M-2$:

$$
(T^2-2)\, v_2 - v_4 = g_1 + T g_2 + g_3
$$
$$
\cdots
$$
$$
-v_{j-2} + (T^2-2)\, v_j - v_{j+2} = g_{j-1} + T g_j + g_{j+1}
\tag{3.1}
$$
$$
\cdots
$$
$$
-v_{M-4} + (T^2-2)\, v_{M-2} = g_{M-3} + T g_{M-2} + g_{M-1}
$$

während für die ungeraden $j=1,3,\ldots,M-1$ die ursprünglichen Gleichungen (3) bestehen bleiben; zweckmäßigerweise werden sie umgeformt in

$$
T v_j = g_j + v_{j-1} + v_{j+1}
\tag{3.2}
$$

Wenn Gleichungssystem (3.1) für die geraden j gelöst ist, können für die ungeraden j die Gleichungen (3.2) alle *einzeln* für jedes ungerade v_j auflösen, da die rechten Seiten dann bekannt sind. Setzt man

(4)
$$T_{(1)} = T^2 - 2E \qquad \text{und} \qquad g_j^{(1)} = g_{j-1} + T\, g_j + g_{j+1}$$

dann hat das System (3.1) die gleiche Form wie das ursprünglichen System (2). Damit ist also das ursprüngliche System von M-1 *gekoppelten* linearen (Vektor-)Gleichungen umgeformt in eines von M/2-1 *gekoppelten* (Vektor-)Gleichungen gleicher Struktur, und M/2 *einzelne* (Vektor-)Gleichungen, die parallel aufgelöst werden können.

Dieses Reduktionsverfahren wird wiederholt, bis nach $S = \log_2 M - 1$ Schritten nur noch eine Gleichung übrig ist.

Es sieht so aus, als hätten wir das Problem der Poisson-Gleichung gelöst, zumindest mit einem sequentiellen Algorithmus. Leider stimmt das nicht, denn die Matrizen $T_{(s)}$, die aus der anfänglichen Tridiagonal-Matrix $T_{(0)} = T$ gebildet werden

- erhalten mehr und mehr Nebendiagonalen (deren Anzahl verdoppelt sich mit jedem Quadrieren), so daß man beim letzten Schritt eine volle Matrix $T_{(s)}$ hat

- haben eine exponentiell anwachsende Norm (z.B. für N=128 - ein realistischer Fall - haben die Diagonalelemente in $T_{(6)}$ die Größenordnung 10^{48}). Damit ist die Berechnung der g_j in den Gl. (4) praktisch nicht mehr durchführbar.

Buneman hat zwei Verbesserungen vorgeschlagen, um diese beiden Probleme zu lösen:

- Produktdarstellung der $T_{(s)}$: die Matrizen $T_{(s)}$ sind, wie aus Gl. (4) ersichtlich wird, Polynome in T, die durch folgende Rekursion definiert sind

$$T_{(0)} = T\,, \qquad\qquad T_{(s+1)} = T_{(s)}^2 - 2E$$

  Für diese gilt folgende Produktdarstellung:

$$T_{(s)} = \prod_{m=1}^{k} \left(T - t_m^{(s)} E\right), \quad \text{wobei } t_m^{(s)} = 2\cos\left(\frac{2m-1}{2k}\,\pi\right), \quad \text{für } m = 1, \ldots, k = 2^s$$

  Die t_m sind die Nullstellen des Polynoms $T_{(s)}(t)$.

- Die zweite Verbesserung betrifft eine Zerlegung der rechten Seiten in (4), so daß deren rekursive Berechnung stabil bleibt:

$$g_j^{(s)} = T_{(s)} p_j^{(s)} + q_j^{(s)} \qquad \text{Anfangswerte:} \qquad p_j^{(0)} = 0 \quad \text{und} \quad q_j^{(0)} = g_j$$

Der sequentielle Bunemann-Algorithmus ergibt sich durch Ersetzen der Matrizen $T_{(s)}$ durch ihre Produktdarstellungen und durch Ersetzen der g_j durch die p_j und q_j.

Der sequentielle Bunemann-Algorithmus

Es gilt: $k = 2^s$, $S = \log_2 M - 1$, $T_{(0)} = T$

(5.0) Für $s = [0 : 1 : S\text{-}1]$ und $m = [1 : k]$ berechne die Nullstellen

$$t_m^{(s)} = 2 \cos\left(\frac{2m\text{-}1}{2k}\,\pi\right)$$

(5.1) Setze $p_j^{(0)} = 0$, $q_j^{(0)} = g_j$

und löse für $s = [0 : 1 : S\text{-}1]$ und $j = [2k : 2k : M\text{-}2k]$ die Gleichungssysteme:

$$T_{(s)}\,y = \prod_m \left(T - t_m^{(s)}\right) y = q_j^{(s)} + p_{j\text{-}k}^{(s)} + p_{j+k}^{(s)}$$

rekursiv auf folgende Weise:

$$y_0 = q_j^{(s)} + p_{j\text{-}k}^{(s)} + p_{j+k}^{(s)}$$
$$\left(T - t_m^{(s)}E\right) y_m = y_{m\text{-}1} \qquad \text{mit} \quad m = 1, 2, \ldots, k = 2^s$$
$$y = y_k$$

und berechne daraus

$$p_j^{(s+1)} = y + p_j^{(s)}$$
$$q_j^{(s+1)} = 2\,p_j^{(s+1)} + q_{j\text{-}k}^{(s)} + q_{j+k}^{(s)}$$

(5.2) Löse für $s = S$ und $j = M/2$ die Gleichungssysteme

$$T_{(S)}\,y = \prod_m \left(T - t_m^{(S)}\right) y = q_{M/2}^{(Ss)}$$

nach dem gleichen Rekursionsverfahren wie eben beschrieben und setze:

$$v_{M/2}^{(S)} = y + p_{M/2}^{(S)}$$

(5.3) Für $s = [S\text{-}1 : \text{-}1 : 0]$ und $j = [k : 2k : M\text{-}k]$ löse die Gleichungssysteme

$$T_{(s)}\,y = \prod_m \left(T - t_m^{(s)}\right) y = q_j^{(s)} + v_{j\text{-}k} + v_{j+k}$$

und setze: $\quad v_j^{(s)} = y + p_j^{(s)}$

Wie man sieht, muß man beim Buneman-Algorithmus eine Vielzahl von Tridiagonalsystemen rekursiv auflösen; wenn M=128 sind es 769.

4 Parallelisierung des Buneman-Algorithmus

Im sequentiellen Buneman-Algorithmus sind Gleichungssysteme der Form

$$T_{(s)}\, y = \prod_m \left(T - t_m^{(s)} \right) y = r \qquad\qquad m = 1, 2, \ldots, k = 2^s$$

rekursiv zu lösen (vgl. (5.1), (5.2) und (5.3)). Das Produkt entspricht einem Polynom der Ordnung $k = 2^s$ für die Matrix-Variable T. Gallopoulos und Saad [3] haben folgende Partialbruchzerlegung vorgeschlagen:

$$y = \left[\prod_{m=1}^{k} (T - t_m^{(s)}) \right]^{-1} r = \sum_{m=1}^{k} b_m \left[T - t_m^{(s)} \right]^{-1} r$$

Die 2^s Gleichungen für $m = 1, \ldots, k$

$$\left(T - t_m^{(s)} \right) y_m = r$$

werden mit der gleichen rechten Seite r gelöst und die Partiallösungen superponiert:

$$y = \sum_{m=1}^{k} b_m y_m = - \sum_{m=1}^{k} \frac{(-1)^m}{k} \sin\left(\frac{2m-1}{2k}\, \pi \right) \cdot y_m$$

Während die $k = 2^s$ tridiagonalen Gleichungssysteme parallel gelöst werden können, ist nur noch das Skalarprodukt zur Berechnung von y sequentiell zu berechnen (bzw. mit einer Kaskadensumme für das Skalarprodukt parallel in s Schritten).

In vielen Fällen ist eine Poissongleichung für verschiedene rechte Seiten zu berechnen (wie z.B. bei der Gleichung für das Magnetfeld-Potential). Man kann dann bekanntlich Rechenaufwand sparen, wenn die Tridiagonalgleichungen in ein Produkt

$$T = (E + \omega)\, \delta\, (E + \varepsilon)$$

einer unteren Bidiagonal-Matrix, einer Diagonal-Matrix, und einer oberen Bidiagonal-Matrix zerlegt wird. Dann müssen nur noch zwei Rekursionen und ein (parallelisierbares) Produkt berechnet werden:

$$r_i = r_i - \omega_i \cdot r_{i-1} \qquad\qquad i = 2, \ldots, n$$

$$(6) \qquad r_i = \rho_i \cdot r_i \qquad\qquad i = 1, \ldots, n$$

$$r_i = r_i - \varepsilon_i \cdot r_{i+1} \qquad\qquad i = n-1, \ldots, 1$$

Der Vektor der rechten Seiten, $r[1{:}n]$, wird durch die Lösung ersetzt.

Nur diese Form des Algorithmus soll betrachtet werden; sie kommt häufiger vor und stellt, wegen des geringeren Aufwandes, höhere Anforderungen an den Datentransport des Rechners.

Der parallele Bunemann-Algorithmus

Es gelten die Definitionen: $\quad k = 2^s, \quad S = \log_2 M - 1, \quad T_m^{(s)} = T - t_m^{(s)} E$

(7.0) $\quad$ Für $s = [0 : S\text{-}1]$ und $m = [1 : k]$ berechne die Nullstellen t_m und Gewichte b_m:

$$t_m^{(s)} = 2 \cos\left(\frac{2m\text{-}1}{2k}\pi\right) \qquad\qquad b_m^{(s)} = -\frac{(-1)^m}{k}\sin\left(\frac{2m\text{-}1}{2k}\pi\right)$$

(7.1) $\quad$ Löse parallel für $j = [2 : 2 : M\text{-}2]$ die Gleichungssysteme:

$$T_1^{(0)} p_j^{(1)} = g_j$$

und berechne: $\quad q_j^{(1)} = 2\,p_j^{(1)} + g_{j\text{-}1} + g_{j+1}$

(7.2) $\quad$ Für $s = [1 : S\text{-}1]$, $k=2^s$:

$\qquad$ Löse parallel für $m=1,\ldots,k$ und $j = [2k : 2k : M\text{-}2k]$ die Gleichungssysteme:

$$T_m^{(s)} y_j^{(m)} = q_j^{(s)} + p_{j\text{-}k}^{(s)} + p_{j+k}^{(s)}$$

und berechne:

$$p_j^{(s+1)} = p_j^{(s)} + \sum_{m=1}^{k} b_m^{(s)} y_j^{(m)}$$

und $\qquad q_j^{(s+1)} = 2\,p_j^{(s+1)} + q_{j\text{-}k}^{(s)} + q_{j+k}^{(s)}$

(7.3) $\quad$ Löse parallel für $s=S$, $m=1,2,\ldots,k=2^S$ und $j=M/2$ die Gleichungssysteme

$$T_m^{(S)} y_{M/2}^{(m)} = q_{M/2}^{(S)}$$

Berechne: $\qquad v_{M/2}^{(S)} = p_{M/2}^{(S)} + \sum_{m=1}^{k} b_m^{(s)} y_{M/2}^{(m)}$

(7.4) $\quad$ Für $s = [S\text{-}1 : \text{-}1 : 0]$, $k=2^s$:

$\qquad$ Löse parallel für $m=1,\ldots,k$ und $j = [k : 2k : M\text{-}k]$ die Gleichungssysteme

$$T_m^{(s)} y_j^{(m)} = q_j^{(s)} + v_{j\text{-}k} + v_{j+k}$$

und setze $\quad v_j^{(s)} = p_j^{(s)} + \sum_{m=1}^{k} b_m^{(s)} y_j^{(m)}$

5 Vergleich von Vektorrechner und Parallelrechner

Über den praktischen Einsatz des parallelen Buneman-Algorithmus ist unseres Wissens von echten Anwendern bisher nichts publiziert worden; in [3] wird jedoch über die Parallelisierung für eine Alliant FX/8 (mit bis zu 8 Prozessoren) berichtet.

5.1 Der parallele Buneman-Algorithmus auf einem Vektorrechner

Die Übertragung des parallelen Algorithmus auf einen Vektorrechner wie z.B. eine Cray ist jetzt ganz einfach: man löst zunächst alle Gleichungen aus Schritt (7.1) "gleichzeitig" indem man die $M/2-1$ $(N-1)$-Vektoren p_j und g_j (deren Komponenten ja Funktionswerte in radialer Richtung beschreiben) als $N-1$ Vektoren in z-Richtung auffaßt (für jeden Radialwert ist dies ein Vektor) und für diese die Tridiagonalsysteme durch die Rekursionen (6) löst. Mit anderen Worten, man löst Systeme von Tridiagonalsystem. Da die Elemente r_j der Rekursionen also Vektoren sind, läßt sich die Vektorisierbarkeit voll ausnutzen. Auf Programmebene besteht die Transformation darin, daß die äußere Schleife über die Gleichungen mit den inneren Schleifen für die Rekursionen vertauscht wird (d.h. man verwendet das bekannte Verfahren des "loop interchanging"). Dies wird möglich durch die Partialbruchzerlegung, welche die rekursiven Tridiagonalsysteme entkoppelt.

Auf ähnliche Weise wird auch bei (7.2-7.4) verfahren. Hier ist jedoch zu beachten, daß je nach Stufe im Algorithmus (durch s beschrieben) die rechten Seiten verdoppelt, vervierfacht, usw. werden müssen. Dies kostet Zeit. Man mache sich klar, daß das Kopieren eines Vektors den gleichen Zeitaufwand bedeutet wie die Supersition zweier Vektoren mit der SAXPY-Funktion. Die Superposition wird gleich mit der Berechnung der p_j verbunden; man beachte, daß auch dies vektorisierbar ist.

Die Superposition der Partiallösungen läuft auf die Berechnung von Skalarprodukten hinaus, was gegenüber dem sequentiellen Buneman-Solver zusätzlichen Aufwand bedeutet. Dies ist der Preis für die Vekorisierbarkeit (bzw. Parallelisierbarkeit). Wichtig ist nur, daß dieser Mehraufwand viel geringer ist als der resultierende Gewinn durch Vektorisierung.

Bei dem eben beschriebenen Verfahren wurde stillschweigend vorausgesetzt, daß die Vektoren ist p_j und g_j direkt verarbeitet werden können, obwohl von dem ursprünglichen Matrixfeld jeweils nur jede zweite Zeile verwendet wird. Da die Cray auch einen "stride" ungleich eins verarbeiten kann, ist dies kein Problem (andernfalls entstünde durch umstrukturieren zusätzlicher Aufwand).

Wir vermerken schließlich noch, daß die Parallelisierung des Buneman-Algorithmus auch seine Vektorisierbarkeit verbessert: der Mehraufwand, der durch zyklische Reduktion bei der Lösung der Tridiagonalsysteme entsteht, ist deutlich höher als der Mehraufwand durch die Superposition der Teillösungen nach der Partialbruchzerlegung. Bei $M=N=128$ ergibt sich auf der Cray ein speed-up von etwa 3.5.

5.2 Der parallele Buneman-Algorithmus auf einem Parallelrechner

Es sollen hier nur massiv-parallele Rechner betrachtet werden, nicht also Vektorrechner mit einigen Zentraleinheiten (4 - 8), so wie sie heute auf dem Markt sind. Von speziellen Entwicklungen abgesehen gibt es im wesentlichen drei Arten von massiv-parallelen Systemen:

- SIMD Rechner: z.B. die Connection Machine CM-2

- MIMD Rechner vom message-passing Typ: z.B. Intel Hypercube, Ncube, oder Transputersysteme

- MIMD Rechner mit shared memory: z.B. BBN TC2000, RP3 (IBM) oder NYU Ultracomputer (letztere beiden sind Experimentalsysteme)

Als Beispiel eines MIMD Parallelrechners soll hier der Hypercube dienen. Abb 2 zeigt einen 2^4-Cube.

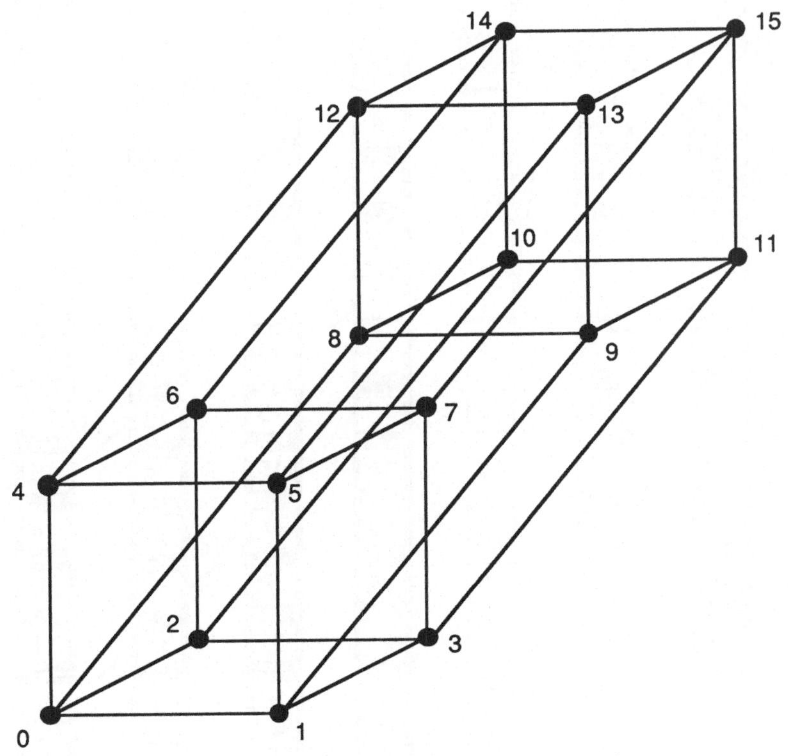

Abbildung 2:
Ein 2^4-Hypercube

Es liegt nahe, genau so vorzugehen wie beim Vektorrechner und die entkoppelten Tridiagonalsysteme parallel zu lösen. Daraus folgt sofort, daß die Zahl der Prozessoren wenigstens M/2 sein sollte, entsprechend der Anzahl der Systeme, die für ein M•N-Gitter aufzulösen sind; z.B. bei M=N=128 sind dies 64 Prozessoren. Da die Prozessoren keinen gemeinsamen Speicher haben, müssen Daten zwischen ihnen als Nachrichten ausgetauscht werden. Um ein anschauliches Bild von den erforderlichen Nachrichtenflüssen zu geben, wird in Abbildung 3 gezeigt, wie für M=32 der Datenfluß aussieht. Der Rechner, ein 2^4-Cube, ist jeweils in einer Spalte "gestreckt" dargestellt; die Spalten, von links nach rechts durchlaufen, geben die einzelnen Schritte des parallelen Buneman-Algorithmus nach Gl.(7) wieder (es sind also immer wieder die gleichen Rechner).

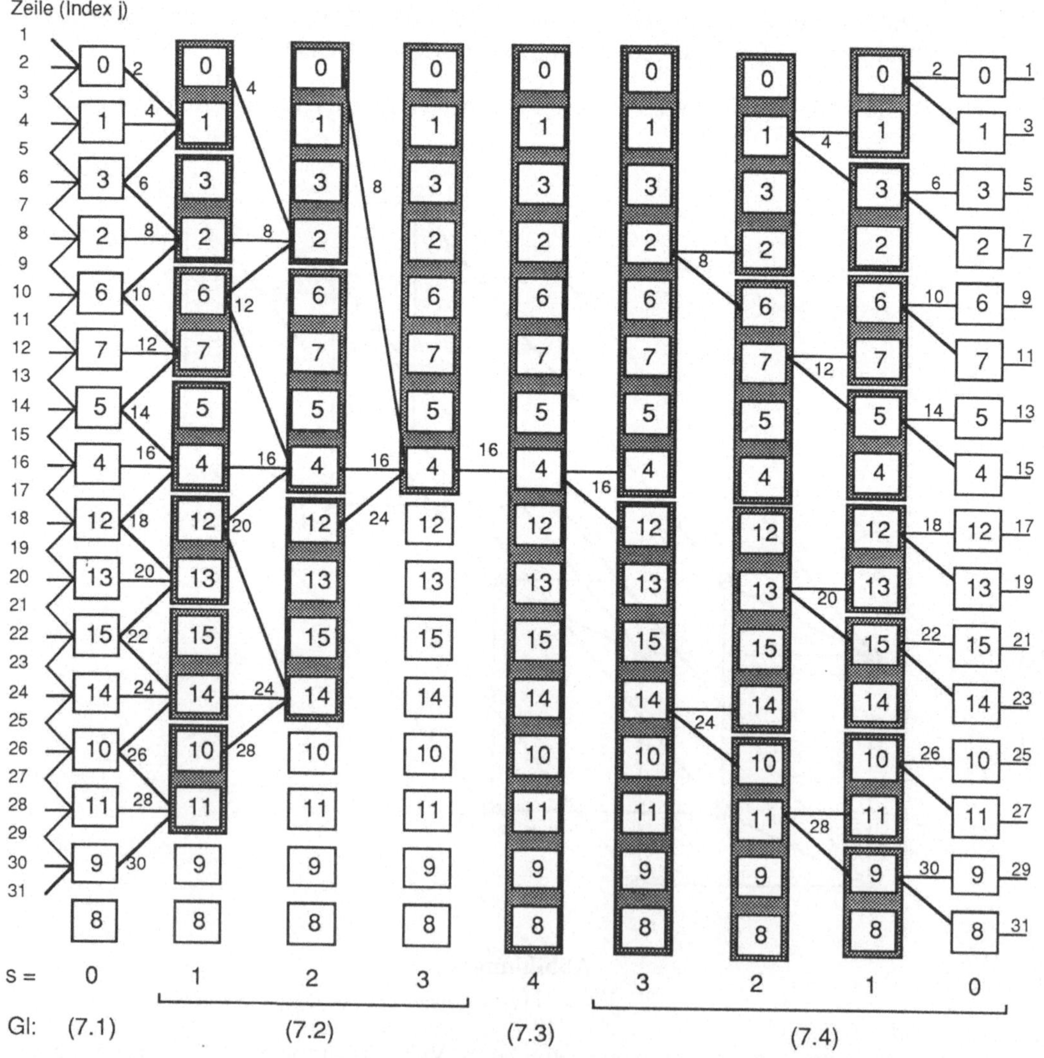

Abbildung 3:
Der Datenfluß beim Buneman-Algorithmus im 2^4-Hypercube

Am Anfang hat man 31 Zeilen (bzw. M-1 Zeilen im allgemeinen Fall) des Block-Tridiagonalsystems (2). Während die 15 (M/2-1) geraden Zeilen in genau einen Rechner eingespeist werden, werden die ungeraden Zeilen jeweils in zwei benachbarte Rechner eingespeist. Man beachte, daß die Anordnung der Rechner (nach dem Gray-Code) einer Kette entspricht, wie man leicht aus Abb. 2 ersehen kann. Diese Verteilung erleichtert in späteren Stufen des Algorithmus die Kommunikation, da immer nur zu unmittelbaren Nachbarn Daten gesendet werden müssen.

In der ersten Stufe des Algorithmus sind alle Rechner beschäftigt, mit Ausnahme des Rechners 8. In der zweiten Stufe ist für 2 Rechner keine Arbeit vorhanden, in der dritten für vier, usw. bis im letzten Schritt der Eliminationsphase nur M/4 Rechner, also die Hälfte, Arbeit haben. In den Auflösungsphasen in Schritt s=4, 3, ... können alle Rechner beschäftigt werden. Da in allen Phasen etwa die gleiche Arbeit anfällt (von Kommunikationsaufwand im Augenblick abgesehen), muß man schließen, daß der parallele Buneman-Algorithmus höchstens mit 90%iger Effizienz laufen kann (bei M=128 sind es 92%).

Aus Abb. 3 ist auch ersichtlich, wie die rechten Seiten verteilt werden: in Schritt s=1 erhalten jeweils zwei Rechner (z.B. 0 und 1, 3 und 2, ...) die gleiche rechte Seite, in Schritt s=2 sind es jeweils vier, usw. Die Rechner, die jeweils die Tridiagonalsysteme mit der gleichen rechten Seite auflösen sind schraffiert unterlegt. Wie man sieht, kann man die Verteilung so vornehmen, daß jeweils die Knoten eines Hypercube kleinerer Dimension zusammenwirken. Dies hat den Vorteil einfacherer Kommunikation, da die rechte Seite innerhalb des kleineren Hypercube durch broadcast verteilt werden kann (üblicherweise standardmäßig im Repertoire der Kommunikationssubroutinen vorhandenen oder gar hardwaremäßig unterstützt). So erhält z.B. Rechner 14 seine zusätzlichen Ausgangsdaten von Rechnern 12 und 10; wegen der Verteilung des Ausgangssystems über die Rechner unter Benützung des Gray-Codes sind diese Rechner unmittelbar benachbart. Die Rechte Seite wird jetzt per broadcast auf die Rechner 12, 13 und 15 übertragen, worauf die Auflösung der vier Tridiagonalsysteme beginnen kann. Das Ergebnis dieses Schrittes wird zweckmäßigerweise in Rechner 12 akkumuliert, da dieser dann für den nächsten Schritt wieder für den Datentransport günstig liegt.

Man sieht leicht, daß man den Kommunikationsaufwand nicht vernachlässigen darf: die Auflösung der Tridiagonalsysteme erfordert lediglich 5 Gleitkommaoperationen je Komponente in r-Richtung; diese Zeit ist vergleichbar mit der Zeit, die man benötigt, um die rechte Seite zu verteilen. Meist ist sie sogar deutlich kürzer, so daß der Rechner leicht durch die Kommunikation in seiner Leistung begrenzt wird. Dies liegt natürlich an der feinen Granularität dieses Algorithmus.

Es liegt nahe, die Kommunikation hinter der eigentlichen Rechnung "zu verstecken". Das setzt natürlich voraus, daß der Rechner die Kommunikation, einmal angestoßen, autonom ausführen kann. Dies ist z.B. bei Transputern T800 der Fall, bei denen eine Gleitkommaoperation etwa 1 µsec dauert, und mit einer start-up-Zeit von 4 µsec ein 32-bit Wort je 3 µsec übertragen werden kann. Es ist einleuchtend, daß dies zusätzlichen Aufwand bei der Entwicklung von Algorithmen erfordert.

Wenn die Parallelität von Rechnung und Kommunikation nicht direkt möglich ist, kann man auch versuchen, das Prinzip des pipelining anzuwenden: ein (N-1)-Vektor, der z.B. die rechte Seite enthält, wird in Portionen übertragen (z.B. 8 Abschnitte bei M=128), so daß der Zielrechner mit der Rechnung beginnen kann (in diesem Fall die erste Rekursion des Tridiagonalsystems), sowie der erste Teilvektor verfügbar ist. Dann überlappt sich diese Rechnung mit der Übertragung des zweiten Teilvektors, usw.

Falls mehr als M/2 Prozessoren vorhanden sind, etwa n•(M/2), kann man, anders als beim Vektorrechner, die Parallelisierung auch noch weiter treiben: Man löst die Tridiagonalsysteme nicht sequentiell nach Gl.(6) auf, sondern verwendet eines der Verfahren der zyklischen Reduktion oder der Partitionierung (siehe. z.B. [4] oder [5]). Auch hier steigt wiederum der Aufwand für die Lösung der Tridiagonalsysteme, wenn aber n≥4 ist, kann man weitere Beschleunigungen erzielen.

6   Schlußfolgerungen

In den letzten 10 Jahren ist das Interesse an Parallelrechnern immer größer geworden. Neben Entwicklungen im Bereich der Architekturen und Hardware dieser Rechner sind auch viele Untersuchungen über parallele Algorithmen durchgeführt worden. Nachdem jetzt mehrere Parallelrechner kommerziell verfügbar sind, gewinnen diese Algorithmen zusehends an Bedeutung. Der bekannten Buneman-Algorithmus, [6], zur direkten Lösung von Poisson-Gleichungen, wurde ursprünglich für sequentielle Rechner entwickelt. Von Gallopoulos und Saad, [3], wurde eine parallelisierbare Version vorgeschlagen. Eine solche ist unbedingt notwendig, wenn man Parallelrechner verwenden will. Es zeigt sich, daß auch Vektorrechner davon profitieren können.

Bei der Diskussion in Abschnitt 5 wurde deutlich, daß beim Parallelrechner die Zahl der Prozessoren sinnvollerweise mit der Größe der zu lösenden Aufgabe korreliert sein muß; wir haben deshalb die Zahl der Prozessoren gleich der halben Anzahl der Gitterpunkte in z-Richtung angenommen (oder ein Vielfaches von dieser halben Anzahl der Gitterpunkte). Trotzdem gab es Phasen, in denen man nicht alle Prozessoren beschäftigen kann.

Offensichtlich ist diese enge Abstimmung bei Vektorrechnern nicht notwendig. Man kann einen Vektorrechner auf drei Ebenen als Parallelrechner ansehen:

- auf der untersten Ebene gibt es die Vektor-pipeline, die eine Parallelität entsprechend der Anzahl der pipeline-Stufen darstellt (meist 10 - 15)

- auf der mittleren Ebene definiert die Länge LR der Vektorregister (nicht bei allen Rechnern vorhanden) eine etwas abstraktere Parallelität: Vektoren der Länge L werden als Teilvektoren der Länge LR mit der "Parallelität" LR nacheinander, also sequentiell, verarbeitet

- auf der obersten Abstraktionsebene sieht der Programmierer eine Maschine mit variabler Parallelität VL, entsprechend der Länge seiner Vektoren (diese Maschine arbeitet freilich, je länger die Vektoren sind, um so langasamer)

Diese Variabilität macht das Programmieren eines Vektorrechners deutlich einfacher, da man die "Parallelität" des Rechners dem Problem anpassen kann, während man bei Parallelrechnern eher das Problem an die Parallelität des Rechners anpassen muß (daß die Problemgröße nicht kontinuierlich gewählt werden kann, bei gleichzeitiger Aufrechterhaltung hoher Effizienz, läßt sich auch mit automatischen Werkzeugen nicht beheben).

Bei der Diskussion des Parallelrechners wurde deutlich, daß eine kritische Größe die Kommunikationsarchitektur des Rechners ist. Der Buneman-Algorithmus hat zwangsläufig eine relativ feine Granularität (bei einer Gitterlänge von N=128 in radialer Richtung sind dies etwa 600 Gleitkommaoperationen), stellt deshalb besondere Anforderungen an die Kommunikation. Dies führt dazu, daß Algorithmen für Parallelrechner besonders sorgfältig geplant werden müssen, um möglichst Kommunikation und Rechnung zu überlappen, also die Kommunikation frühzeitig zu starten (dies erinnert an die Probleme, die Compiler mit manchen RISC Architekturen bewältigen müssen). Es wurde deutlich, daß auch beim Vektorrechner "Kommunikation" eine Rolle spielt: jeder Datentransport, der nicht gleichzeitig mit Rechenoperationen verbunden ist, wirkt wie Kommunikationsaufwand. Die Vektoroperationen

$$A := B \qquad \text{und} \qquad A := B + k * C$$

(wobei A, B, C Vektoren seien, und k ein Skalar) erfordern etwa die gleiche Zeit auf einer Cray (bei gleicher Vektorlänge), obwohl im ersten Fall eigentlich nichts passiert. Das bedeutet aber, daß auch Vektoralgorithmen sorgfältig geplant werden müssen, obwohl die Probleme hier nicht so gravierend sind.

Vektorrechner und Parallelrechner werden in absehbarer Zukunft nebeneinander existieren. Die Entwicklung paralleler Algorithmen und die Programmierung von Parallelrechnern ist schwieriger, wird aber wegen der potentiell höheren Leistung und dem besseren Preis/Leistungs-Verhältnis zwangsläufig getan werden müssen. Davon werden auch die Vektorrechner profitieren.

Literatur

[1]   Lackner K: Computation of ideal MHD equilibria, Comp. Phys. Comm **12** (1976) 33-44

[2]   Stoer J, Bulirsch R: Einführung in die Numerische Mathematik II, Kap. 8.8, Springer 1978

[3]   Gallopoulos E, Saad Y: A parallel block cyclic reduction algorithm for the fast solution of elliptic equations, Parallel Computing **10** (1989) 143-159

[4]   Wang H H: A parallel method for tridiagonal equations, ACM Trans. Math. Software **7** (1981) 170-183

[5]   Krechel A, Plum H-J, Stüben K: Parallelization and vectorization aspects of the solution of tridiagonal linear systems, Parallel Computing **14** (1990) 31-49

[6]   Buneman O: A compact non-iterative Poisson solver, Institute for Plasma Research Report #294, Stanford Calif. (1969)

Sind die Vektorrechner die Saurier von morgen?

Hans-Martin Wacker

Gesellschaft für Mathematik und Datenverarbeitung
Schloß Birlinghoven
5205 Sankt Augustin

Zusammenfassung

Die Universalrechner stehen bei technisch/wissenschaftlichen Anwendungen unter einem zunehmenden Konkurrenzdruck der Mikrocomputersysteme, wie z.B. von Workstations und den unterschiedlichen Server-Systemen. Das hat dazu geführt, daß Mainframes in Universitäten, Forschungseinrichtungen und den Forschungs- und Entwicklungsbereichen der Industrie mehr und mehr durch Workstations und UNIX-Server ersetzt werden. Die Leistung der neuen Mikrocomputersysteme wie z.B. der RS/6000 von IBM ist mit der Leistung einer Cray 1 durchaus vergleichbar. Die Cray XMP und die Cray YMP sind nur für gut vektorisierbare Programme deutlich leistungsfähiger als beispielsweise eine RS/6000-550. Wegen des sehr günstigen Preises dieser neuen Computersysteme, verglichen mit dem der klassischen Vektorrechner, droht diesen ein ähnlicher Konkurrenzkampf wie den Mainframes. Dabei ist für die Vektorrechner die Situation ernster als für die Universalrechner, da sie im Gegensatz zu den Mainframes außerhalb des technisch/wissenschaftlichen Marktsegments so gut wie nicht vertreten sind.

Bei Mikroprozessoren wird ein Leistungswachstum von einem Faktor zwei in jeweils 18 Monaten erwartet, wie es auch in den vergangenen Jahren realisiert worden ist. Das bedeutet, auf die zweite Hälfte dieses Jahrzehnts hochgerechnet, eine Leistung von mindestens 500 MIPS oder 1000 MFLOPS, die von den Mikroprozessorherstellern angeboten werden dürfte. Das Leistungswachstum der Supercomputer war demgegenüber in den letzten Jahren recht bescheiden. Eine Fortsetzung dieser Entwicklung würde bedeuten, daß die Mikroprozessorsysteme in absehbarer Zeit den Supercomputern in der Leistung überlegen wären und sie mit Sicherheit verdrängten.

Das wurde von den Supercomputerherstellern erkannt und bei der Entwicklung der neuen Rechnergeneration berücksichtigt. Schon etwa um 1995 werden Supercomputer mit einer Leistung bis 200 GFLOPS - zumindest für hochvektorisierbare und hochparallelisierbare Probleme - von mehreren Herstellern wie z.B. Fujitsu, NEC und SSI angeboten werden und damit den Mikroprozessoren um zwei Größenordnungen überlegen sein.

Trotz des zu erwartenden hohen Preises dieser Supercomputer wird es eine ganze Reihe von Anwendern geben, für die diese Systeme unverzichtbar sind, wenn sie bei ihrer Arbeit konkurrenzfähig sein wollen. Natürlich wird der Markt auf diesem Gebiet immer stärker umkämpft werden, da ein kleiner werdendes Marktsegment von einer wachsenden Anzahl sehr kompetenter Supercomputerhersteller umworben werden wird.

1 Die Entwicklung der Supercomputer

Mit der Einführung der Computer in den Ingenieur- und Naturwissenschaften in den sechziger Jahren nahmen die mathematischen Verfahren einen sehr raschen Aufschwung. Dieser Erfolg bei dem Einsatz der damaligen Computer führte zu einem Wettlauf bei der Entwicklung schneller Computer. Insbesondere die Firmen IBM und CDC konkurrierten bei der Entwicklung leistungsfähiger technisch/wissenschaftlicher Rechner. Mit den Systemen 7600 von CDC und der /360-195 von IBM entstanden 1970 die ersten Supercomputer, die erst viele Jahre später in der Leistung durch die Cray 1 übertroffen wurden.

Obwohl damals schon recht gute Ergebnisse durch den Einsatz dieser Rechner erzielt werden konnten, blieb der eigentliche wirtschaftliche Erfolg aus. Der Hauptgrund hierfür war, daß wichtige Probleme, wie beispielsweise die Berechnung dreidimensionaler Strömungsfelder oder die Festigkeitsberechnung dreidimensionaler Körper nicht oder nur sehr begrenzt möglich waren. Hierzu waren diese damaligen Supercomputer nicht leistungsfähig genug, vor allem waren aber die notwendigen numerischen Verfahren noch nicht verfügbar.

Dies führte zu einer Stagnation der Entwicklung technisch/wissenschaftlicher Computer. So zog IBM im Jahr 1976 die /360-195 zurück und ersetzte sie durch die beträchtlich leistungsschwächere aber eheblich wirtschaftlichere /370-168, die vor allem bei kommerziellen Anwendern beliebt und sehr verbreitet war. Auch bei CDC stagnierte die Entwicklung von Hochleistungsrechnern, nachdem S. Cray aus der Firma ausgeschieden war.

Erst mit der Cray 1, die S. Cray in seiner Anfang der siebziger Jahre gegründeten Firma entwickelt hatte, gab es zu Beginn der achtziger Jahre einen neuen Aufschwung bei den wissenschaftlichen Rechenanlagen. In der Zwischenzeit waren nämlich auch die numerischen Verfahren und Methoden weiterentwickelt worden, so daß die Cray 1 trotz ihres sehr hohen Preises für eine ganze Reihe von Anwendungen wirtschaftlich und erfolgreich eingesetzt werden konnte. Die Cray 1 wurde deshalb ziemlich unerwartet sehr erfolgreich. Der Erfolg der Cray 1 führte nicht nur dazu, daß die Firma Cray mit der Cray XMP und der Cray 2 Nachfolgesysteme entwickelte, sondern auch andere Hersteller drängten in diesen Wachstumsmarkt. Heute bieten neben Cray vor allem die japanischen Firmen Fujitsu und NEC Supercomputer einer sehr hohen Leistungsklasse an. Daneben haben sich Minisupercomputerfirmen etabliert, wie die Firma Convex, die sehr erfolgreich am Markt agiert.

Supercomputer und Minisupercomputer werden heute für viele technische und wissenschaftliche Anwendungen eingesetzt und sind ein wichtiger Wettbewerbsfaktor nicht nur in der Industrie sondern auch in der Forschung geworden. Die Tabelle 1 zeigt die wichtigsten Anwendungen, für die Supercomputer heute erfogreich eingesetzt werden. Bis heute dominieren für diese Anwendungen die Vektorrechner, wie z.B. die Cray YMP oder die Convex C2. In Zukunft werden jedoch eine Reihe dieser Anwendungen von anderen Rechnertypen übernommen werden. Eine ganz wichtige Rolle werden dabei die mikroprozessorbasierten Hochleistungssysteme spielen, aber auch Parallelrechner werden gegen die klassischen Vektorrechner bei vielen dieser Anwendungen konkurrieren.

<table>
<tr><td>

Forschung

Elementarteilchenphysik

Astrophysik

Molekülberechnung

Molekülentwurf

Berechnung der elastischen,
elektromagnetischen und
anderer Eigenschaften von
Materialien

Plasmaphysik

Medizin

Computertomografie

</td><td>

Industrie

Entwurf von Flugzeugen und Fahrzeugen

Strukturanalyse

Stabilitäts- und Verformungsberechnungen

Strömungsberechnungen

Verbrennungssimulationen

Chip-Entwicklung

Computerentwicklung

Erforschung von Öllagerstätten

Wettervorhersage

Computergrafik

</td></tr>
</table>

Tabelle 1:
Anwendungsgebiete von Supercomputern

2 Die Evolution der Rechenleistung im Vergleich zur Evolution der Halbleitertechnologie

Die ersten Supercomputer, die CDC 7600 und die IBM/360-195, hatten nach den Messungen von J. Dongarra [1] eine Spitzenleistung von 3 bis 3,5 MFLOPS. Sie hatten eine Architektur, die ähnlich der heute sowohl bei Mikroprozessoren als auch bei großen Mainframes angewandten Superskalararchitektur [2] ist. Die Leistung der Cray 1 war für vektorisierbare Programme zwar deutlich höher als die der damaligen Rechner, für nichtvektorisierbare Probleme hingegen war die Cray 1 jedoch nur geringfügig schneller. Die heutigen großen Supercomputer und Mainframes haben eine Skalarleistung von etwa 30 MFLOPS und sind damit etwa zehnmal schneller als die Supercomputer von 1970. Die Leistung für hochvektorisierbare Programme ist allerding mit bis zu 5 GFLOPS pro Prozessor bei der NEC SX-3 um mehr als einen Faktor 1000 größer. Dieser große Leistungsgewinn beruht jedoch auf der damals noch nicht vorhandenen Vektorrechnerarchitektur. Die Tabelle 2 zeigt die Evolution der Supercomputer. Die Leistungsangaben beziehen sich auf die Angaben von Dongarra für die Lösung eines Systems von linearen Gleichungen mit 100 Unbekannten.

Die Evolution der Halbleiter ist in Tabelle 3 für die Jahre 1968 bis 1990 dargestellt. Sie zeigt, daß einem Wachstum der Rechnerskalarleistung von 3 auf 30 MFLOPS in zwanzig Jahren ein Integrationsgewinn von einem Faktor 10.000 oder mehr bei den Halbleitern im gleichen Zeitabschnitt gegenübersteht. Werden die Schaltzeiten noch berücksichtigt, die sich von 10 nsek im Jahr 1970 auf 100 psek heute verbessert haben, so zeigt es sich, daß einem Anwachsen der Skalarleistung der Rechner von einem Faktor 10 eine Leistungssteigerung der Halbleiterbauelemente um mindesten eine Million in der gleichen Zeit gegenübersteht. Wäre die Leistung der Rechner um den gleichen Faktor angewachsen, so müßten sie eine Skalarleistung von etwa 3.000.000 MFLOPS haben und damit allen heutigen Supercomputern weit überlegen sein.

Jahr	Type	Leistung
1966	CDC 6600	0.5 MFLOPS
1967	IBM/360-91	2.0 MFLOPS
1969	CDC 7600	3.5 MFLOPS
1970	IBM/360-195	3 MFLOPS
1976	CRAY 1	12 MFLOPS
1982	CRAY X	24 MFLOPS(*)
1987	NEC SX-2	43 MFLOPS
1987	CRAY 2	15 MFLOPS(*)
1990	NEC SX-3	220 MFLOPS

Leistung einer CPU(*)

Tabelle 2:
Evolution der Supercomputer von 1966 bis 1990

Jahr	Technik	bits/chip	bits/qcm
1966	Transistor (bipolar)	16	700
1968	Transistor (bipolar)	64	900
1970	Transistor (bipolar)	64	1.300
1972	Transistor (FET)	1.000	8.000
1974	Transistor (FET)	4.000	32.000
1976	Transistor (FET)	16.000	95.000
1979	Transistor (FET)	64.000	250.000
1986	Transistor (FET)	1.000.000	1.300.000
1990	Transistor (FET)	4.000.000	6.000.000

Tabelle 3:
Evolution der Halbleiter - Dichte von Speicherchips von 1966 bis 1990

Von mehreren Gründen, die dafür maßgebend sind, daß der Leistungsgewinn der Halbleiter nicht oder nur geringfügig in Computerleistung umgesetzt werden konnte, sind zwei von besonderer Bedeutung.

Zum einen konnte die durch die Halbleiterentwicklung angebotene große Schaltkreisanzahl nicht in entsprechende Leistungserhöhung umgesetzt werden, da keine Rechnerarchitekturen bekannt waren, die durch eine ausreichende Parallelisierung in der Lage gewesen wären, das wachsende Schaltkreisangebot in Leistungsgewinn umzusetzen. Lediglich durch die Entwicklung leistungsfähiger Mehrprozessorsysteme konnte schon seit etwa fünf Jahren ein Leistungsgewinn von einem Faktor sechs bis acht bei einer entsprechenden Prozessoranzahl erreicht werden. Ein entscheidender Durchbruch ist erst in den letzten Jahren mit der Superskalararchitektur [2] gelungen, die heute schon fast eine Größenordnung bei der Steigerung der Computerleistung erbringt.

Das zweite Hemmnis für schnellere Rechner waren bislang die Verzögerungszeiten auf den Verbindungsleitungen in den Computern. Es gelang zwar, immer mehr Schaltkreise in kleinen Einheiten zusammenzufassen, es blieb aber bis heute die Notwendigkeit der Überbrückung größerer Entfernungen. Die Größe eines Rechners selbst ist ein sehr guter Hinweis für die Weglängen der internen Verbindungen. So sind die Mainframes und die Supercomputer in den letzten Jahren zwar kleiner geworden, trotzdem müssen oft noch Entfernungen im Bereich von Dezimetern oder gar Metern überbrückt werden, was einer Laufzeit von mehreren nsek entspricht. Erst die Entwicklung von Mikroprozessoren löste dieses Problem. Mit der Reduktion der Größe eines gesamten Rechners auf einen Chip von nur wenigen Millimetern, ist das Laufzeitproblem um zwei Größenordnungen reduziert worden.

Heute haben die Mikroprozessoren gegenüber den klassischen Mainframes und Supercomputern noch den Nachteil, daß sie auf langsamere Halbleiterbausteine wie z.B. CMOS zurückgreifen müssen, während diese mit ECL oder gar GaAs erheblich schnellere Schaltkreise zur Verfügung haben. Es zeigt sich aber, daß dieser Nachteil durch den Vorteil der kurzen Wege heute bereits kompensiert wird, wie die Systeme RS/6000, die die Leistung der Mainframes bereits eingeholt haben, zeigen. In Zukunft werden den Mikroprozessorentwicklern schnellere Logik- und Speicherbausteine z.B. BICMOS oder ECL zur Verfügung stehen, so daß Mikroprozessoren den Mainframes und Supercomputern der heutigen Bauart mehr und mehr überlegen sein werden.

Mit einem Leistungswachstum auf 500 bis 1000 MIPS bzw. MFLOPS in den nächsten fünf bis sechs Jahren haben sie zwar das Potential der Halbleiterentwicklung längst nicht ausgeschöpft, werden aber für die herkömmlichen Mainframes und Vektorrechner zu einer immer ernsthafteren Gefahr. Das zwingt die Supercomputerentwickler zu neuen Wegen, um konkurrenzfähig zu bleiben. Dabei werden mehrere unterschiedliche Möglichkeiten genutzt, die aber alle das Ziel haben, hohe Leistung durch eine möglichst hohe Parallelität zu erzielen. Alle Supercomputer, die heute auf dem Markt sind, haben zumindest optional mehrere Prozessoren. Cray bietet mit der C 90 (Cray YMP16) in Kürze bis zu 16 Prozessoren an. Die Firma SSI, die von dem ehemaligen Cray-Mitarbeiter S. Chen gegründet wurde, bietet Systeme mit bis zu 32 Prozessoren an, von denen vier zu einem Gesamtkomplex zusammengeschaltet werden können, die dann mit 128 Prozessoren eine Leistung von mehr als 200 GFLOPS erreichen sollen.

Im Gegensatz dazu arbeiten die beiden japanischen Firmen Fujitsu und NEC vor allem mit sehr schnellen Schaltkreisen und mit einer hohen internen Parallelität durch die Nutzung mehrer Vektoreinheiten, jedoch mit einer geringeren Anzahl von skalaren Zentraleinheiten. Sie erreichen so auch beträchtliche Leistungswerte; die bereits im Markt eingeführte NEC SX-3 erzielt eine Spitzenleistung von über 20 GFLOPS bei nur vier Prozessoren.

3 Entwicklungstendenzen bei Supercomputern

Die Firma Cray ist mit großem Abstand vor den Konkurrenten heute der Marktführer bei Supercomputern. Cray setzt auf eine evolutionäre Weiterentwicklung der erfolgreichen Systeme Cray XMP und Cray YMP. Dabei erhöhte Cray die Anzahl der Prozessoren stets schrittweise von vier bei der Cray X, auf acht bei der Cray Y und auf 16 bei der neuen C 90. Die Abbildung 1 zeigt die grundsätzliche Struktur dieser Systeme.

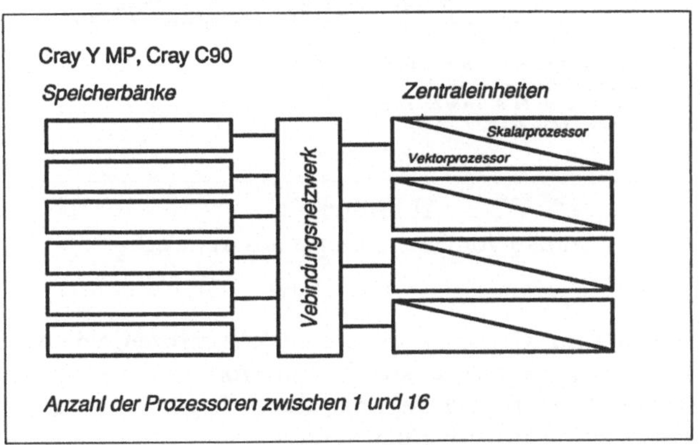

Abbildung 1:
Aufbau der Supercomputer von Cray

Die Vektorrechner von Cray haben mehrere Speicherbänke, mehrere Prozessoren und als Verbindung zwischen den Prozessoren und den Speicherbänken ein leistungsfähiges Netzwerk. Durch dieses Architekturprinzip ist es Cray gelungen, bei der C 90 bis zu 16 Prozessoren einzusetzen, die ohne große Leistungseinbuße an einem oder mehreren Programmen gleichzeitig arbeiten können. Die Zugriffszeit von den Zentraleinheiten zu dem Speicher hat sich dabei in den letzten Jahren nicht wesentlich verändert. Wie bei der Cray 1, der Cray X und der Cray Y ist auch bei der C 90 trotz erheblich kürzerer Zykluszeit die Speicherzugriffszeit etwa 100 nsek. Cray hat nämlich den Vorteil der kürzeren Zykluszeiten und der schnelleren Speicher genutzt, um die mögliche Prozessoranzahl zu erhöhen. Dem Vorteil einer relativ großen Prozessoranzahl steht der Nachteil einer hohen Speicherzugriffszeit gegenüber, die zur Folge hat, daß die Skalarleistung der Prozessoren begrenzt ist. Führt eine C 90 beispielsweise nur nichtvektorisierbare Speicherinstruktionen aus, so ist deren Leistung auf 10 MIPS beschränkt. Nur wenn ein wesentlicher Teil der Daten in den Registern gehalten werden kann, ist eine höhere Leistung erreichbar.

Andere Hersteller, wie z.B. Convex, Fujitsu, NEC und IBM, statten ihre Zentraleinheiten mit einem sehr schnellen Cache (Pufferspeicher) aus, durch den die Speicherzugriffszeit bei einer guten Cache-Trefferrate sehr nahe an die Zykluszeit der Zentraleinheit herankommt. Abbildung 2 zeigt dieses Architekturprinzip. Der Nachteil dieser Konstruktion liegt in der Begrenzung der möglichen Prozessoranzahl durch die Notwendigkeit der Cache-Synchronisation, die sehr aufwendig ist. Allerdings wird so eine erheblich höhere skalare Rechenleistung erzielt.

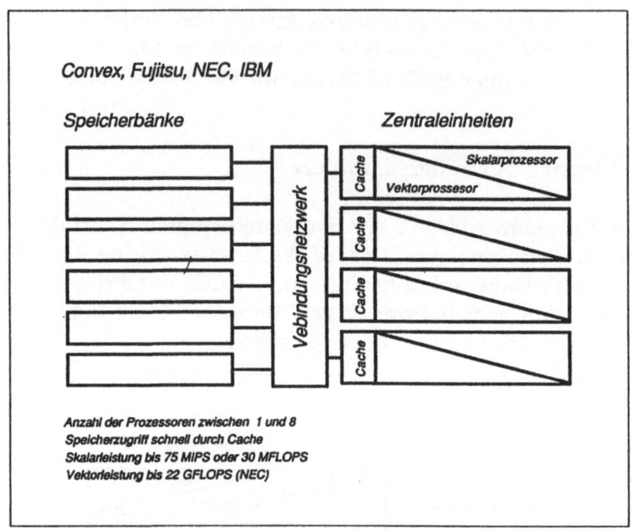

Abbildung 2:
Aufbau von Supercomputern mit Cache

Heute haben Vektorrechner mit Cache maximal acht Prozessoren, wie die neu angekündigte Convex C3. Eine theoretisch unbegrenzte Anzahl von Prozessoren kann man erreichen, wenn auf das Prinzip des gemeinsamen Speichers bei einem Supercomputer verzichtet wird. Die Abbildung 3 zeigt dieses Architekturprinzip.

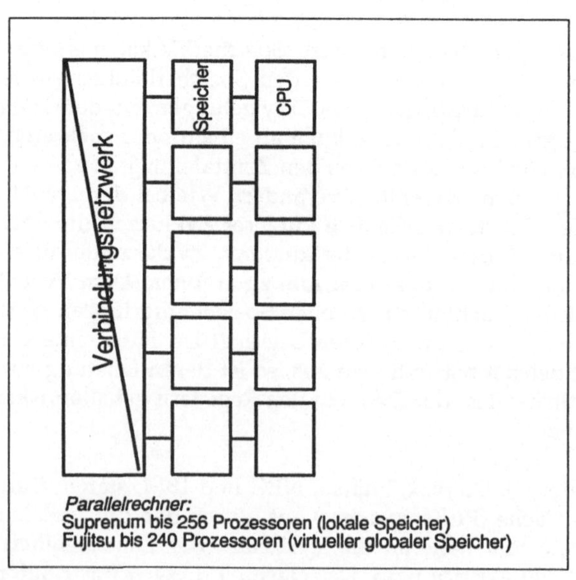

Abbildung 3:
Supercomputer mit lokalem Speicher

Parallelrechner mit lokalem Speicher haben zwar prinzipiell den Vorteil, daß sie theoretisch mit einer unbegrenzten Anzahl von Prozessoren gebaut werden können, sie haben aber den Nachteil, daß selbstparallelisierende Compiler nicht existieren und wohl auch in Zukunft nicht mit ausreichender Leistung verfügbar sein dürften. Das bedeutet, daß der Anwender selbst die Aufgabe zu übernehmen hat, sein Programm zu parallelisieren. Es bedeutet aber auch vor allem, daß bereits existierende Software nicht eingesetzt werden kann. Eine Portierung vorhandener Software auf derartige Parallelrechner ist sehr aufwendig. Im Gegensatz dazu, kann auf einer Cray jedes Programm, das beispielsweise in FORTRAN 77 geschrieben ist, ohne wesentliche Änderung mit durchaus akzeptabler Leistung ablaufen, selbst wenn es nicht für eine Cray optimiert wurde. Für den Markterfolg der Vektorrechner war das eine notwendige Voraussetzung - ebenso wie die Verfügbarkeit autovektorisierender Compiler, die dem Nutzer das Vektorisierungsproblem weitgehend abnehmen.

Es ist mit Sicherheit anzunehmen, daß Parallelrechner sich nur dann am Markt werden durchsetzen können, wenn Compiler zur Verfügung stehen, die den gleichen Komfort anbieten, wie die der Vektorrechner. Aus heutiger Sicht ist das aber nur für Systeme mit einem gemeisamen Speicher möglich.

Dem Supercomputerentwickler stehen demnach heute prinzipiell drei Möglichkeiten der Speicherorganisation zur Verfügung, um mit mehreren Prozessoren leistungsfähige Systeme bauen zu können:

- Systeme mit gemeinsamem Speicher ohne Cache
- Systeme mit gemeinsamem Speicher mit Cache
- Systeme mit lokalem Speicher

Alle drei Architekturen haben aber beträchtliche Nachteile, wenn es darum geht, Supercomputer zu bauen, die eine Leistung von vielen hundert GFLOPS haben sollen und außerdem von dem Softwareentwickler so beherrschbar sind, daß die Kosten der Software die Wirtschaftlichkeit dieser Systeme nicht in Frage stellen. Die Tabelle 4 zeigt einige Systeme mit ihren geplanten Leistungsdaten, die voraussichtlich bis 1995 auf den Markt kommen werden.

Obwohl derzeit der Schwerpunkt der Nutzung von Supercomputern ganz eindeutig auf Systemen mit einem gemeinsamen Speicher liegt, entwickeln dagegen heute viele Firmen Rechner mit lokalen Speicherarchitekturen. Dabei konkurrieren sie vor allem durch unterschiedliche Verbindungstopologien, wie z.B. Kubus- , Gitter-, Bus- oder Baumstrukturen.

Vor allem zwei Hersteller (Candle Square und Fujitsu) planen und entwickeln Systeme mit einem virtuellen gemeinsamen Speicherkonzept. Das bedeutet, daß in einem System mit lokaler Speicherarchitektur ein Speicherverwaltungsverfahren so implementiert wird, daß das Anwenderprogramm einen gemeinsamen Speicher aller Prozessoren sieht. Sollten die Schwierigkeiten dieses Prinzips überwunden werden können, wäre damit eine sehr zukunftsweisende Lösung für die Supercomputer gefunden. Es wäre dann möglich, eine hohe Anzahl von Prozessoren zu wählen und trotzdem komfortable autovektorisierende und selbstparallelisierende Compiler einzusetzen. Bei diesen Systemen könnte der größte Teil der für Vektorrechner entwickelten Methoden zur Softwareerstellung übernommen werden.

Zukünftige Supercomputer bis 1995

Cray C90 (1992)

16 Prozessoren 200 MIPS skalar- 16 GFLOPS vektor
- gemeinsamer Speicher, ohne Cache -

Fujitsu (1993)

240 Prozessoren 15.000 MIPS skalar- 300 GFLOPS vektor
- lokaler Speicher, als gemeinsamer virtueller Speicher implementiert -

NEC (1993)

8 Prozessoren 1000 MIPS skalar- 250 GFLOPS vektor
- gemeinsamer Speicher mit Cache -

SSI (1993)

4 mal 32 Prozessoren ? MIPS skalar- 250 GFLOPS vektor
- gemeinsamer Speicher, ohne Cache für jeweils 4 Prozessoren -

IBM (1991)

6 Prozessoren 300 MIPS skalar- 6 GFLOPS vektor
- gemeinsamer Speicher mit Cache -

Alliant (1993)

128 Prozessoren 10.000 MIPS skalar- 15 GFLOPS vektor
- lokale Speicher und ein gemeinsamer Speicher -

Tabelle 4:
Supercomputer bis 1995

Ein anderes zukunftsweisendes Prinzip wird von Alliant verfolgt. Ähnlich wie bei der gescheiterten ETA 10 setzt Alliant auf die Kombination von lokalem und globalem Speicher. Allerdings überläßt Alliant die Verwaltung dieser Speicherhierarchie nicht dem Nutzer sondern setzt dazu den Compiler ein, der Datenabhängigkeiten erkennen und richtig behandeln muß.

Beide Konzepte, das virtuelle gemeinsame Speichersystem und die Kombination von lokalem und gemeinsamen Speicher, wie es von Alliant verwirklicht wird, müssen ihre Bewährungsprobe aber erst noch bestehen.

4 Die Zukunft der Supercomputer

Die mathematischen Verfahren sind für sehr viele Anwendungen in der Forschung, in der Industrie und vielen anderen Gebieten heute schon sehr wichtig geworden. Sie werden in der Zukunft noch an Bedeutung gewinnen, da immer neue numerische Lösungen und geeignete Software entwickelt werden, die andere Methoden mehr und mehr verdrängen. Die eingesetzten Rechnersysteme werden dabei eine eher untergeordnete Rolle spielen. Viele Anwender werden schon mit Mikroprozessorsystemen wie einer SUN oder einer IBM RS/6000 hervorragende Ergebnisse erzielen. Für Spitzenforschung und kostspielige Entwicklungen werden wie bisher teure Supercomputer eingesetzt und sinnvoll genutzt werden können. Es ist heute noch nicht genau abzusehen, welcher Rechnertyp oder Architektur sich endgültig durchsetzen wird. Mit Sicherheit werden aber nur solche Supercomputer eine gute Marktchance haben, die dem Nutzer keine erheblichen Schwierigkeiten und Kosten bei der Softwareentwicklung bereiten.

Reine Vektorrechner wird es in Zukunft nicht mehr geben - im Grunde gibt es sie ja schon heute nicht mehr. Allerdings werden die Supercomputer, durch Vebesserung der schon in den letzten Jahren entwickelten Verfahren zur Vektorisierung und durch noch stärkere Vektorprozessoren ihre Leistung weiter steigern. Die Mikroprozessoren haben ohnehin schon durch ihre Superskalararchitektur Eigenschaften, durch die sie den Vektorrechnern vergleichbar sind. So wird es in der Zukunft keinesfalls eine Frage der Alternative zwischen Vektor- und Parallelrechner sein, sondern es müssen alle Möglichkeiten genutzt werden, die Architektur und Technologie bieten, um zu hohen Leistungen zu kommen.

Literatur

[1]   J.J. Dongarra, Supercomputer Performance Considerations - The LINPACK Benchmark, Supercomputer 1987, Mannheim

[2]   IBM, RISC System/6000 Technology, IBM Corporation, 1990

[3]   H.-M. Wacker, Wirtschaftlicher Einsatz von Vektorrechnern, PIK - Praxis der Informationsverarbeitung und Kommunikation, 1988

Erfahrungen der GMD im Experimentallabor für Parallelrechner

T. Brandes, O. Krämer-Fuhrmann, F. Jirka

Gesellschaft für Mathematik und Datenverarbeitung mbH
Postfach 1240
D-5205 Sankt Augustin 1

Zusammenfassung

Im Rahmen der HLRZ-Kooperation mit dem Forschungszentrum Jülich und der DESY Hamburg betreibt die GMD ein Experimentallabor, in dem verschiedene Parallelrechner installiert sind, die sowohl den Partnern des HLRZ und den Forschungsgruppen der GMD als auch Interessierten aus Universitäten, Forschungseinrichtungen oder der Industrie zur Verfügung stehen.

Bei der Ausstattung wurde darauf geachtet, daß Rechner der verschiedenen Architekturklassen vertreten sind. Derzeit stehen ein Suprenum 16-Cluster System, eine Connection Machine 2 sowie eine Alliant FX/2816 zur Verfügung. Diese sind eingebettet in ein Netz leistungsfähiger Workstations, über das außerdem Zugriff auf ein Megaframe SuperCluster System und einen Intel iPSC/2 besteht.

Im folgenden wird zunächst die Konzeption des Experimentallabors und die Konfiguration der einzelnen Parallelrechner vorgestellt. Anschließend wird über die bei der GMD gesammelten Erfahrungen bei der Installation und dem Betrieb der Experimentalsysteme berichtet. Ferner wird ein Überblick über die Anwendungen auf den vorgestellten Systemen gegeben und ein erster Eindruck über deren Leistungsfähigkeit vermittelt.

1 Das Experimentallabor für Parallelrechner

Im Jahre 1987 wurde von den drei Großforschungseinrichtungen DESY Hamburg, Forschungszentrum Jülich und GMD St. Augustin das Höchstleistungsrechenzentrum (HLRZ) gegründet, um den Forschern in Deutschland die Möglichkeit zu geben, Großprojekte aus dem Bereich der Computer-Simulation zu bearbeiten, die den an einer einzelnen Universität oder Forschungseinrichtung gegebenen Rahmen sprengen.

Zu den Aufgaben des HLRZ gehören der Betrieb von Produktionsrechnern (Jülich), der Betrieb eines Informatik-Experimental-Laboratiums (GMD) und der Aufbau von mehreren Forschergruppen, die eigenständig Forschung auf dem Gebiet der Computersimulation und der Supercomputerinformatik betreiben.

Nachdem in Jülich bereits 1987 der Betrieb von Produktionsrechnern aufgenommen worden ist, wurde das Experimentallabor zum Testen paralleler Rechnerarchitekturen mit entsprechender Infrastruktur (d.h. Systembetreuung, Anwendungsberatung, Schulung) im Herbst 1989 in der Abteilung für Höchstleistungsrechner der GMD eingerichtet.

Die grundsätzliche Zielsetzung hierbei war und ist, unterschiedliche Architekturen innovativer Parallelrechner zur experimentellen und praxisorientierten Nutzung bereitzustellen, um die Einsatzbreite dieser Rechnersysteme, die Möglichkeiten der informationstechnischen Integration in das Wissenschaftsumfeld sowie die Ausbildung an diesen Systemen zu fördern. Hierbei gilt es insbesondere

- herauszufinden, inwieweit durch den Einsatz massiver Parallelität langfristig eine Überlegenheit zu den derzeitig auf dem Vektorrechner-Prinzip beruhenden Supercomputer erreicht werden kann,

- festzustellen, inwieweit die Skalierbarkeit paralleler Systeme auf Hardware- und auf Software-Ebene erreichbar ist,

- zu untersuchen, welche Anwendungen wie schnell portiert werden können und inwieweit der Einsatz von Werkzeugen möglich und sinnvoll ist,

- Hinweise zu erarbeiten, welche Architekturen sich für welche Anwendungen und Algorithmen am besten eignen.

Neben dem Aufbau des Experimentallabors widmet sich die Abteilung für Höchstleistungsrechner im Rahmen ihrer Forschungs- und Entwicklungsaktivitäten der Realisierung einer einheitlichen Programmierumgebung für Parallelrechner [4], erstellt im Sinne des Experimentallabors modellhafte Implementationen und Lernbeispiele und erarbeitet Methoden und Konzepte für Leistungsmessungen.

Im Rahmen der HLRZ-Kooperation werden ferner innerhalb der GMD zwei Forschergruppen aufgebaut, wobei die erste, die im Laufe dieses Jahres eingerichtet wird, sich Fragestellungen der Computergraphik widmen wird.

tion Die Rechner im Experimentallabor

Innerhalb des Experimentallabors stehen folgende Parallelrechner zur Verfügung:

Suprenum S1C16

Der Suprenum-Rechner [8] ist ein typischer Vertreter eines MIMD-Rechners mit verteiltem Speicher (dm: distributed memory), bei dem die Prozessoren über Nachrichtenaustausch miteinander kommunizieren. Es steht ein voll ausgebautes 16 Cluster-System mit einer zweistufigen Verbindungstopologie zur Verfügung. Jedes Cluster enthält 16 Rechenknoten, zwei Kommunikationsknoten, ein Diagnoseknoten und einen Plattenanschlußknoten, über dem jeweils auf 2 GByte Plattenspeicher zugegriffen werden kann. Ein Rechenknoten besteht aus 68020 CPU (20 MHz), Vektor-Einheit mit Vektor-Registern, Kommunikationsprozessor und 8 MByte Speicher. Die Knoten innerhalb eines Clusters sind über einen sehr schnellen Clusterbus (ca. 160 MByte/s) verbunden; das obere Verbindungsnetzwerk zwischen den Clustern, der Suprenum-Bus, soll diese matrixförmig verbinden und dabei eine Transferleistung von ca. 10 MByte/s pro Verbindungsring erreichen.

Als Zugangs- und Entwicklungssysteme werden SUN-3 Workstations eingesetzt.

Das Software-Konzept für Suprenum basiert auf einem dynamischen Prozeßkonzept. Als Programmiersprache steht im wesentlichen Suprenum Fortran zur Verfügung, eine Erweiterung von Fortran 77, die neben 8.X Array-Operationen spezielle Anweisungen für die Parallelprogrammierung anbietet.

Connection Machine CM2

Als typischer Vertreter einer SIMD-Architektur wurde eine Connection Machine CM2 der Fa. Thinking Machines (Boston, USA) installiert [3, 9]. Die CM2, die im maximalen Ausbau 64K Prozessoren haben kann, wurde für das Experimentallabor mit 16K (16384) Prozessoren beschafft. Die einzelnen 1-Bit Prozessoren besitzen jeweils einen lokalen Speicher von 32 KByte, jeweils 32 von ihnen

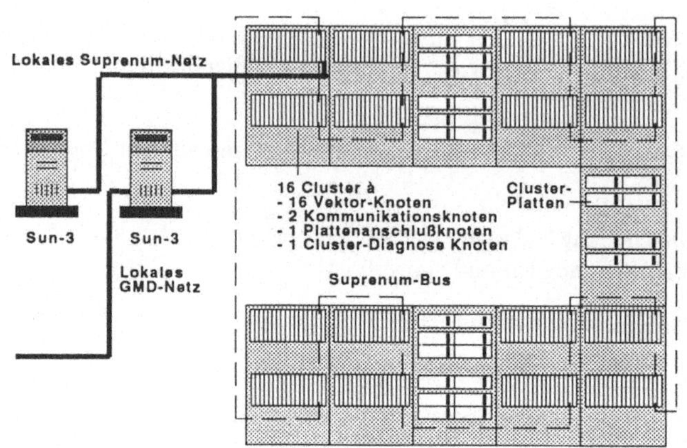

Abbildung 1:
Konfiguration des Suprenum-Systems

sind einer Floating Point Unit (FPU) zugeordnet. Die Prozessoren sind insgesamt als Hypercube hardwaremäßig vernetzt.

Auf die CM2 kann alternativ über drei Vorrechner zugegriffen werden; dies sind derzeitig eine DEC VAX 6420, eine Sun 4/490 und eine Symbolics 3650, die jeweils einen bzw. zwei schnelle Bus-Interfaces für die CM2 haben. Prozesse, die die CM2 nutzen, laufen auf einem Vorrechner seriell ab, parallele Operationen werden über das Interface an die CM2 verschickt und dort gleichzeitig von allen Prozessoren im Kontext ihrer lokalen Daten ausgeführt. Als zusätzliche Hardware-Ausstattung steht ein Data Vault mit 10 GByte Speicherkapazität und ein Frame-Buffer mitsamt High Speed Graphic Display zur Verfügung. Beide Geräte zeichnen sich durch den parallelen Datenzugriff aus und erreichen damit sehr hohe Transferleistungen von der CM2 aus.

Als Programmierumgebung stehen Compiler der Herstellerfirma für folgende Programmiersprachen mit speziellen parallelen Erweiterungen zur Verfügung: *Lisp, C* und CM-Fortran. Zusätzlich können im jeweiligen Kontext dieser höheren Programmiersprachen Anweisungen des maschinennahen 'Assemblers' der CM2 (PARIS) benutzt werden. Eine Unterprogrammbibliothek mit optimierten arithmetischen Funktionen (Matrixoperationen, Zufallsgenerator, etc.) für Scientific Supercomputing und ein speziell auf den Frame-Buffer abgestimmtes Graphik-Paket ergänzen diese Umgebung.

Alliant FX/2816

Die Alliant FX/2800 [6] ist eine MIMD-Architektur mit gemeinsamem Hauptspeicher (sm: shared memory) und hat im Maximalausbau 28 Prozessoren vom Typ i860 (40 MHz) und 1 GByte Hauptspeicher. Die in der GMD installierte FX/2816 hat 16 Prozessoren und 128 MByte gemeinsamen Hauptspeicher, ein weiterer i860 Prozessor wird als I/O-Prozessor verwendet; es verfügt zudem über eine leistungsfähige Graphik-Einheit.

Es stehen automatisch parallelisierende und vektorisierende Compiler für Fortran und C zur Verfügung, die die Portierung von Software einfacher gestalten. Neben einer Reihe von Bibliotheken

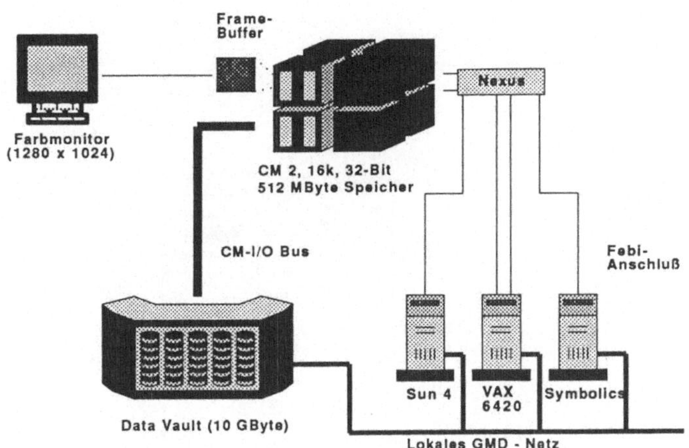

Abbildung 2:
Konfiguration der Connection Machine

(lineare Algebra, Signalverarbeitung, Cray-Routinen, Systemfunktionen) wird für die Visualisierung PHIGS/PHIGS+ und entsprechende Visualisierungssoftware angeboten.

Zusätzlich zur automatischen Parallelisierung hat jeder Benutzer die Möglichkeit, eigene Programme explizit zu parallelisieren. Dies ist mit Hilfe von UNIX-Prozessen möglich, die sowohl über den gemeinsamen Hauptspeicher als auch über Nachrichtenaustausch miteinander kommunizieren können. Das Betriebssystem stellt eine Reihe von Synchronisationsmechanismen zur Verfügung und übernimmt die Verteilung der Prozesse auf die Prozessoren.

Neben diesen sehr leistungsfähigen Parallelrechnern, die auch teilweise im Rahmen des HLRZ für Produktionszwecke eingesetzt werden, stehen in der GMD weitere Rechner insbesondere für Forschungs- und Experimentalzwecke zur Verfügung:

Megaframe SuperCluster

Das Megaframe SuperCluster der Firma Parsytec [5] ist eine MIMD-Architektur, die aus 64 Transputern (T800, 20 MHz) besteht. Jeder Transputer verfügt über 1 bzw. 4 MByte lokalem Speicher und hat 4 Links, über die er mit anderen verschaltet werden kann. Diese Verschaltung erfolgt nicht hardwaremäßig über entsprechende Verdrahtungen, sondern applikationsspezifisch über eine sogenannte Konfigurationseinheit.

Das Megaframe SuperCluster kann sowohl von PC's als auch von SUN Workstations aus genutzt werden, wozu jeweils ein entsprechendes Transputer-Board erforderlich ist, das den Host mit dem SuperCluster verbindet.

An Programmiersprachen stehen Occam und ParC zur Verfügung. Zur Programmierung wird in der Regel MultiTool eingesetzt, das Betriebssystem Helios ist zwar vorhanden, wird aber nur selten verwendet.

Das Transputer-System eignet sich hervorragend, um parallele Programmierung mitsamt ihren Problemen zu erlernen. Es wird vorwiegend innerhalb der GMD zur Entwicklung neuartiger paralleler Algorithmen, basierend auf genetischen Algorithmen oder neuronalen Netzen, eingesetzt.

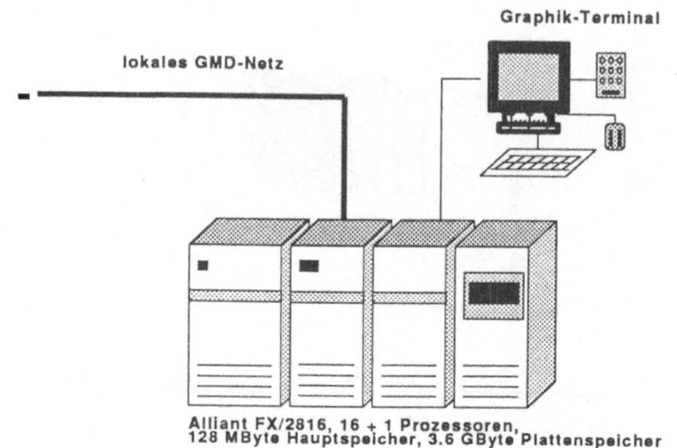

Abbildung 3:
Konfiguration der Alliant FX/2816

Intel iPSC/2

Der Intel iPSC/2-VXD5 [7] ist ebenfalls ein MIMD-Parallelrechner mit verteiltem Speicher. Er besteht aus 32 Prozessoren (16 MHz 80386, 80387 Coprozessor, 4 MByte lokaler Speicher, Kommunikations-Einheit), die mittels der Hypercube-Topologie vernetzt sind. Jeder Prozessor ist ferner mit einer Vektor-Einheit ausgestattet, die ihrerseits noch 1 MByte lokalen Speicher besitzt. Als Front End wird ein PC mit einem UNIX-Betriebssystem eingesetzt.

Das Softwarekonzept ist vergleichbar mit dem von Suprenum, auch hier wird die Interprozess-Kommunikation mittels Nachrichtenaustausch abgewickelt. Der iPSC/2 ist in diesem Sinne auch zur Entwicklung von Anwendungssoftware für den Suprenum-Rechner angeschafft worden.

Mittlerweile ist die iPSC/2 Generation durch den wesentlich leistungsfähigeren iPSC/860 abgelöst worden. Innerhalb des Experimentallabors konnte ein Austausch mit der neuen Generation bisher noch nicht erfolgen. Der Rechner ist somit veraltet, aber dennoch wegen der Hypercube-Topologie durchaus von Interesse.

Die folgende Übersicht zeigt noch einmal die wichtigsten Daten der Parallelrechner im Experimentallabor:

	Suprenum	CM 2, 16k	FX/2816	SuperCluster	iPSC/2
Architektur	MIMD dm	SIMD dm	MIMD sm	MIMD dm	MIMD dm
Prozessoren	256	16 k	16 + 1	64	32
Hauptspeicher	2 GB	512 MB	128 MB	112 MB	128 MB
Peak (MFlops)	5000	1250	640	96	192

Tabelle 1:
Parallelrechner im Experimentallabor der GMD

Sonstige Ausstattung

Im Experimentallabor ist weiterhin ein 486-PC mit vier i860-Boards der Firma DSM München zu finden. Diese Boards werden mittels Dual-Ported RAM's untereinander und mit dem PC selbst verschaltet. Das System kann als ein interessanter Vertreter eines 'Personal Supercomputers' angesehen werden.

Auch mehrere leistungsfähige Workstations und Server (z.B. IBM RISC 6000/540, SUN SPARC 4/490) sind vorhanden, die nicht nur als Zugangs- und Entwicklungssysteme dienen, sondern auch für Systemvergleiche herangezogen werden können.

Zur Graphikausstattung des Experimentallabors gehören neben einem Tektronics Farbdrucker ein digitaler Videorekorder von Abekas mit einer Videoumgebung, die zur Herstellung von Videobändern für die Vorführung von Computergraphiken genutzt werden kann.

Alle Parallelrechner im Experimentallabor sind über Ethernet verbunden und den Nutzern des HLRZ und den Partnern der GMD über das deutsche Wissenschaftsnetz (DFN-WIN) zugänglich.

2 Erfahrungen im Betrieb der Systeme

2.1 Systeminstallation und Abnahme

Für alle im Rahmen des HLRZ installierten Parallelrechner wurde eine Abnahme in Anlehnung an BVB vorgenommen. Diese umfaßt neben der Prüfung aller Funktionalitäten auch einen Dauertest, in dem in einem Fenster von 100 Stunden eine Verfügbarkeit von mindestens 90 % gegeben sein muß. Für den Dauertest wurden sowohl Programme der jeweiligen Firma als auch Programme aus der GMD eingesetzt.

Das Suprenum-System mit zunächst 4 Clustern wurde Dezember 1989 installiert und im November 1990 auf 16 Cluster erweitert. Für das 4-Cluster System erfolgte eine Zwischenabnahme, die deutliche Mängel des Systems aufzeigte. Wesentliche Fehler konnten bis zur Aufrüstung des Systems beseitigt werden. Nach Installation des vollen Systems wurde dieses mit einer Verfügbarkeit von ca. 96% abgenommen. Allerdings blieb immer noch eine Restpunktliste, die insbesondere eine Verbesserung der Kommunikationsleistung vorsieht; dies gilt in erster Linie für den Suprenum-Bus, der bisher nur als einfache Ring-Schaltung und nicht als doppelte Matrix-Schaltung realisiert ist. Ebenso problematisch ist die durchschnittliche Standzeit des Systems, die im Dauertestbetrieb immer noch bei nur ca. 3 bis 5 Stunden liegt (Stand April 1991). Das System wird bis zur Abarbeitung der Restpunktliste durch die Suprenum GmbH nicht für den Anwenderbetrieb freigegeben.

Aufbau und Installation der Connection Machine im September 1990 und der Alliant im Dezember 1990 liefen relativ unproblematisch ab, beide Systeme konnten nach ein bis zwei Tagen betriebsbereit erklärt werden. Eine Funktionalitätsprüfung zeigte keinerlei Fehler.

Der Dauertest auf der CM2 verlief ohne Probleme, das System konnte unmittelbar genutzt werden. Bei der Alliant bereitete der Dauertest mit ausgewählten GMD-Programmen keine Probleme, führte aber mit denen der Firma Alliant nach mehreren Stunden zu Systemabstürzen. Die Fehler konnten nur sehr mühsam lokalisiert werden, die Anlage wurde somit erst Mitte Februar 1991 interessierten Anwendern zur Verfügung gestellt. Nach der Installation einer neuen Betriebssystem-Version sind die Fehler nicht mehr aufgetreten. Sowohl für CM2 als auch Alliant sind Systemzusammenbrüche nicht bzw. kaum zu verzeichnen.

2.2 Netzeinbindung

Alle Rechner ließen sich entweder direkt oder über die Vorrechner an das lokale Netz (Ethernet) der GMD und am Wissenschaftsnetz einbinden. Für die unmittelbare Zukunft ist die Vernetzung über FDDI geplant.

Für Suprenum, CM2 und Alliant können X-Window-Applikationen erstellt werden, so daß die rechenintensive Anwendung auf dem jeweiligen Parallelrechner läuft, die graphische Ausgabe aber an der lokalen Workstation erfolgt.

2.3 Mehrbenutzerbetrieb

Wenngleich sich ein geregelter Benutzerbetrieb für die sehr unterschiedlichen Rechner des Experimentallabors nur schwer oder gar nicht mit Strukturen herkömmlicher Rechenzentren vergleichen läßt, werden doch grundlegende Anforderungen an den Mehrbenutzerbetrieb gestellt. Zum einen sollten die Systeme gleichzeitig durch mehrere, auch voneinander entfernt sitzende Benutzer zugreifbar sein, ohne daß diese sich vorher absprechen müssen oder sich gegenseitig behindern, zum anderen sollte die Möglichkeit für einen Batch-Betrieb gegeben sein, damit Jobs nachts, am Wochenende oder sonstigen freien Zeiten gerechnet werden können.

Letzteres ist insbesondere auch ein Grund dafür, daß der Megaframe SuperCluster und der iPSC/2 nur für Experimentalzwecke den Nutzern des HLRZ angeboten werden können.

Bei *Suprenum* kann sich ein Benutzer jeweils mit dem Aufruf eines parallelen Programmes eine gewisse Anzahl Cluster bzw. Prozessoren exklusiv reservieren. Jobs, für die die benötigten Ressourcen nicht sofort zur Verfügung stehen, werden in einer Warteschlange abgelegt; die Warteschlange ist prinzipiell auch für den Batch-Betrieb ausgelegt. Mehrere Benutzer können somit gleichzeitig das System nutzen, allerdings können sie sich gegenseitig behindern. Dies ist zum einen durch das gemeinsame Front End und durch die gemeinsame Nutzung des Suprenum-Busses bedingt. Zum anderen ist es für einen einzelnen Benutzer noch leicht möglich, auch unbeabsichtigt einen Systemfehler zu verursachen, durch den entweder Ressourcen nicht mehr freigegeben werden oder wegen den auch alle Anwendungen anderer Benutzer abgebrochen werden müssen. Mehrbenutzerbetrieb auf Suprenum ist somit zwar möglich, aber sehr problematisch.

Die *CM2* läßt sich in zwei 8k Systeme partitionieren. Somit können entweder zwei Nutzer vollkommen unabhängig jeweils 8k oder aber ein Nutzer 16k Prozessoren exklusiv nutzen. Die Nutzung der CM2 geschieht unmittelbar im Dialog oder im Batch. Der Batchbetrieb ist mit NQS (Network Queueing System) realisiert, mit dem Job-entry-Queues spezifiziert werden können. Tagsüber findet eine Mischung aus Dialog- oder Kurzläufer-Batch-Jobs statt, während vorzugsweise nachts und am Wochenende die Warteschlangen für Produktionsläufe geöffnet werden.

Darüber hinaus besteht die Möglichkeit, eine oder beide 8k-Partitionen im Timesharing laufen zu lassen. Diese Art der Nutzung ist bei interaktiven Anwendungen wie z.B. bei Graphik und bei Entwicklungsarbeiten von großem Vorteil, da bei einem Benutzer nur zeitweise rechenintensive Operationen anfallen; sie ist bei Batch-Anwendungen sehr ineffizient, da die Verweilzeit sich bei 2 bis 3 Anwendungen um den Faktor 5 bis 10 erhöhen kann. Der Mehrbenutzerbetrieb ist sehr empfindlich. Insbesondere weist das NQS so starke Mängel auf, daß ein geregeltes Job-Scheduling nicht ohne ständige Eingriffe und Absprachen zwischen den Benutzern möglich ist.

Für die *Alliant* gibt es keine exklusive Nutzung, sämtliche Jobs werden im Timesharing auf den einzelnen Prozessoren verteilt. Dies betrifft auch Jobs, die mehrere Prozessoren in einem sogenannten Cluster parallel nutzen. Eine Nutzung durch mehrere Benutzer ist relativ unproblematisch, solange alle Anwendungen zusammen nicht mehr Hauptspeicher benötigen als real zur Verfügung steht. Ansonsten fängt das System an, Seitenwechsel zwischen Hauptspeicher und Hintergrundspeicher vorzunehmen; hierdurch wird die Leistung des Systems drastisch gemindert.

Analog zur CM2 soll auch bei der Alliant der Batch-Betrieb über das NQS erfolgen. Derzeitig ist das vom Hersteller angebotene NQS allerdings noch so rudimentär, daß es den unterschiedlichen Anforderungen an Ressourcen (CPU-Zeit, Hauptspeicher, Prozessoren) nicht gerecht wird und somit bisher noch nicht sinnvoll eingesetzt werden kann. Die Stabilität des Mehrbenutzerbetriebs läßt ansonsten nichts zu wünschen übrig.

3 Erfahrungen mit der Systemsoftware

Insbesondere bei der folgenden Darstellung sollte sich der Leser deutlich vor Augen halten, daß die Funktionalität der Software für die einzelnen Systeme vollkommen unterschiedlich ist und nicht miteinander verglichen werden kann. Dieses ist prinzipiell durch die vollkommen unterschiedlichen Architekturen bedingt. Sollten aber dennoch Wertungen vorgenommen werden, so beziehen sich diese immer auf entsprechende Systemsoftware anderer Rechner gleicher bzw. ähnlicher Architektur.

3.1 Betriebssysteme

Das Betriebssystem *PEACE* ist ein verteiltes Betriebssystem, das auf allen Knoten des Suprenum-Rechners abläuft. Es erfüllt wichtige Aufgaben beim Laden von Programmen, bei der Verwaltung des lokalen Hauptspeichers, beim Scheduling der Prozesse auf einem Knoten und insbesondere bei der Interprozeßkommunikation. Die Funktionalität ist verglichen mit anderen Betriebssystemen dieser Art durchaus hervorragend. Doch diese Fähigkeiten kommen aufgrund systemtechnischer Probleme nicht unbedingt alle voll zur Geltung, insbesondere treten häufig Probleme auf, wenn mehr als ein Benutzer-Prozeß auf einem Knoten läuft. Zum anderen bedingt die hohe Funktionalität, daß die Start-Up Zeit für eine Kommunikation (ca. 2 ms) aus Fortran-Anwendungen sehr hoch ist. Dies führt z.B. dazu, daß bei einer Rechenleistung von ca. 5 MFlops pro Knoten eine Kommunikation auf jeweils 10000 Rechenoperationen die Effizienz halbiert, da jeder Knoten dann die Hälfte seiner Zeit bereits für den Start-Up der Kommunikationen verbraucht.

Ebenfalls noch schlecht ist die Ankopplung des Vorrechners an den Suprenum Kern. Wegen der Organisation des PEACE als verteiltes Betriebssystem muß ein entsprechender Kern auf dem Host-Rechner emuliert werden. Aufgrund der Peace-Emulation lassen sich lediglich Transferleistungen bis zu ca. 100 KByte/s zwischen Host und Kern realisieren. Dies hat zum einen zur Konsequenz, daß Suprenum nicht mehr für Anwendungen geeignet ist, bei denen riesige, nicht temporäre Datenmengen verarbeitet oder produziert werden, zum anderen wird der Mehrbenutzerbetrieb hierdurch negativ beeinflußt.

Die Funktionalität der gesamten Job-Verwaltung ist sehr einfach und relativ übersichtlich gehalten. Die Organisation der Cluster-Platten ist an die des UNIX-Filesystems orientiert, die Benutzerfreundlichkeit ist aber deutlich schlechter als z.B. beim NFS (Network File System), da der Benutzer mit unterschiedlichen Kommandos stets unterscheiden muß, ob es sich um eine Datei auf dem Front End oder auf den Cluster-Platten handelt.

Das Betriebssystem der *CM2* läuft analog zu den Anwendungen auf den jeweiligen Front Ends. Besonders wichtig sind hier die Kommandos für die Reservierung und Freigabe der CM2-Partitionen, das Timesharing, das NQS, das Accounting und die Bibliotheken. Während das Betriebssystem insgesamt sehr stabil und praktisch ohne Zusammenbrüche läuft, haben die neuen Komponenten wie NQS und Timesharing noch grundsätzliche Anfangsschwierigkeiten.

Die Organisation des Data Vault und der entsprechende Zugriff ist sehr einfach nutzbar. Daten für eine Anwendung können vorher bzw. nachher über das Ethernet hinein- bzw. hinausgeschafft werden, ohne daß eine laufende Anwendung auf der CM2 gestört wird. Die Anwendung, die dann die Daten selber nutzt, kann über parallelen Zugriff von der CM2 auf das Data Vault zugreifen. Entsprechende Operationen lassen sich sehr einfach in Anwendungsprogramme einbauen.

Das Betriebssystem *Concentrix* ist ein UNIX-Derivat, daß auf die parallele Hardware zugeschnitten ist. Es sorgt insbesondere für das Scheduling von allen Prozessen auf den zur Verfügung stehenden Prozessoren, auch von Prozessen, die mehrere Prozessoren parallel nutzen. Probleme, die sich zeitweilig bemerkbar machen und insbesondere auch während des Dauertests in der Abnahme aufgetreten sind, liegen in der Verwaltung des Hauptspeichers. Sobald dieser knapp wird oder aber das System bereits Seitenwechsel vornimmt, können unter bestimmten Bedingungen gewisse Anwendungen nicht mehr ausgeführt werden. Hierbei zeigte sich auch, daß 128 MByte Hauptspeicher für 16 Prozessoren eher zu knapp bemessen ist.

Sämtliche Programmierwerkzeuge und Debugging-Tools, die auf UNIX-Rechnern zu finden sind, sind auch für die Alliant vorhanden.

3.2 Compiler und Bibliotheken

Der *Suprenum Fortran Compiler* ist mittlerweile stabil, bei Einschaltung der Optimierung muß aber noch sporadisch mit Fehlern gerechnet werden, die zur Laufzeit auftreten. Der erzeugte Code selbst ist relativ gut, in Einzelfällen könnte die Ausnutzung der Vektor-Register deutlich besser sein. Die Fähigkeiten zur automatischen Vektorisierung haben sich im Laufe des letzten Jahres deutlich verbessert und entsprechen allgemein üblichen Fähigkeiten dieser Art. Zu bemängeln sind die fehlenden Debugging-Möglichkeiten, nicht einmal eine Option zur Überprüfung von Index-Überschreitungen ist vorhanden.

An Bibliotheken stehen für Suprenum-Anwender die Kommunikationsbibliothek [2] und das Suprenum Lineare Algebra Paket zur Verfügung. Letzteres ist erst seit relativ kurzer Zeit verfügbar, es liegen noch keine Erfahrungen vor.

Die Programmiersprachen für die CM2 sind sehr leicht erlernbar, insbesondere die Nutzung der Datenparallelität durch 8.X Array-Operationen in CM Fortran ist als sehr benutzerfreundlich zu bezeichnen. Die Compiler sind mittlerweile derartig ausgereift, daß eine Kenntnis der Maschinensprache PARIS aus Effizienzbetrachtungen nicht mehr unbedingt notwendig ist.

Die CM Scientific Software Library (Lineare Algebra, FFT, Zufallszahlen, statistische Analysen) und die *Render-Bibliothek für Graphik enthalten sehr nützliche Routinen und werden intensiv genutzt.

An Compilern werden von Alliant automatisch parallelisierende und automatisch vektorisierende Fortran- und C-Compiler angeboten. Die Fähigkeiten zur automatischen Vektorisierung und Parallelisierung entsprechen weitgehend dem Standard. Die Vektorisierung selbst bringt keine sehr großen Effizienzgewinne (maximal Faktor 2 bis 3), da bereits schon mit Hilfe des Aufrollens von Schleifen (Unrolling) alleine sehr gute Ergebnisse erzielt werden.

Die zur Verfügung stehenden Bibliotheken werden bisher noch nicht rege genutzt. Der erste Eindruck zeigt aber, daß es sich um sehr nützliche und sehr effiziente Routinen handelt.

3.3 Graphik

Für die Graphik-Programmierung stehen auf der Alliant X-Windows und PHIGS/PHIGS+ zur Verfügung. Zusätzliche Software für die Visualisierung befindet sich in der Entwicklung bzw. steht kurz vor der Auslieferung. Zum jetzigen Zeitpunkt liegen aber noch kaum Erfahrungen bzgl. der Nutzung der Graphik-Einheit vor.

Die Graphik auf der CM2 ist in ihrer Leistung und Funktionalität hervorragend. Durch das Konzept des 'generic display' und des entwickelten Graphik-Systems kann der Benutzer seine graphischen Applikationen unabhängig davon erstellen, ob die graphische Ausgabe über dem Frame-Buffer oder aber unter X-Windows erfolgen sollen. Die Nutzung des Frame-Buffers mit dem entsprechenden datenparallelen Zugriff gestattet die Darstellung von Bewegungsabläufen in Echtzeit.

Graphische Darstellungen für Anwendungen auf Suprenum sind zwar über X-Windows möglich, aber aufgrund der sehr leistungsschwachen Ankopplung des Sun-3 Front Ends an den Suprenum Kern für interaktive Echtzeitdarstellungen nicht geeignet.

4 Erfahrungen in der Anwendungsprogrammierung

4.1 Akzeptanz bei den Benutzern

Eine sehr starke und gute Resonanz fand die Connection Machine, die unmittelbar nach der Installation bereits rege genutzt wurde. Letzteres ist allerdings auch darauf zurückzuführen, daß zahlreiche Anwender bereits Zugriff auf eine CM2 in den USA hatten und damit bereits fertige Programme vorlagen. Zudem existiert für die CM2, die bereits einige Jahre auf dem Markt ist, umfangreiche Anwendersoftware. Eine umfangreiche Sammlung von Programmierbeispielen stand unmittelbar mit der Installation der CM2 auf den Vorrechnern zur Verfügung. Um Neubenutzern den Einstieg zu erleichtern, können für die Mehrzahl dieser Beispielanwendungen auch die jeweiligen Quellprogramme und Makefiles inspiziert werden.

Auch die Alliant war bereits nach kurzer Zeit voll ausgelastet. Da die Architektur und die gesamte Umgebung für die Benutzer relativ vertraut ist, kann man auf der Alliant unmittelbar effektiv arbeiten. Auch wenn die Anwendungen selbst bisher noch kaum parallelisiert sind, wird durch entsprechend viele Jobs die Anlage gut genutzt.

Da das Suprenum-System bisher noch nicht offiziell freigegeben ist, kann über die Benutzerakzeptanz noch keine Aussage gemacht werden.

4.2 Anwendungen auf den Parallelrechnern

Die hauptsächliche Nutzung der CM 2 und der Alliant, was die Rechenzeit anbetrifft, erfolgte bisher durch die Nutzer des HLRZ. Hierzu gehören Forschergruppen der Universitäten Wuppertal und Heidelberg sowie die zwei in Jülich angesiedelten Forschergruppen, die auf den Gebieten Elementarteilchenphysik und Vielteilchenphysik arbeiten.

Für Suprenum wurden bisher hauptsächlich im Rahmen des Suprenum-Projektes entwickelte Anwendungen portiert und optimiert. Hierzu gehören insbesondere die Kommunikationsbibliothek mit den Macros [2, 1], Multigrid-Algorithmen und das Suprenum Lineare Algrebra Paket. Weitere Anwender konnten wegen der relativ geringen Verfügbarkeit des Systems bisher noch nicht zugelassen werden. Eine große Herausforderung wird es sein, die Forschergruppen des HLRZ zu bewegen, ihre Anwendungen auf Suprenum zu portieren und somit das System von der Rechenleistung her sinnvoll zu nutzen.

Für die nächste Zeit wird größerer Rechenzeitbedarf insbesondere aus dem Bereich der Computergraphik von der GMD/HLRZ-Forschergruppe erwartet. Dieser wird sich allerdings hauptsächlich auf CM2 und Alliant auswirken.

Neben den Anwendern, die enormen Bedarf an Rechenzeit benötigen, sind eine Reihe von Interessenten zu verzeichnen, die ihre Anwendungen auf die unterschiedlichen Rechnern portieren und dort testen.

4.3 Portierung und Neuentwicklung von Programmen

Programme, die bereits auf dem iPSC/2 parallelisiert worden waren, konnten relativ problemlos auf Suprenum portiert werden, insbesondere dann, wenn die auf beiden Rechnern zur Verfügung stehende Kommunikationsbibliothek eingesetzt wurde. Die Neuentwicklung von Programmen bzw. die Parallelisierung von lediglich vektorisierten Programmen stellte sich als sehr mühsam heraus, was nicht nur auf dem für den Benutzer recht schwierig zu benutzenden Programmiermodell für MIMD-Systeme mit verteiltem Speicher zurückzuführen ist, sondern auch auf allgemeine Systemschwierigkeiten sowie auf kaum vorhandene Debugging-Möglichkeiten.

Das abstrakte Programmiermodell, basierend auf dynamischen Prozessen und Nachrichtenaustausch, erwies sich durchaus als tragfähig. Für höhere Leistungen (z.B. mehr als 2 MFlops pro Knoten) müssen aber aufgrund der Vektor-Architektur und der hohen Start-Up Zeit für eine Kommunikation sehr maschinenspezifische Optimierungen vorgenommen werden.

Als sehr positiv ist zu bewerten, daß parallele Programme, die auf einem Cluster liefen, mehr oder weniger sofort auch auf vier bzw. auf 16 Clustern liefen und bei hinreichender Problemgröße effiziente Resultate erzielten.

Eine effiziente Nutzung der CM2 ist nur über Programme zu erzielen, die eine sehr hohe Datenparallelität enthalten. Dies bedeutet für den Benutzer, daß er seine Anwendungen für die massiv parallele Architektur in der Regel vollkommen neu programmieren muß. Das SIMD-Programmiermodell für die CM2 ist allerdings wesentlich einfacher zu benutzen als ein MIMD-Programmiermodell. Hier ist zum einen das virtuelle Prozessorkonzept zu würdigen, mit dem der Anwender über bis zu einige Millionen virtueller Prozessoren verfügt und das von der hardwaremässigen Ausbaustufe bzw. der Anzahl der physikalisch zugeteilten Prozessoren unabhängig wird. Aber auch die dynamische Konnektivität der Prozessoren, mit dem die Prozessoren in beliebig viele, dem Problem angepaßte n-dimensionale Gitter-Topologien konfiguriert werden können, um so sehr schnelle Nachbarschaftskommunikation zu erzielen, trägt zu einer einfachen Nutzung des Systems wesentlich bei. Aufgrund der seriellen Abarbeitung eines Programms werden zudem typische Probleme der MIMD-Programmierung (Deadlock, Synchronisation) weitgehend vermieden.

Die Alliant zeichnet sich unter allen Rechnern dadurch aus, daß für sie die Portierung nahezu unproblematisch ist. Aufgrund der hohen Leistungsfähigkeit des i860-Prozessors und der im Vergleich zu anderen i860-Compilern relativ guten Compiler, erzielt man allein durch die Portierung von einer SUN4-Workstation auf die Alliant einen Leistungsgewinn um den Faktor drei bis vier, selbst wenn nur ein Prozessor genutzt wird.

Die automatische Parallelisierung hielt nach Aussage vieler Anwender nicht das, was von ihr nach Angaben des Herstellers erwartet wurde. Dies betrifft nicht die Fähigkeiten zur Erkennung, ob Schleifen parallel ausführbar sind oder nicht, sondern den erhofften Speed-Up. Dieser war trotz parallel ausführbarer Schleifen deutlich geringer als die Anzahl der Prozessoren. Erst durch gezieltes

Eingreifen des Benutzers und der Verwendung von Direktiven konnten annehmbare Resultate erzielt werden.

Als sehr bedauernswert stellte sich heraus, daß Array-Operationen im Alliant Fortran zwar erlaubt sind, aber bisher noch nicht parallel ausgeführt werden, wie dies z.B. auf der CM2 der Fall ist. Letzteres wäre aber von enormen Vorteil, insbesondere was die Portierung von Anwendungen zwischen diesen beiden Rechnern betrifft.

Relativ gut genutzt wird auf der anderen Seite die Parallelisierung von Anwendungen mit Hilfe von Threads, das sind leichtgewichtige Prozesse, die über den Hauptspeicher miteinander kommunizieren können und für die eine Reihe von Synchronisationsmechanismen bereitgestellt werden. Diese Art der parallelen Programmierung wird zunehmend auch auf Workstations zur Verfügung gestellt (z.B. SUN). Sie gestattet zudem die parallele Nutzung aller Prozessoren der Alliant und ist nicht wie die Schleifenparallelisierung auf die Prozessoren eines Clusters beschränkt, das maximal aus 8 Prozessoren bestehen kann. Das Parallelisierungskonzept soll z.B. innerhalb eines Simulators für neuronale Netze eingesetzt werden.

4.4 Leistungsvergleich

Wenngleich die Entwicklung und die Portierung von Programmen am einfachsten für Alliant und am schwierigsten für Suprenum ist, so ist von der absoluten Leistung her gesehen, was die derzeitigen Konfigurationen im Experimentallabor anbetrifft, Suprenum der CM2 und diese der Alliant überlegen.

Im Rahmen der Entwicklung von einfachen Beispielprogrammen (z.B. Matrix-Multiplikation, Berechnung von Fraktalen, Bestimmung von Primzahlen, Ising-Modelle etc.) zeigte sich, daß bei hinreichend groß dimensionierten und gut parallelisierbaren Problemen Suprenum die zwei bis dreifache Leistung der CM2 erreicht, die ihrerseits die Alliant um den Faktor zwei bis drei übertrifft.

Die Ergebnisse zeigten aber auch, daß, sobald die Probleme kleiner werden oder aber nicht so gut parallelisierbar sind, die Alliant nahezu unschlagbar ist. Die Relationen drehen sich geradezu um. Hier sollte man stets klar bedenken, daß Suprenum und CM2 wirklich nur für sehr große Probleme effizient nutzbar sind.

Obgleich mittlerweile eine Reihe von Werten über Leistungen von bestimmten Anwendungen für die Systeme vorliegen, können diese Werte einem objektiven Vergleich nicht gerecht werden. Hier scheint es angebrachter zu sein, Leistungsvergleiche innerhalb einer Architekturklasse vorzunehmen. Zudem können für jeden Rechner Anwender benannt werden, die sagen, daß das entsprechende System für ihr Problem am besten geeignet ist.

Auch eine Aussage darüber, welche Anwendung sich für welche Architektur am besten eignet, läßt sich ebenfalls zur Zeit kaum treffen. Hier zeigen die Erfahrungen zunehmend, daß nicht die Anwendung selbst entscheidend ist, sondern der verwendete Algorithmus und insbesondere die Größe des zu lösenden Problems.

Bei einer Wahl zwischen Suprenum und CM2 ist derzeitig auch ausschlaggebend, ob mit einfacher oder doppelter Genauigkeit (32- oder 64-Bit) gerechnet werden soll. Während Suprenum voll auf 64-Bit Arithmetik ausgelegt ist und eher bei einfacher Genauigkeit langsamer wird, verfügt die CM2 der GMD nur über 32-Bit-FPUs. Dies hat zum einen zur Konsequenz, daß 64-Bit-Rechnungen bis zu zwanzig mal so lange rechnen wie die entsprechende 32-Bit-Rechnung. Zum anderen können spezielle Optimierungen der neuesten Version des CM-Fortran Compilers nur dann genutzt werden, wenn die CM2 mit 64-Bit FPUs ausgestattet ist.

5 Ausblick

MIMD-Systeme mit gemeinsamem Hauptspeicher sind sowohl von System- als auch Anwenderseite als relativ ausgereift zu bezeichnen. Es gilt hier allerdings immer noch, die Anwender mehr dazu zu bewegen, ihre Anwendungen zu parallelisieren. Da viele Anwender ihre Programm für unterschiedliche Eingabewerte und Parameter mehrmals laufen lassen müssen, ist es für sie effektiver, das sequentielle Programm mehrfach parallel als ein paralleles Programm mehrfach hintereinander auszuführen zu lassen. Für die Alliant sollte das Parallelisierungskonzept mit Threads derartig ausgebaut werden, daß die Portierung von Anwendungen auf Parallelrechner mit verteiltem Speicher einfacher möglich ist.

SIMD-Architekturen haben insbesondere den Vorteil, daß der Benutzer sich hinreichend viel Gedanken um Parallelität machen muß, aber von sonstigen Problemen weitgehend verschont bleibt. Diese Art der Parallelität wird mittlerweile derartig gut beherrscht, daß diesen Systemen auf kurz oder lang ein fester Marktanteil sicher ist. Dies scheinen die Erfahrungen mit der CM2 zu bestätigen.

Jedoch läßt der Produktions- und Mehrbenutzerbetrieb, der auch in einem Experimentallabor dieser Art in gewisser Weise zu erfüllen ist, gerade für die Parallelrechner mit verteiltem Speicher noch viel zu wünschen übrig. Alleine durch die exklusiven Reservierungen von Prozessoren wird der Durchsatz von Programmen auf diesen Systemen drastisch eingeschränkt.

Die MIMD-Systeme mit verteiltem Speicher stellen nach wie vor ein sehr großes Problem dar, insbesondere was die einfache und universelle Nutzung anbetrifft. Trotz aller Problematik bzgl. Suprenum, was Leistung und Stabilität anbetrifft, ist Suprenum als ein funktionsfähiges MIMD-System dieser Größenordnung (256 Prozessoren) bzgl. seiner Funktionalität noch einmalig in Europa, wenn nicht in der ganzen Welt. Die Portierung von Anwendungen, die auf MIMD-Systemen mit gemeinsamem Speicher oder auf SIMD-Systemen sinnvoll parallelisiert worden sind, auf ein System dieser Art sollte systematischer untersucht und vereinfacht werden.

Eine wichtige Aufgabe für die unmittelbare Zukunft des Experimentallabors wird es aber sein, weitere Nutzer für die Systeme zu gewinnen, um neue und interessante Anwendungen auf diese Rechner zu portieren und so deren Einsatzbreite zu ermitteln. Nur so können weitere Erfahrungen gesammelt werden, die Anwender, Entwickler und Informatiker in interdisziplinärer Zusammenarbeit derartig umsetzen, daß diese Systeme einfacher und effektiver nutzbar sind. Dann bestehen gute Chancen, ungeahnte Simulationen Wirklichkeit werden zu lassen, wenn die Computertechnik in naher Zukunft bezüglich Rechengeschwindigkeit und Kapazität weitere entscheidende Leistungssprünge vollziehen wird.

Danksagungen

Wir danken unserem Abteilungsleiter Dr. Roland Völpel, der sich zusammen mit unserem Institutsleiter Dr. Hans Martin Wacker um den Aufbau und die Ausstattung des Experimentallabors bemüht hat, für wichtige Anmerkungen und Ergänzungen bei der Erstellung dieses Aufsatzes. Allen Anwendern, die sich zum Teil noch relativ mühsam in die Systeme einarbeiten mußten, sei für ihre ersten Erfahrungen gedankt. Ein besonderer Dank gilt aber all unseren Kollegen der Abteilung für Höchstleistungsrechner, die die Systeme betreuen, und den Mitarbeitern der Firma Thinking Machines, die in der GMD als 'Application Engineers' tätig waren bzw. sind.

Literatur

[1] L. Bomans, D. Roose, und R. Hempel. The Argonne/GMD Macros in FORTRAN for Portable Parallel Programming and their Implementation on the Intel iPSC/2. *Parallel Computing*, 15:119-132, 90.

[2] R. Hempel. The SUPRENUM communcations subroutine library for grid-oriented problems. Technical Report ANL-87-23, Argonne National Laboratory, 87.

[3] Daniel W. Hillis. *The Connection Machine*. The MIT Press series in artificial intelligence. MIT Press, Cambridge, Massachusets, 85.

[4] O. Krämer-Fuhrmann und T. Brandes. — GRACIA — A Software Environment for Graphical Specification, Automatic Configuration and Animation of Parallel Programs. International Conference on Supercomputing, Köln, Juni 91.

[5] F. Kübler. Architektur und Anwendungsprofil der SuperCluster-Serie hochparalleler Transputerrechner. In *Supercomputer'90, Anwendungen, Architekturen, Trends*, Seiten 100–113, Seminar, Mannheim, Juni 90.

[6] H. Reska. Highlights of Alliant's Parallel Supercomputer Generation FX/2800 Series. In *Supercomputer'90, Anwendungen, Architekturen, Trends*, Seiten 148–160, Seminar, Mannheim, Juni 90.

[7] P. Schuller. Die Intel iPSC Systemfamilie. In *Supercomputer'90, Anwendungen, Architekturen, Trends*, Seminar, Mannheim, Juni 90.

[8] K. Solchenbach, B. Thomas, und U. Trottenberg. Das SUPRENUM-System. In *Supercomputer'90, Anwendungen, Architekturen, Trends*, Seiten 125–138, Seminar, Mannheim, Juni 90.

[9] Thinking Machines Corporation. Connection Machine Model CM-2. Technical Summary Version 6.0, November 90.

Integrierter Einsatz von Parallelrechnern mit gemeinsamem und verteiltem Speicher - Alliant FX/2800, iPSC/2, iPSC/860 *

Thomas Bemmerl, Bernhard Ries

Institut für Informatik der TU München
Lehrstuhl für Rechnertechnik und Rechnerorganisation
Arcisstr. 21, D-8000 München 2
e-mail: bemmerl@lan.informatik.tu-muenchen.de

Zusammenfassung

Parallelrechner mit unterschiedlichster Architektur sind heute auf dem Markt erhältlich. Im Laufe der Zeit haben sich zwei Klassen von Multiprozessoren herauskristallisiert, welche man in naher Zukunft in beinahe allen Rechenzentren vorfinden wird - Multiprozessoren mit gemeinsamem und verteiltem Speicher. Es stellt sich damit die Frage, wie diese Systeme in existierende netzwerkbasierte Rechnerumgebungen integriert und kooperierend mit konventionellen (sequentiellen) Rechensystemen eingesetzt werden können. Der vorliegende Artikel beschreibt am Beispiel der Systeme Alliant FX/2800 und iPSC die Architektur, Betriebssysteme und Programmierung beider Klassen von Multiprozessoren. Am Beispiel einer an der Technischen·Universität München installierten Konfiguration beider Systemklassen wird eine integrierte und kooperierende Nutzung und Programmierung mit Hilfe der Werkzeugumgebung TOPSYS (TOols for Parallel SYStems) vorgeschlagen.

1 Warum Parallelrechner?

In den letzten Jahren haben die Fortschritte der Mikroelektronik dazu geführt, daß kommerziell erhältliche Workstations mit Preisen von circa 20.000 DM heute Rechenleistungen erzielen, die vor wenigen Jahren nur von Großrechnern erreicht wurden. So liefert eine mit einem RISC-Prozessor ausgestattete Workstation größenordnungsmäßig bereits 10-20 MIPS. Damit ist der Durst der Anwender nach immer höherer Rechenleistung aber noch lange nicht gestillt. Es existieren Problemstellungen, zu deren Bearbeitung weit höhere Rechenleistung benötigt wird. Typische Beispiele finden sich etwa bei der Simulation von physikalischen und chemischen Zusammenhängen, beispielsweise bei Crash-Versuchen im Automobilbau oder der Vorhersage von Klimaentwicklungen. In den USA wurde eine Liste von Problemstellungen „Grand Challenges" identifiziert, zu deren Lösung Rechenleistungen notwendig sind, welche weit über den Leistungen heutiger Supercomputer liegen [1].

Nicht nur zur Lösung solcher Forschungsaufgaben sind immer schnellere Rechner notwendig - auch ganz „normale" Anwender fordern immer wieder leistungsfähigere Maschinen, um z.B. die steigenden Anforderungen an den Bedienungskomfort (Window-Systeme, Netzwerkintegration, Visualisierung, CAD/CAE/CAM etc.) bei Arbeitsplatzrechnern befriedigen zu können. Während bei der ersten Klasse von Problemstellungen ausschließlich hohe Leistung gefordert wird, tritt bei der zweiten Klasse von Problemen ein gewisser Komfort bei der Benutzung in den Vordergrund.

---

*Die hier beschriebenen Arbeiten werden gefördert durch die Deutsche Forschungsgemeinschaft (Sonderforschungsbereich 0342) und das Bundesministerium für Forschung und Technologie (Projekt PARAWAN)

Einer der Hauptansätze zur Beschleunigung von Rechensystemen bestand bisher in der Optimierung der Hardware im Hinblick auf immer kürzere Taktzeiten. Hier ist man aber inzwischen in Bereiche vorgestoßen, in denen diese Art der Leistungssteigerung durch physikalische Phänomene begrenzt wird - die Schaltzeiten können nicht beliebig weit verkürzt werden, weil elektrische Signale nur eine endliche Ausbreitungsgeschwindigkeit besitzen.

Aus diesem Grund wird ein zweiter Ansatz zur Leistungssteigerung in den letzten Jahren immer stärker verfolgt, die Parallelverarbeitung. Die Idee hierbei ist, die Rechenleistung zu steigern, indem mehrere Berechnungseinheiten zusammengeschaltet werden, die dann parallel ein Problem bearbeiten können (Nebenläufigkeit). Dieser Gedanke hat inzwischen bereits die Entwicklung von Mikroprozessoren beeinflusst. So besitzt der neueste Mikroprozessor von Intel, der i860, die Möglichkeit, bis zu drei Operationen pro Taktzyklus parallel in getrennten Verarbeitungseinheiten auszuführen [2]. In Kombination mit dem Pipelining des Befehlszyklus, einer weiteren Variante der Parallelverarbeitung, erreicht der i860 Leistungswerte, die im Bereich von konventionellen Supercomputern wie der Cray-1 liegen.

2 Klassen von Multiprozessoren

Unabhängig von der Parallelverarbeitung innerhalb der Prozessoren wurden bereits vor etwa 20 Jahren die ersten Versuche unternommen, Parallelrechner zu bauen, bei denen eine größere Anzahl von Prozessoren in einem System verbunden werden. Inzwischen haben viele der hier verfolgten Ansätze auch zu kommerziell verfügbaren Multiprozessoren geführt. Heutige Systeme können aus Anwendersicht grob in folgende Klassen eingeteilt werden:

- SIMD (Single Instruction, Multiple Data) - Rechner: Hierbei handelt es sich um Parallelrechner, bei denen zu jedem Zeitpunkt alle Prozessoren dieselbe Anweisung auf verschiedenen Daten ausführen. Typische Vertreter dieser Klasse sind die Connection Machine [3] und der Maspar MP-1 [4]. Das hier verwendete Prinzip eignet sich sehr gut für den Entwurf massiv paralleler Systeme (die Connection Machine hat beispielsweise 65536 Prozessoren). SIMD-Rechner sind aber aufgrund ihres Operationsprinzips nur für ganz bestimmte Aufgaben, z.B. in der Bildverarbeitung, einsetzbar und als Universalrechner nur bedingt tauglich. Sie werden daher hier nicht weiter betrachtet.

- Bei MIMD (Multiple Instruction, Multiple Data) - Rechnern kann jeder Prozessor unabhängig von den anderen einen eigenen Befehlsstrom abarbeiten. Die Parallelrechner vom Typ MIMD - im nachfolgenden Multiprozessoren genannt - sind wegen ihrer universellen Architektur für eine wesentlich größere Klasse von Anwendungen geeignet. Sie bieten das größere Potential für eine zukünftige Nutzung als universell programmierbare Rechensysteme.

Bei den MIMD-Systemen muß weiter zwischen zwei Klassen unterschieden werden. Das Kriterium für diese Klassenbildung liefert die Speicherstruktur:

- Auf der einen Seite stehen Multiprozessoren mit gemeinsamem Speicher, also Maschinen, bei denen die Prozessoren über ein Verbindungsnetzwerk, beispielsweise ein Bussystem, mit einem gemeinsamen Hauptspeicher verbunden sind. Solche Rechensysteme werden daher auch als „speichergekoppelte" Multiprozessoren bezeichnet. Typische Vertreter dieser Klasse sind Rechner wie Alliant FX/2800 [5] oder Sequent Symmetry [6].

- Bei Multiprozessoren mit verteiltem Speicher besitzt jeder Prozessor einen lokalen Speicher, auf den nur er Zugriff hat. Die Kopplung mit den restlichen Prozessorknoten erfolgt über ein Verbindungsnetzwerk, das es ermöglicht, Nachrichten an entfernte Knoten zu schicken. Die Prozessoren sind also nicht direkt über einen gemeinsamen Hauptspeicher verbunden, weshalb man auch oft von „lose gekoppelten" oder von „nachrichtengekoppelten" Systemen spricht. Kommerziell verfügbare Systeme dieser Art sind zum Beispiel Hypercube-Rechner vom Typ iPSC [7], NCUBE [8] und SuperCluster [9].

Die unterschiedliche Architektur dieser beiden Klassen von Multiprozessoren hat weitreichende Folgen für die Programmierung und den Betrieb der Maschinen. Es ist daher kaum verwunderlich, daß sie bisher für recht verschiedene Zwecke verwendet werden. Da es wohl auch nicht möglich ist, den „universellen" Parallelrechner schlechthin zu entwerfen, besteht ein wichtiges Ziel der Forschung darin, einen gemeinsamen Ansatz für die Nutzung und Programmierung von architektonisch verschiedenen Multiprozessoren zu finden.

Am Institut für Informatik der Technischen Universität München wird dieser Ansatz im Rahmen des Sonderforschungsbereiches 0342 „Methoden und Werkzeuge für die Nutzung paralleler Rechnerarchitekturen" verfolgt. Als Entwicklungsumgebung stehen dabei sowohl nachrichtengekoppelte Parallelrechner vom Typ iPSC, als auch ein speichergekoppelter Multiprozessor vom Typ Alliant FX/2800 zur Verfügung. Die folgenden Abschnitte sollen einen Überblick über die Erfahrungen beim integrierten Einsatz dieser Multiprozessoren geben und zeigen, welche Ansätze existieren, um die Probleme der Nutzung und Programmierung von heterogenen Multiprozessoren in den Griff zu bekommen

3 Multiprozessoren mit gemeinsamem Speicher

3.1 Beispiel: Alliant FX/2800

Die Alliant FX/2800 (siehe Abbildung 1) ist ein typisches Beispiel für einen speichergekoppelten Multiprozessor. Bis zu 28 Prozessoren vom Typ i860 sind hier über einen Kreuzschienenverteiler mit einem gemeinsamen Hauptspeicher von maximal 1GB Kapazität verbunden, dem ein Cache-Speicher von maximal 4MB vorgeschaltet ist. Der Kreuzschienenverteiler hat gegenüber herkömmlichen Bussystemen den Vorteil, daß mehrere unabhängige Zugangswege zum Speicher existieren, so daß sich die Prozessoren nicht bei jedem Speicherzugriff behindern. Jeder Prozessor kann nun unabhängig von den anderen sogenannte „skalare" Prozesse, also konventionelle UNIX-Prozesse, abarbeiten. Darüber hinaus besteht jedoch auch die Möglichkeit, Programme, die auf Befehlsebene parallel ausführbare Konstrukte enthalten, von mehreren Prozessoren bearbeiten zu lassen. Jedes Prozessormodul enthält hierzu zwei ASICs, die „Concurrency Control Units", die über ein eigenes Bussystem verbunden sind. Dadurch ist es möglich Prozessorcluster zu bilden, um beispielsweise Programmschleifen innerhalb eines einzelnen Prozesses parallel auszuführen. Durch die Standardisierung dieser beiden Ebenen der Parallelverarbeitung (PAX - Parallel Architecture Extension) wird versucht, auf der FX/2800 entwickelte parallele Programme auch auf anderen Systemen mit dem i860-Prozessor und dem UNIX-Betriebssystem ausführen zu können.

Eine solch großzügige Ausstattung wie die des Alliant FX/2800 Mini-Supercomputers hat natürlich ihren Preis. Das bedeutet aber nicht, daß diese Rechnerklasse nur für Anwender mit Bedarf für Höchstrechenleistung interessant ist. Der Trend auf dem Workstation-Markt geht eindeutig in eine ähnliche Richtung. Fast alle Workstation-Hersteller arbeiten momentan an der Entwicklung speichergekoppelter Multiprozessoren mit einem ähnlichen Operationsprinzip. Natürlich

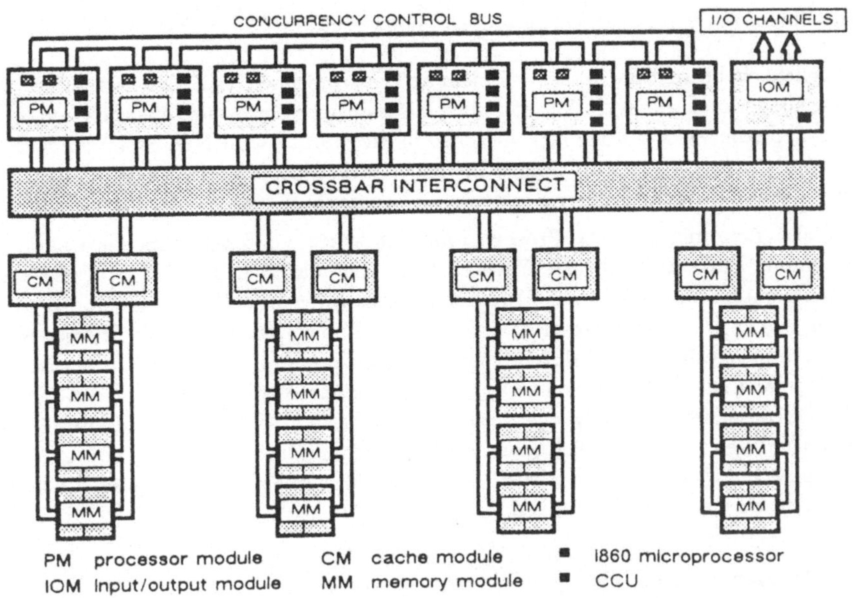

Abbildung 1:
Architektur der Alliant FX/2800

werden diese Systeme nicht mit 28 sondern eher mit 2 bis 16 Prozessoren ausgestattet sein. Teilweise sind solche Multiprozessor-Workstations bereits käuflich erwerbbar, und es ist durchaus zu erwarten, daß in wenigen Jahren jeder Software-Ingenieur eine Multiprozessor-Workstation auf dem Schreibtisch stehen haben kann.

3.2 Betriebssystem, Entwicklungsumgebung und Programmierung

Worin liegen nun die Stärken und Schwächen dieser Rechnerklasse? Der größte Vorteil liegt sicherlich darin, daß es verhältnismässig einfach ist, Standard-Betriebssysteme für Monoprozessoren an speichergekoppelte Multiprozessor-Systeme anzupassen. Dazu müssen zwar Änderungen am Betriebssystem vorgenommen werden - beispielsweise muß durch entsprechende Schutzmechanismen dafür gesorgt werden, daß nicht mehrere Prozesse gleichzeitig betriebssysteminterne Datenstrukturen manipulieren - dies ist jedoch keine unlösbare Aufgabe. Die meisten der oben genannten Multiprozessoren mit gemeinsamem Speicher bieten dem Benutzer daher eine vertraute Entwicklungsumgebung, vorzugsweise in der Form eines modifizierten UNIX-Systems.

Da damit mehrere UNIX-Prozesse echt parallel auf den verschiedenen Prozessoren ausgeführt werden können, wird der potentielle Parallelismus bis zu einem gewissen Grad automatisch genutzt. Diese Variante der Parallelverarbeitung wird insbesondere zur Durchsatzsteigerung eines Rechensystems eingesetzt, indem mehrere Programme parallel ausgeführt werden können. Was macht man aber, wenn mehrere Prozessoren gemeinsam an einem einzigen Problem arbeiten sollen? Für diese Parallelisierung werden verschiedene Ansätze angeboten.

3.2.1 Parallelisierung mit schwergewichtigen Prozessen

Die erste Möglichkeit besteht darin, das Problem auf verschiedene UNIX-Prozesse zu verteilen. Da diese Prozesse kooperieren sollen, muß es natürlich Mechanismen zur Kommunikation und Synchronisation geben. Typischerweise werden hier die schon in Monoprozessor-UNIX-Systemen vorhandenen Konstrukte zur Interprozeßkommunikation verwendet, also beispielsweise Pipes und Signale oder auch Message-queues, Shared-Memory Segmente und Semaphore.

Die Parallelisierung mit Hilfe von Prozessen hat den Vorteil, daß man ohne neue parallele Konstrukte auskommt. Ein entscheidender Nachteil liegt aber darin, daß UNIX-Prozesse einen sehr umfangreichen Kontext besitzen - jeder Prozeß hat seinen eigenen Adreßraum und damit eigene Seitentabellen, eigene Dateideskriptoren, Signalmasken, Timer usw. Bei jedem Prozeßwechsel muß der gesamte Kontext gesichert und durch einen neuen ersetzt werden, was offensichtlich ein recht aufwendiger Vorgang ist. Es ist daher nicht sinnvoll, parallele Anwendungen zu entwerfen, die aus Hunderten oder Tausenden von „schwergewichtigen" Prozessen bestehen. Andererseits gibt es durchaus Anwendungen, bei denen ein solch massiver Grad an Parallelverarbeitung notwendig ist. Beispielsweise könnte ein Window-System wie X-Windows für jedes Objekt (Fenster, Buttons, Titelbalken etc.) einen eigenen Prozeß erzeugen.

3.2.2 Parallelisierung mit leichtgewichtigen Prozessen

Aus diesem Grund wird seit kurzem ein anderer Weg der Parallelisierung verfolgt, indem sogenannte „Threads" oder „leichtgewichtigen Prozesse" verwendet werden. Wie der Name schon andeutet handelt es sich hierbei um „abgespeckte" Prozesse, die sich einen Großteil des Kontextes eines herkömmlichen UNIX-Prozesses, wie z.B. den Adreßraum oder die Dateideskriptoren, teilen. Das Umschalten zwischen den „Threads" wird dadurch deutlich weniger aufwendig, so daß es ohne weiteres möglich ist Anwendungen zu erzeugen, die aus Tausenden von Threads bestehen. Ein weiterer Vorteil besteht darin, daß zur Kommunikation zwischen Threads nicht mehr explizit shared-memory Segmente angelegt werden müssen, da sich ja alle Threads einen Adreßraum teilen und auch auf gemeinsame globale Variablen zugreifen können. In der UNIX-Welt hat Sun-Microsystems bereits in SunOS 4.0 mit der lwp-Bibliothek eine rudimentäre Form von leichtgewichtigen Prozessen eingeführt. In den zukünftigen Versionen von SunOS, insbesondere auf den neuen Multiprozessor-Workstations, werden „Threads" dann direkt vom Betriebssytem unterstützt werden [10].

Auch wenn die leichtgewichtigen Prozesse eine effiziente Möglichkeit zur parallelen Programmierung von Multiprozessoren mit gemeinsamem Speicher bieten, bleibt das Problem bestehen, daß es sich hier, wie auch bei der Parallelisierung auf Prozeßbasis, um eine explizite Form des Parallelismus handelt. Der Programmierer muß sich überlegen, wie er ein Problem in unabhängige Teilaufgaben zerlegen kann und muß diese dann explizit programmieren. In manchen Fällen ist das einfach und natürlich, man denke nur an das vorher erwähnte Beispiel eines Window-Systems, bei dem das Umschalten zwischen den verschiedenen Handlungsfäden in einem sequentiellen Programm umständlich von Hand kodiert werden müßte. Im allgemeinen Fall zeigt sich aber, daß es oft sehr schwierig ist, Parallelismus explizit im Programm auszudrücken. Ein weiterer Ansatz zur Parallelisierung besteht daher darin, die Arbeit auf den Compiler abzuwälzen, also automatisch parallelisierende Compiler zu entwickeln.

3.2.3 Automatische Parallelisierung durch den Compiler

Der so entstehende Parallelismus ist meistens von einer feineren Granularität. Parallelisierende Compiler zerlegen ein Programm nämlich nicht in einzelne Teilprozesse, sondern analysieren beispielsweise Schleifen, um zu überprüfen, ob einzelne Schleifendurchläufe voneinander unabhängig sind. Falls dies der Fall ist, können verschiedene Schleifeniterationen parallel auf unterschiedlichen Prozessoren ausgeführt werden. Bei der Alliant FX/2800 gibt es hierfür mit den CCUs sogar eine Hardware-Unterstützung. Die CCUs dienen als Verwaltungseinheit indem sie beispielsweise Schleifenzähler verwalten. In einer parallelen Schleife erfragt jeder Prozessor bei der CCU den aktuellen Schleifenindex und bearbeitet einen Schleifendurchlauf, bevor er sich wieder bei der CCU meldet.

Die Erfolge, welche mit dieser Variante des Parallelismus erzielt werden, sind bisher allerdings nicht überwältigend. Insbesondere C-Programme, in denen viel mit Zeigern und Adressen oder Rekursion gearbeitet wird, lassen sich so nicht gut parallelisieren, weil der Compiler hier zur Übersetzungszeit nicht genügend Information über den tatsächlichen Programmlauf zur Verfügung hat. Fortran-Programme sind wegen ihrer statischen Struktur deutlich besser geeignet. Es ist daher kaum verwunderlich, daß Rechner wie die Alliant FX/2800 bisher vorwiegend von Anwendern eingesetzt werden, die eine große Anzahl von „dusty-deck" Fortran-Anwendungen besitzen, welche sie mit geringem Aufwand parallelisieren wollen.

Wegen ihrer relativ einfachen Struktur, insbesondere in Hinsicht auf Betriebssystem und Programmierumgebung, werden Multiprozessoren mit gemeinsamem Speicher in den nächsten Jahren sicherlich eine weite Verbreitung finden. Alle speichergekoppelten Systeme haben jedoch eine grundsätzliche Schwäche: Sie sind nicht skalierbar, d.h. man kann die Anzahl der Prozessoren nicht „beliebig" erhöhen. Der begrenzende Faktor ist dabei der gemeinsame Speicher beziehungsweise das Verbindungsnetzwerk zwischen Prozessoren und Speicher. Systeme wie die Alliant FX/2800 mit 28 Prozessoren liegen schon an der oberen Grenze des heute technisch machbaren. Speichergekoppelte Systeme mit Tausenden von Prozessoren sind schlichtweg nicht zu realisieren.

4 Multiprozessoren mit verteiltem Speicher

4.1 Beispiel: iPSC-Hypercube

Wer massiv parallele Systeme bauen will muß also einen anderen Weg gehen. Ein vielversprechender Ansatz ist der, den Intel mit den iPSC-Rechnern gewählt hat. Es handelt sich hier um nachrichtengekoppelte Hypercube-Systeme, bei denen Knotenrechner, die mit einem Prozessor und lokalem Speicher ausgestattet sind, über serielle Kanäle in einer Würfelstruktur miteinander verknüpft sind (siehe Abbildung 2). In einem dreidimensionalen Würfel hat jeder Knoten drei Nachbarn. Mit drei Leitungen pro Prozessorknoten läßt sich also ein Hypercube mit acht Prozessoren aufbauen. Steigert man die Leitungszahl pro Rechnerknoten auf 7, erhält man bereits ein System mit 128 Knoten. Mit dieser Architektur kann man also massiv parallele Systeme aufbauen. Über spezielle I/O-Knoten kann man Plattenspeicher an den Multiprozessor anschließen und erhält damit ein von den Rechnerknoten aus zugängliches Filesystem. Die Knoten der ersten iPSC-Rechner waren mit Prozessoren vom Typ 80286 bzw. 80386 ausgestattet, das neueste Mitglied der Familie, der iPSC/860, basiert dagegen wie die Alliant FX/2800 auf Intels neuestem Mikroprozessor, dem i860.

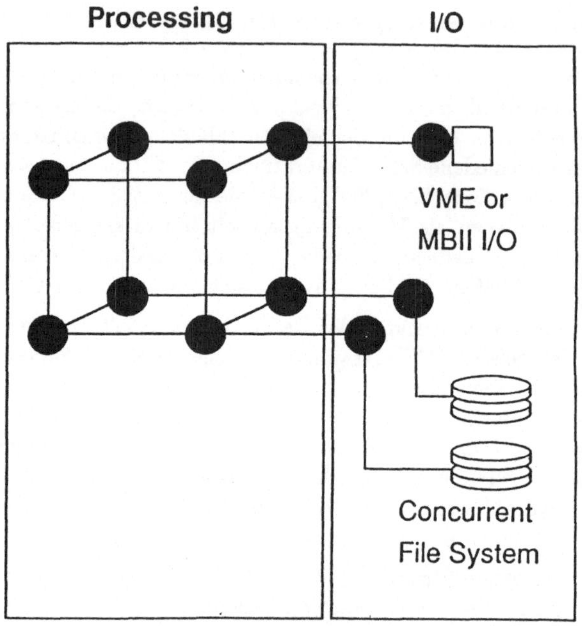

Abbildung 2:
Architektur des iPSC

4.2 Betriebssystem, Entwicklungsumgebung und Programmierung

Im Vergleich zu speichergekoppelten Multiprozessoren sind nachrichtengekoppelte Multiprozessoren wie der iPSC/860 bislang deutlich weniger gut als Universalrechner verwendbar. Hauptgrund hierfür ist, daß für solche Systeme bisher nur sehr rudimentäre Betriebssysteme existieren. In der Regel läuft auf jedem Knoten des Multiprozessors ein kleiner Betriebssystemkern, der es erlaubt, Prozesse zu definieren und der Mechanismen zur Interprozeßkommunikation und Synchronisation anbietet [11]. Ein Timesharing-Betrieb wird dagegen nicht unterstützt. Mehrbenutzerbetrieb ist nur möglich, indem Teile des Multiprozessors, also z.B. vier oder acht Knoten, exklusiv an einzelne Benutzer vergeben werden. Damit werden die zur Verfügung stehenden Betriebsmittel alles andere als optimal genutzt. Ist auf einem Rechnerknoten kein rechenbereiter Prozeß vorhanden, so wird die CPU nicht durch Prozesse eines anderen Benutzers beschäftigt, sondern bleibt ungenutzt. Es ist daher nicht verwunderlich, daß Rechner wie der iPSC bislang vorwiegend für numerisch intensive Berechnungen genutzt werden und sich als Universalrechner noch nicht etablieren konnten.

Die mangelhafte Betriebssystemunterstützung bei nachrichtengekoppelten Multiprozessoren hat deutliche Auswirkungen auf die Art des Betriebs und die Programmentwicklung. Anders als bei speichergekoppelten Multiprozessoren, bei denen die gewohnte Softwareumgebung direkt auf dem Multiprozessor, zum Beispiel in Form eines UNIX-Systems, zur Verfügung steht, werden lose gekoppelte Systeme meist von einem sogenannten „Host-Rechner" aus betrieben. Es handelt sich hierbei normalerweise um eine konventionelle Workstation - beim iPSC ist der Host beispielsweise ein unter UNIX laufender Personal Computer. Der Host ist das zentrale Bindeglied zwischen Multiprozessor und Aussenwelt. Über ihn kann der Multiprozessor in ein Rechnernetz eingebunden werden, von hier aus können Benutzer Teile des Rechners reservieren, Programme laden usw. Diese Art des Betriebs hat offensichtliche Nachteile, denn der Host-Rechner kann sehr schnell zu einem Engpaß werden. Beim iPSC wird dieses Problem dadurch gemildert, daß es möglich ist, auch andere Workstations im Netz als „Remote-Hosts" zu verwenden. Damit wird der eigentliche Host-Rechner deutlich entlastet, Compiler-Läufe können jetzt z.B. auf verschiedenen Workstations durchgeführt werden. Der Host bleibt aber ein potentieller Engpaß, denn zum Reservieren von Knoten und zum Laden von Programmen auf den Multiprozessor ist immer noch eine Kommunikation mit dem Host bzw. Remote-Host nötig.

4.2.1 Verteilte Betriebssysteme

Wünschenswert wäre natürlich eine Art des Betriebs, bei der der Benutzer direkt auf dem Multiprozessor eine UNIX-ähnliche Entwicklungsumgebung vorfindet. Auch dies ist momentan ein zentrales Thema der Forschung. Interessante Ansätze wurden auf dem Gebiet der verteilten Betriebssysteme entwickelt. Ursprünglich war das Ziel hierbei, integrierte Betriebssysteme für mehrere, durch ein Rechnernetz verbundene, konventionelle Rechner zu schaffen. Wichtige Beispiele sind etwa das von A. Tanenbaum in Amsterdam entwickelte Amoeba-System [12] oder das V-System der Stanford University [13]. Das Ziel dieser Projekte besteht darin, ein transparentes verteiltes Betriebssystem zu schaffen. Aus der Sicht des Benutzers soll das System wie ein einzelnes, leistungsfähiges Timesharing-System aussehen, auch wenn die Betriebsmittel (Speicher,Platten, Prozessoren) über verschiedene Rechner verteilt sind. Der Benutzer merkt von alledem nichts, er sieht nur einen „Pool" von Prozessoren, die er für seine Berechnungen nutzen kann, und zwar echt parallel.

Im Prinzip ist die Ausgangssituation bei den nachrichtengekoppelten Multiprozessoren sehr ähnlich, denn auch sie bestehen aus einer Menge von Knotenrechnern, die über ein Verbindungsnetzwerk - also ein spezielles Rechnernetz - verbunden sind. Es ist daher durchaus nicht abwegig, die Konzepte der verteilten Betriebssysteme auch bei der Entwicklung von Betriebssystemen für lose gekoppelte Multiprozessoren einzusetzen, oder sogar verteilte Betriebssysteme auf Multiprozessoren mit verteiltem Speicher zu portieren.

4.2.2 Parallele Programmierung mittels Nachrichtenaustausch

Damit wären die Probleme der parallelen Programmierung aber noch lange nicht gelöst. Denn selbst wenn man die Betriebsmittel eines Multiprozessors mit verteiltem Speicher im Timesharing-Betrieb nutzen kann, benötigt man immer noch Konzepte, um mehrere Prozessoren parallel an einer Aufgabe arbeiten zu lassen. Die Problematik ist hier etwas anders als bei den speichergekoppelten Multiprozessoren. Die einzelnen Knoten können nicht auf einen gemeinsamen Speicher zugreifen, sie können sich daher auch keinen Adreßraum teilen um beispielsweise auf globale Variablen zuzugreifen. Es muß somit eine andere Form der Interprozeßkommunikation verwendet werden. Die meisten Programmiermodelle für Multiprozessoren mit verteiltem Speicher bieten eine reine Nachrichtenkommunikation (message passing) an. Es werden also Primitive angeboten, mit denen Prozesse Nachrichten versenden und empfangen können.

Diese Art der parallelen Programmierung ist deutlich weiter von der Denkweise eines „sequentiellen" Programmierers entfernt, als beispielsweise die Programmierung mit Threads, die auf gemeinsamen Variablen arbeiten. Neben einer Aufteilung in parallel ausführbare Prozesse ist dabei auch der zu berechnende Datenraum auf die getrennten Adreßräume zu verteilen. Der Programmierer muß Nachrichten explizit aufbauen, verschicken und empfangen lassen. Besonders schwierig wird das, wenn man heterogene, also mit unterschiedlichen Prozessoren ausgestattete, Knotenrechner verwendet. Man muß dann zusätzlich beachten, daß die einzelnen Prozessoren eventuell unterschiedliche

Datenformate verwenden, und dies durch entsprechende Konvertierungsroutinen für Nachrichten ausgleichen.

4.2.3 Kommunikation über RPCs

Auf der Suche nach komfortableren Programmiermodellen für nachrichtengekoppelte Multiprozessoren sind verschiedene interessante Ansätze entstanden. Einer besteht darin, sogenannte „Remote Procedure Calls" (RPCs) einzusetzen [14]. Der Programmierer schreibt hier, wie er es von sequentiellen Programmen gewohnt ist, Programme, die aus Prozeduren und Prozeduraufrufen bestehen. Der Trick beim Remote Procedure Call besteht nun darin, daß es möglich ist, Prozeduren aufzurufen, die auf entfernten Rechnerknoten ausgeführt werden. Die Unterstützung hierfür erfolgt meist durch einen Präprozessor, der den lokalen Prozeduraufruf durch eine sogenannte „stub-Routine" ersetzt. Diese erledigt automatisch die notwendigen Typkonvertierungen und sendet eine Nachricht an den entfernten Rechnerknoten. Die Nachricht wird von einer weiteren „stub-Routine" empfangen, die nach entsprechenden Typkonvertierungen die gewünschte Prozedur aufruft, und ihre Ergebnisse wieder als Nachricht zurückschickt. Der aufrufende Stub wartet bis die entfernte Prozedur Ergebnisse liefert, konvertiert diese zurück und kehrt zum Aufrufer zurück. Während der Ausführung der entfernten Prozedur ist der Aufrufer damit zwar blockiert, aber der Prozessor kann in der Zwischenzeit andere Prozesse bedienen.

4.2.4 Systeme mit virtuell gemeinsamem Speicher

Ein zweiter Ansatz besteht darin, die Verteiltheit der Speicherbereiche der Knotenprozessoren vor dem Benutzer zu verbergen, indem das Betriebssystem einen „virtuell gemeinsamen" Adreßraum vorspiegelt [15]. Die Mechanismen die hierzu notwendig sind, ähneln denen, die bei der virtuellen Speicherverwaltung in herkömmlichen Betriebssystemen verwendet werden. Der „virtuell gemeinsame" Speicher kann dazu beispielsweise in Seiten aufgeteilt werden, die von jedem Rechnerknoten angesprochen werden können. Referenziert ein Knoten eine Seite, die nicht lokal vorhanden ist, so wird ein Seitefehltalarm (Interrupt) erzeugt. Der Interrupt-Handler sorgt nun dafür, daß die fehlende Seite unter Verwendung des Verbindungsnetzwerks aus dem lokalen Speicher des Knotens, der die Seite gerade besitzt, nachgeladen wird. Mit diesem Mechanismus kann dem Benutzer vorgetäuscht werden, daß er einen Multiprozessor mit gemeinsamem Speicher verwendet, auch wenn in Wirklichkeit ein verteilter Speicher vorliegt. Damit ist es im Prinzip möglich, parallele Anwendungen ohne große Änderungen von speichergekoppelten Multiprozessoren auf nachrichtengekoppelte Multiprozessoren zu portieren. Natürlich hat dieser sehr elegante Ansatz auch seine Schwächen. So kann es zum Beispiel zu erheblichen Effizienzverlusten kommen, wenn eine Variable ständig von zwei Prozessen auf verschiedenen Knoten angesprochen wird, weil dann bei jedem Zugriff die entsprechende Seite von einem Knoten zum anderen verschickt werden muß. Experimente haben aber gezeigt, daß das „Distributed Shared Memory" Konzept durchaus ein vielversprechender Ansatz für die komfortable Programmierung von lose gekoppelten Multiprozessoren sein kann.

5 Integrierte Nutzung und Programmierung beider Klassen von Multiprozessoren

Es ist sehr schwer vorherzusagen, wie sich das Gebiet der Parallelrechner weiterentwickeln wird. Es ist aber zu vermuten, daß sowohl speichergekoppelte als auch nachrichtengekoppelte Multiprozessoren verstärkt zum Einsatz kommen werden. In Verbindung mit den Fortschritten in der Entwicklung von leistungsfähigen Rechnernetzen könnten Konfigurationen typisch werden, in denen

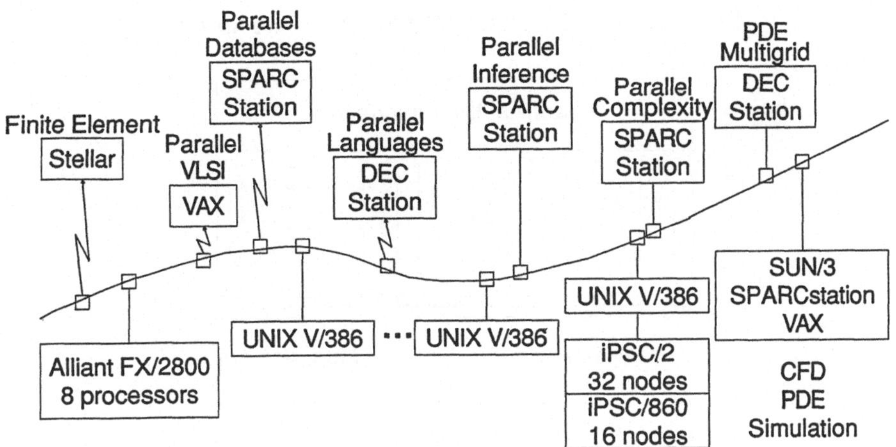

Abbildung 3:
Netz heterogener Rechner

Multiprozessoren mit verteiltem Speicher, Multiprozessoren mit gemeinsamem Speicher und sequentielle Rechensysteme in einer Netzwerkumgebung zusammenarbeiten. Abbildung 3 zeigt eine solche Konfiguration am Beispiel des Parallelrechnerlabors am Institut für Informatik der Technischen Universität München, in welchem Rechner vom Typ iPSC/2, iPSC/860, Alliant FX/2800 und SUN Sparcstations integriert sind. Es ist besonders wichtig, Konzepte zu entwickeln, die die gemeinsame Programmierung und Nutzung von heterogenen Parallelrechnern ermöglichen. Dieser Ansatz wird zur Zeit an der Technischen Universität München im Rahmen des Projekts TOPSYS (TOols for Parallel SYStems) verfolgt.

5.1 Das Projekt TOPSYS

TOPSYS ist eine integrierte Werkzeugumgebung zur Nutzung und Programmierung paralleler Rechnerstrukturen [16, 17]. Das Ziel des TOPSYS-Projekts ist die Produktivitätssteigerung beim Einsatz von Parallelrechnern. Zu diesem Zweck wurde zunächst eine allgemeingültige Methode für die Programmierung und Nutzung paralleler Systeme erarbeitet. Die vorgeschlagene Parallelisierungsmethode propagiert den interaktiven Einsatz von Werkzeugen in verschiedenen Phasen der Programmentwicklung. Langfristiges Ziel ist es, durch Verfeinerung der interaktiven Methode zu einer universellen Verwendung von Parallelrechnern zu gelangen. Zur Erlangung dieser Ziele wurde die TOPSYS-Werkzeugumgebung auf ein hierarchisches Schichtenmodell abgestützt (siehe Abbildung 4). In der ersten Phase des TOPSYS-Projekts (1988/89) konnten die folgenden Komponenten entworfen und prototypisch implementiert werden:

- Der MMK (Multiprocessor Multitasking Kernel) bietet ein nachrichtenbasiertes, paralleles Programmiermodell [18]. MMK-Tasks kommunizieren über Mailbox-Objekte und verwenden Semaphore zur Synchronisation. Eine Task muß dabei nicht wissen, auf welchem Rechnerknoten der Kommunikationspartner liegt (Ortstransparenz), was insbesondere die dynamische Verschiebung von Objekten erleichtert. Damit ist es möglich, die Rechenlast über die Laufzeit eines parallelen Programms hinweg, gleichmäßig auf die einzelnen Rechnerknoten

Hierarchical Tool Model of TOPSYS

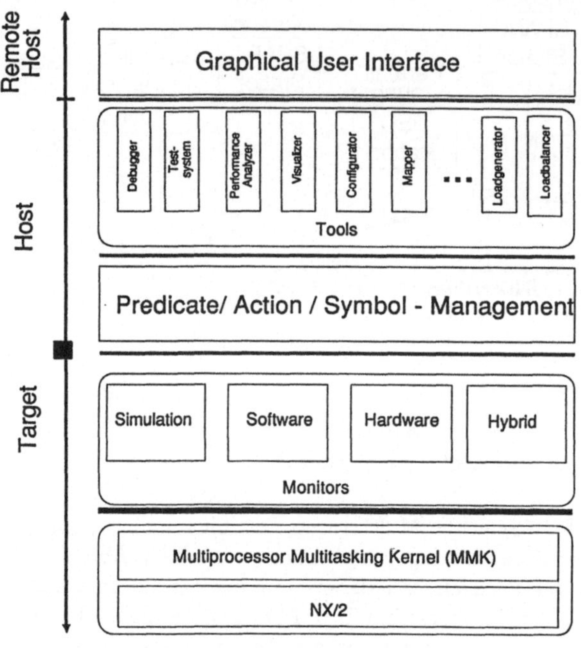

Abbildung 4:
TOPSYS-Hierarchiemodell

zu verteilen. Bei den MMK-Prozessen handelt es sich übrigens um leichtgewichtige Prozesse, d.h. alle Prozesse auf einem Knoten teilen sich einen Adreßraum.

- DETOP (Debugging TOol for Parallel Systems) ist ein interaktiver Hochsprachen-Debugger für parallele Programme. Er bietet alle Funktionen eines sequentiellen Debuggers (Breakpoints, Single-Step Betrieb , Ausgabe und Modifizieren von Variablenzuständen etc.). DETOP erlaubt es darüber hinaus, die Kommunikation zwischen Prozessen zu überwachen, indem beispielsweise der momentane Zustand einer Mailbox oder eines Semaphors abgefragt wird, um herauszufinden, welche Prozesse an einem bestimmten Objekt warten. Es können auch Breakpoints gesetzt werden, die von Kommunikationsereignissen, wie dem Empfang einer Nachricht, ausgelöst werden. Wie alle anderen Tools der TOPSYS-Umgebung ist auch DETOP mit einer komfortablen graphischen Bedienoberfläche auf Basis des X-Window Systems ausgestattet (siehe Abbildung 5).

- Das Leistungsanalysewerkzeug PATOP (Performance Analysis TOol for Parallel Systems) ermöglicht das Messen von Leistungsparametern auf verschiedenen Ebenen des Systems [19]. Dieses Werkzeug wird zur interaktiven Analyse von Leistungsengpässen in parallelen Programmen verwendet. Auf Systemebene läßt sich die Gesamtauslastung des Multiprozessors messen, auf Knotenebene die Auslastung der einzelnen Prozessoren und das Kommunikationsaufkommen zwischen ihnen. Auf der Ebene der MMK-Objekte kann schließlich untersucht

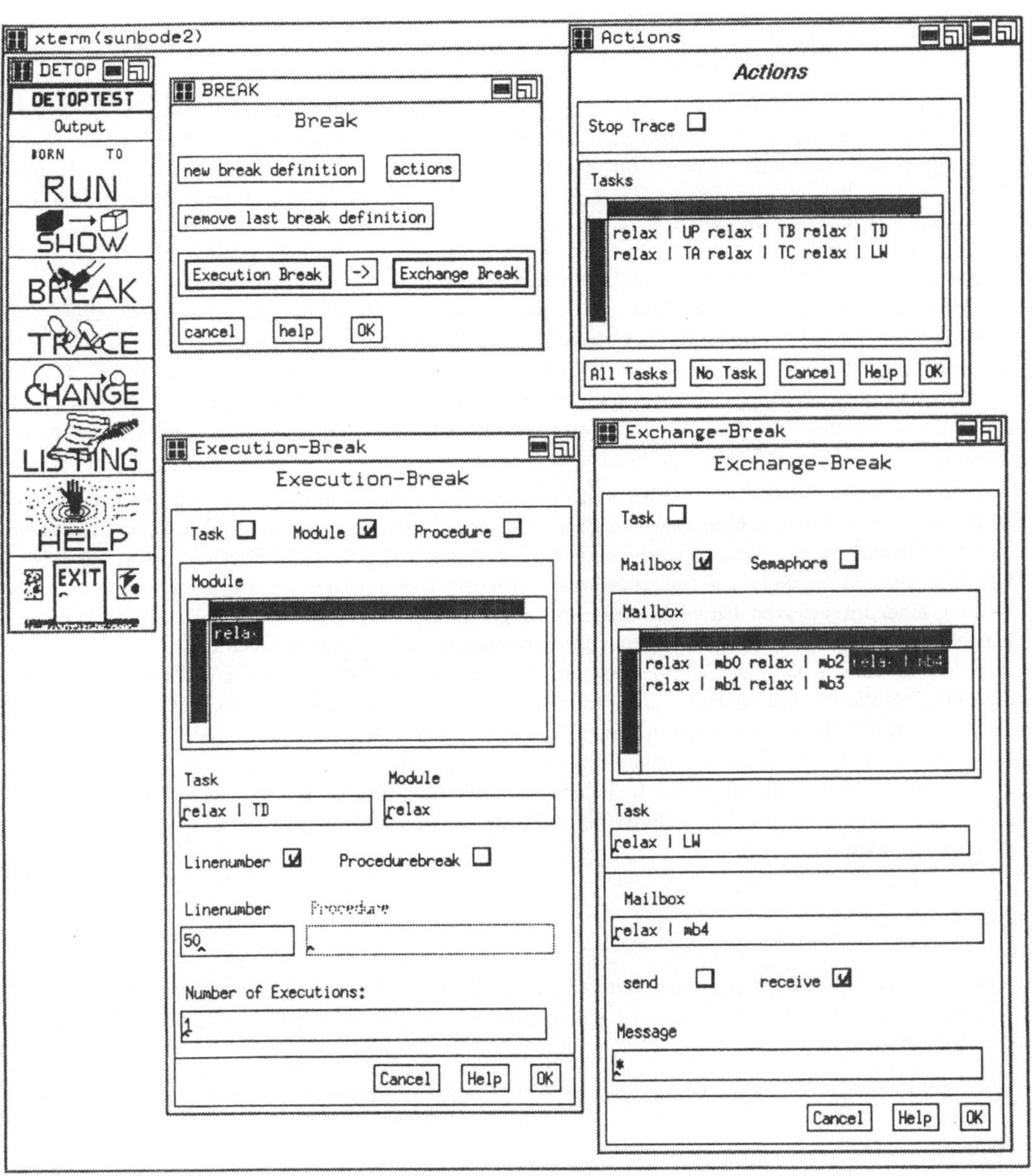

Abbildung 5:
DETOP-Bedienoberfläche

werden, wie lange Prozesse rechnen oder auf Kommunikation warten und wie hoch die Auslastung der einzelnen Kommunikationsbetriebsmittel ist.

- Das Visualisierungswerkzeug VISTOP (Visualisation TOol for Parallel Systems) ermöglicht die Animation von Prozeßgraphen. Dabei lassen sich Kommunikation und Wartebeziehungen graphisch darstellen. Das erhöht nicht nur das Verständnis über den dynamischen Ablauf von parallelen Programmen, sondern ermöglicht auch die Erkennung von Fehlerzuständen, wie z.B. Verklemmungen.

Zur Zeit steht TOPSYS in einer netzwerkbasierten Entwicklungsumgebung für den iPSC/2 und iPSC/860 zur Verfügung. Dabei kann ein Anwender an Workstations von unterschiedlichem Typ (SUN-3, SUN-Sparcstation, VAX, DECstation) parallele Programme für den iPSC/2 und iPSC/860 entwickeln. Im Rahmen des Sonderforschungsbereiches 0342 „Methoden und Werkzeuge für die Nutzung paralleler Rechnerarchitekturen" wurde eine Reihe von Anwendungen mit TOPSYS parallelisiert. Für Interessierte steht TOPSYS als nicht unterstütztes Softwarepaket (public domain) für den iPSC/2 und den iPSC/860 zur Verfügung.

In der jetzigen Phase des TOPSYS-Projekts werden Programmiermodell und Werkzeugumgebung auf weitere Rechner übertragen. Dabei sollen sowohl speichergekoppelte Multiprozessoren als auch Workstation-Netze berücksichtigt werden. Momentan wird an einer Portierung auf die Alliant FX/2800 und auf ein Netz von Sparcstations gearbeitet. Das angestrebte Ziel besteht in der Bereitstellung einer integrierten Entwicklungsumgebung, die es erlaubt, heterogene Parallelrechner und konventionelle Workstations gemeinsam zu programmieren. Um dies zu erreichen sind Erweiterungen und Verbesserungen am parallelen Programmiermodell notwendig. Langfristig soll versucht werden, die TOPSYS-Werkzeugumgebung auch für andere Programmiermodelle als den MMK zur Verfügung zu stellen. Ein vielversprechender Ansatz wäre beispielsweise die Kopplung von auf verschiedenen Rechnern laufenden leichtgewichtigen Prozessen mit Hilfe von Remote Procedure Calls oder einem virtuell gemeinsamen Adreßraum. In jedem Fall soll die gemeinsame, parallele Verwendung verschiedener Rechner es erlauben, alle in einem Rechnernetz zur Verfügung stehenden Betriebsmittel optimal zu nutzen.

Literatur

[1] J. Rattner. The New Age of Supercomputing. In A. Bode (Hrsg.), *Distributed Memory Computing, Lecture Notes in Computer Science*, vol. 427, S. 1–6. Springer-Verlag, Berlin, Heidelberg, New York, April 1991.

[2] Intel Corporation, Santa Clara, CA. *i860 64-Bit Microprocessor Hardware Reference Manual*, 1989.

[3] D. Hillis. *The Connection Machine*. MIT Press, Cambridge, Mass., 1985.

[4] T. Blank. The Maspar MP-1 Architecture. In *Proceedings of COMPCON Spring '90*, S. 20–24, San Francisco, CA, IEEE Computer Society Press, Washington DC, März 1990.

[5] R. Gruner. *The Alliant FX/2800 Parallel Supercomputer*. Alliant Computer Corp., Littleton, USA, 1990.

[6] T. Lovett und S.S. Thakkar. The Symmetry Multiprocessor System. In F.A. Briggs (Hrsg.), *Proceedings of the International Conference on Parallel Processing*, S. 303–310, St. Charles, IL, August 1988. Pennsylvania State University Press.

[7] R. Arlauskas. The iPSC/2: A Second Generation Hypercube. In *Proceedings of the 3rd Conference on Hypercube Concurrent Computers and Applications, vol. I*, S. 38–42, 1988. ACM Press, Pasadena, CA.

[8] J.F. Palmer. The NCUBE Family of Parallel Supercomputers. In W.J. Karplus (Hrsg.), *Multiprocessors and Array Processors*, San Diego, CA, Januar 1987. Simulation Councils Inc.

[9] F. D. Kübler. Architektur und Anwendungsprofil der SuperCluster-Serie hochparalleler Transputerrechner. In H. Meuer (Hrsg.), *Supercomputer '90, Informatik-Fachberichte*, vol. 250, S. 100–113. Springer-Verlag, Berlin, Heidelberg, New York, Juni 1990.

[10] M. L. Powell, S. R. Kleiman, S. Barton, D. Shah, D. Stein, und M. Weeks. SunOS Multi-Thread Architecture. In *Proceedings of the Winter USENIX Conference 1991*, S. 1–14, Dallas, TX, Januar 1991.

[11] P. Pierce. The NX/2 Operating System. In *Proceedings of the 3rd Conference on Hypercube Concurrent Computers and Applications, vol. I*, S. 384–391, 1988. ACM Press, Pasadena, CA.

[12] S.J. Mullender, G. van Rossum, A.S. Tanenbaum, R. van Renesse, und J.M. van Staveren. Amoeba - A Distributed Operating System for the 1990s. *IEEE Computer*, 23(5):44–53, Mai 1990.

[13] D.R. Cheriton. The V Kernel: A Software Base for Distributed Systems. *IEEE Software*, 1(2):19–42, April 1984.

[14] A. D. Birrell und B. J. Nelson. Implementing Remote Procedure Calls. *ACM Transactions on Computer Systems*, 2(1):39–59, Februar 1984.

[15] K. Li. IVY: A Shared Virtual Memory System for Parallel Computing. In H.E. Sturgis (Hrsg.), *Proceedings of the International Conference on Parallel Processing*, S. 94–101. Penn State University Press, Pennsylvania, August 1988.

[16] A. Bode. Developments in Distributed Memory Architectures. In *Proceedings of Microsystem '90*, Bratislava, CSFR, Dezember 1990.

[17] T. Bemmerl. The TOPSYS Architecture. In H. Burkhart (Hrsg.), *CONPAR 90 - VAPP IV, Lecture Notes in Computer Science*, vol. 457, S. 732–743. Springer-Verlag, Berlin, Heidelberg, New York, September 1990.

[18] T. Bemmerl und T. Ludwig. MMK - A Distributed Operating System Kernel with Integrated Dynamic Loadbalancing. In H. Burkhart (Hrsg.), *CONPAR 90 - VAPP IV, Lecture Notes in Computer Science*, vol. 457, S. 744–755. Springer-Verlag, Berlin, Heidelberg, New York, September 1990.

[19] T. Bemmerl, O. Hansen, und T. Ludwig. PATOP for Performance Tuning of Parallel Programs. In H. Burkhart (Hrsg.), *CONPAR 90 - VAPP IV, Lecture Notes in Computer Science*, vol. 457, S. 840–851. Springer-Verlag, Berlin, Heidelberg, New York, September 1990.

Erfahrung mit Transputersystemen im Bereich des wissenschaftlichen Rechnens

G. Bader

Interdisziplinäres Zentrum für Wissenschaftliches Rechnen
Im Neuenheimer Feld 368
D-6900 Heidelberg

Zusammenfassung

Die rechnerische Lösung komplexer Problemstellungen des wissenschaftlichen Rechnens erfordert typischerweise sehr viel Rechenzeit und großen Speicherplatz. Eine relativ kostengünstige Möglichkeit, diesen Anforderungen gerecht zu werden, bietet der Einsatz von Parallelrechnern mit verteiltem Speicher. Um die potentiell hohe Leistung solcher Rechnerarchitekturen umsetzen zu können ist es notwendig, hochadaptierte Algorithmen zu entwickeln, was jedoch dadurch erschwert wird, daß die effizientesten Algorithmen aus dem Bereich der sequentiellen Datenverarbeitung oft inhärent rekursiv sind. Das bedingt für eine effiziente Implementierung auf Parallelrechnern die Entwicklung von Algorithmen, welche sowohl bezüglich ihrer arithmetischen Lastverteilung, als auch der notwendigen Kommunikation optimiert sind. Der vorliegende Beitrag bietet einen Überblick über Erfahrungen, welche insbesondere bei der Realisierung von Algorithmen der linearen Algebra auf massiv parallelen Transputersystemen gewonnen wurden. Dabei sollen vor allem die Erfahrungen und Probleme vom Gesichtspunkt der Entwicklung von Software auf solchen Systemen im Vordergrund stehen.

1 Überblick

Die Lösung komplexer, wissenschaftlich technischer Problemstellungen erfordert in zunehmendem Maße immer effizientere Verfahren und höhere Rechenleistungen. Diese Erkenntnis hat in den letzten Jahren zur Etablierung einer neuen Disziplin, dem wissenschaflichen Rechnen, geführt. Ihr Ziel liegt darin, die in vielen Naturwissenschaften immer wichtiger werdenden rechnerischen Methoden in das Zentrum des Interesses zu rücken. Die in diesem Rahmen erzielten Resultate algorithmischer Entwicklungen lassen sich dann in den verschiedenen Einzeldisziplinen für die Lösung fachspezifischer Probleme gewinnbringend einsetzen.

Die rechnerische Analyse komplexer Problemstellungen führt oft, trotz der Entwicklung effizienter Algorithmen, zu sehr hohe Rechenzeiten. Daher beschränkt die verfügbare Rechenleistung oft entscheidend die Größe lösbarer Problemstellungen. Folglich ist es unabdingbar für das wissenschaftliche Rechnen, angemessene Rechnerleistung zur Verfügung zu stellen. Da eine deutliche Erhöhung der Rechenleistung sequentieller Rechner zunehmend an physikalische Grenzen stößt, bietet sich als Alternative die Verwendung von Parallelrechnern an.

Entscheidet man sich zugunsten der Parallelverarbeitung, so existieren im wesentlichen zwei Alternativen für die Auswahl von Rechnersystemen. Die erste Kategorie von Rechnern basiert auf relativ wenigen, extrem leistungsfähigen Prozessoren, welche vornehmlich Vektorverarbeitung zur

Leistungssteigerung verwenden. Typische Vertreter solcher Rechnerarchitekturen sind Großrechner, etwa CRAY-YMP oder IBM 3090 Mehrprozessorsysteme. Die andere Klasse von Parallelrechnern basiert auf einer deutlich größeren Anzahl von Prozessoren mit moderater Rechenleistung und verteiltem Speicher. Beispiele solcher Architekturen sind Hypercube und n-Cube Rechner oder Transputersysteme. Diese Rechner erzielen ihre hohe Spitzenleistung aus der Verwendung vieler Prozessoren und erlauben deshalb die Nutzung deutlich kostengüstigerer Technologien, sowohl für die einzelnen Prozessoren, als auch für deren Speicher. Hieraus resultiert für solche Systeme ein günstiges Preis/Leistungs-Verhältnis, d.h. hohe Leistung bei relativ moderaten Kosten. Unter anderem ist dies einer der Gründe für das große Interesse, welches diese Rechner in der relativ kurzen Zeit ihrer Verfügbarkeit auf dem Markt gefunden haben.

Ein wichtiges Kriterium bei der Entscheidung für eine der obigen Kategorien von Rechnern spielt die tatsächlich erzielbare Rechenleistung in den zur Bearbeitung anstehenden Problemen. Techniken für eine effiziente Programmierung von Parallelrechnern mit einer moderaten Anzahl von Vektorprozessoren sind bereits weitgehend untersucht und verstanden. Im Gegensatz hierzu befindet sich die Entwicklung entsprechender Techniken auf massiv parallelen Systemen noch in ihren Anfängen. Daraus resultiert, speziell für eine effiziente Implementierung komplexer Algorithmen, die Notwendigkeit von Grundlagenforschung. An einem Institut für wissenschaftliches Rechnen ist dies jedoch nicht als Nachteil solcher Rechner zu verstehen, sondern als eine Herausforderung. Längerfristig wird jedoch der Aufwand bei der Realisierung effizienter Algorithmen und die dabei erzielbaren Resultate über die breitere Anwendbarkeit von Parallelrechnern mit verteiltem Speicher entscheiden.

Der Einstieg in die Benutzung, im Besonderen von Transputersystemen, wird dadurch erleichtert, daß die Produktpalette von kleinen Einzelplatzsystemen mit einigen wenigen Prozessoren, über mittlere Systeme, sogenannte MultiCluster, mit 10 bis 40 Prozessoren, bis hin zu Großsystemen mit einigen hundert Prozessoren reicht. Neben dieser Tatsache erlauben solche Systeme aufgrund ihrer einfachen Ausbaufähigkeit oder auch Skalierbarkeit der Hardware eine nahezu optimale Anpassung an die gewünschte Rechenleistung. Speziell im Rahmen einer universitären Umgebung erleichtert dies zunächst ein Kennenlernen der neuen Technologie, bevor eine längerfristige Entscheidung mit zunächst nicht voll absehbaren Konsequenzen getroffen wird. Dies ist insbesondere wichtig, da sich die Arbeitsumgebung an solchen Systemen deutlich von der sequentieller Rechner unterscheidet.

Neben diesen Argumenten, die den Einstieg in die Beschaffung von Hardware für die Parallelverarbeitung erleichtern, wird durch die Skalierbarkeit dieser Systeme auch die praktische Softwareentwicklung unterstützt. Die Erfahrung hat gezeigt, daß es zunächst notwendig ist, Implementierungen neuer Algorithmen auf kleinen, überschaubaren Systemen mit wenigen Prozessoren zu testen. Erst sobald diese fehlerfrei sind, sollte man sie auf mehrere Prozessoren übertragen, um ihre wirkliche Leistungsfähigkeit zu überprüfen. Dabei ist jedoch darauf zu achten, daß die entwickelten Algorithmen eine, dem Rechner angepaßte, Skalierbarkeit aufweisen, d.h. ihre Effizienz darf nicht mit einer wachsenden Anzahl von Prozessoren drastisch absinken. Um ein solches Vorgehen bei der Softwareentwicklung sicherzustellen, ist es von großer Wichtigkeit, daß sich die Benutzeroberfläche von Parallelrechnersystemen nicht mit der Anzahl der Prozessoren verändert. Schließlich sollte erwähnt werden, daß sich insbesondere Kleinsysteme von Parallelrechnern relativ problemlos für die Nutzung im Rahmen der studentischen Ausbildung einsetzen lassen.

Eine der wichtigsten Mechanismen für die Erzielung hoher Leistung auf Vektorrechnern mit wenigen Prozessoren ist erfahrungsgemäß die Verwendung des Pipelining Prinzipes. Für massiv prallele

Rechner eignet sich dieses Prinzip nur bedingt, da durch lange Pipelines zu hohe Wartezeiten entstehen und daher die Effizienz des Gesamtsystems zu stark abfällt. Andererseits wurde für solche Systeme mittlerweile gezeigt, daß spezielle Probleme, wie z.B. die Simulation stochastischer Prozesse, mit extrem hoher Leistung realisiert werden können. Diese Aufgabenstellungen eignen sich allerdings sehr gut für eine massive Parallelverarbeitung. Für viele Aufgabenstellungen des wissenschaftlichen Rechnens, welche nicht offensichtlich in parallele Teilprobleme zerfallen, muß sich die effiziente Anwendung massiv paralleler Rechnersysteme noch erweisen.

Um einen Eindruck von der potentiellen Leistungsfähigkeit massiv paralleler Rechner zu gewinnen, eignen sich insbesondere Problemstellungen aus dem Bereich der numerischen linearen Algebra [3]. Einerseits ist das Vorgehen bei der Parallelisierung solcher Problemstellungen hinreichend verstanden, andererseits sind die dabei zu lösenden prinzipiellen Schwierigkeiten aufgrund der Rekursivität der Algorithmen nicht trivial. Die hierbei gewonnenen Resultate können als Benchmarks für Parallelrechner herangezogen werden. Daneben treten solche Probleme oft als rechenintensive Kerne komplexerer Aufgaben auf. Schließlich lassen sich die hierbei gewonnenen Erfahrungen auf die Behandlung einer weiteren Klasse von Problemen übertragen.

2 Direkte Methoden der linearen Algebra

Der Standardalgorithmus zur Lösung linearer Gleichungssysteme

$$Ax = b \, ,$$

wobei $A \in I\!\!R^{n \times n}$ eine vollbesetzte Matrix, ist die LU-Zerlegung mit partieller Pivotsuche. D.h. man zerlegt die Matrix A in das Produkt einer unteren und einer oberen Dreiecksmatrix L und U respektive, sodaß

$$PA = LU \, ,$$

wobei P die durch partielle Pivotsuche induzierte Zeilenvertauschung beschreibt. Das daraus resultierende System wird dann durch Vorwärts- und Rückwärtssubstitution aufgelöst,

$$Ly = Pb \quad \text{und} \quad Ux = y \, .$$

Während man bei der Lösung nichtsymmetrischer Probleme aus Gründen der numerischen Stabilität auf die Pivotierung nicht verzichten kann, läßt sich zeigen, daß dies für symmetrische Probleme möglich ist. Man faktorisiert die Matrix A mit Hilfe der Cholesky-Zerlegung mit etwa dem halben Aufwand in symmetrischer Form

$$A = LL^T$$

und löst das Gleichungssystem danach durch Vorwärts- und Rückwärtssubstitution,

$$Ly = b \quad \text{und} \quad L^T x = y \, .$$

Neben diesen beiden klassischen Verfahren zur Lösung quadratischer Probleme tritt in vielen Fällen die Approximation im Sinne der kleinsten Quadrate,

$$\|Ax - b\|_2 \to \min \, ,$$

mit $A \in I\!R^{m \times n}, m \geq n$, auf. Zur numerisch stabilen Lösung dieses Problems bietet sich die Zerlegung von A in das Produkt einer orthogonalen Matrix Q und einer oberen Dreieckecksmatrix R mit Spaltentausch, beschrieben durch Π, an:

$$A\Pi = QR \,.$$

Zur einfacheren Disskusion sei im folgenden stets $m = n$ angenommen. Dann lassen sich alle drei Zerlegungen dadurch charakterisieren, daß für ihre Berechnung

$$\mathcal{O}(n^3)$$

Operationen notwendig sind. Die Auflösung der daraus resultierenden Dreieckssysteme bedingen dagegen typischerweise

$$\mathcal{O}(n^2)$$

Operationen. Für große Dimensionen n bedeuted dies einen erheblichen arithmetischen Aufwand. Daher bieten Parallelrechner eine hervorragende Möglichkeit, die benötigte Rechenzeit deutlich zu reduzieren.

2.1 Matrixzerlegungen auf Parallelrechnern

Als Ausgangspunkt für den Entwurf effizienter paralleler Algorithmen ist es zunächst empfehlenswert, von den jeweils besten Implementierungen für sequentielle oder Vektorrechner auszugehen. Dies bedeutet für die betrachteten Verfahren die Verwendung spaltenorientierter Zerlegungsalgorithmen, wie sie etwa im Rahmen des Linpack-Projektes [3] entwickelt wurden.

Für Parallelrechner mit lokalem Speicher werden die Spalten der Matrix A auf die einzelnen Prozessoren $1, \ldots, p$ verteilt. Eine Verteilung bezüglich der natürlichen Anordnung der Spalten führt jedoch dazu, daß im Laufe der Zerlegung von A die Prozessoren der Reihe nach ihren Teil der Zerlegung beenden, während andere noch voll beschäftigt sind. Dies resultiert offensichtlich in einer ungleichen Lastverteilung für die Prozessoren und dadurch zu einer reduzierten Gesamteffizienz des Algorithmus. Eine Möglichkeit dies zu verhindern, ist die zyklische Verteilung der Spalten von A auf die Prozessoren, dem sog. *wrap around* Prinzip. Dabei erhält Prozessor μ, $1 \leq \mu \leq p$ die Spalten

$$A_\mu(1:n, 1:l) = A(1:n, \mu:p:n)$$

zur Bearbeitung. In Anlehnung an FORTRAN-90 bezeichnen $\mu:p:n$ die Spalten mit $\mu, \mu+p, \mu+2p, \ldots, \mu+(l-1)p \leq n$, siehe [6].

Die Grundidee paralleler Zerlegungen besteht nun darin, daß im k-ten Zerlegungsschritt zunächst der Prozessor μ, welcher die aktuell zu bearbeitende Spalte speichert, die Eliminationsfaktoren T_k berechnet und diese an alle anderen Prozessoren mit einem *global broadcast* sendet, bevor er seine restlichen Spalten damit transformiert. Die Nachbarprozessoren, welche die Information der Eliminationsfaktoren ihres Vorgängers erhalten haben, verwenden nun ihrerseits T_k, zur Transformation ihrer eigenen lokalen Spalten. Darauf berechnet im $(k+1)$-ten Schritt der Prozessor $\mu+1$, der nun seinerseits die aktuelle Spalte speichert, die Faktoren T_{k+1}, sendet diese nach dem gleichen Prinzip an seine Nachbarn. Diese Vorgehensweise wird solange weiterverfolgt, bis schließlich die Matrix A vollständig faktorisiert ist, vgl. [2, 5, 6].

Weder die Hardware noch die Systemsoftware von Transputersystemen erlaubt ein globales Versenden von Nachrichten. Daher simuliert man diese Kommunikationstopologie, indem man die Prozessoren in einem Ring anordnet und die Eliminationsfaktoren T_k in der Form einer zyklischen Pipeline von Prozessor zu Prozessor weiterreicht. Dies bedeutet, daß Prozessor μ die Faktoren T_k an den (rechten) Nachbarprozessor $\mu + 1$ weiterreicht und dieser seinerseits an seinen (rechten) Nachbarn. Dieses Weiterreichen wird solange fortgesetzt bis T_k alle Prozessoren erreicht hat. Dieses Vorgehen führt insbesondere für massiv parallele Systeme zu einer Erhöhung des Kommunikationsaufwandes beziehungsweise der Wartezeiten während der Zerlegung.

```
Processor_μ
    k = 1;  j = 1;
    col = μ : p : n;  l = length(col);
    A_μ(1 : n, 1 : l) = A(1 : n, μ : p : n)

    while j ≤ l
        if k = col(j)
            if k ≠ 1
                receive T_{k-1} from left neighbor
                apply T_{k-1} to column j
            endif
            compute decomposition T_k
            if k < n
                send T_k to right neighbor
            endif
            if k ≠ 1
                apply T_{k-1} to remaining local columns
            endif
            apply T_k to remaining local columns
            k = k + 1;  j = j + 1
        else
            receive T_k from left neighbor
            send T_k to right neighbor if necessary
            apply T_k to local columns
            k = k + 1
        endif
    endwhile
    stop
```

Abbildung 1:

Faktorisierung vollbesetzter Matrizen

Theoretische Überlegungen zeigen, daß sich dieser zusätzliche Overhead durch die sog. *compute und send ahead* Strategie deutlich reduzieren läßt. Hierbei wird bei der Zerlegung von Matrizen wie folgt verfahren. Der Prozessor $\mu + 1$, welcher die Eliminationsfaktoren T_{k+1} errechnet, wendet zunächst die vorherige Transformation T_k lediglich auf seine erste Spalte an, berechnet den nächsten Zerlegungsschritt und schickt die daraus resultierenden Eliminationsfaktoren T_{k+1} an seinen (rechten) Nachbarn. Erst danach modifiziert er mit T_k und T_{k+1} seine restlichen Spalten. Um durch dieses Vorgehen eine Reduzierung der tatsächlich auftretenden Wartezeiten zu erreichen, ist es jedoch notwendig, daß der verwendete Rechner *asynchrone* Kommunikation unterstützt. Im Gegensatz zur synchronen, führt die asynchrone Kommunikation prinzipiell zu keiner Synchronisation der daran beteiligten Prozessoren. Dies erlaubt somit, Nachrichten möglichst früh, bevor diese vom Empfänger benötigt werden, zu senden. Dabei ist zu beachten, daß die compute und send ahead Strategie ohne die Verwendung asynchroner Kommunikation kontraproduktiv ist, d.h. tatsächlich zu einer Verlängerung der Laufzeit der Algorithmen führt. Damit ergibt sich schematisch der in Abbildung 1 skizzierte Algorithmus .

Am Beispiel der *LU*-Zerlegung läßt sich zeigen, daß jeder Prozessor

$$\frac{2n^3}{3p} \quad \text{arithmetische Operationen}$$

auszuführen hat und damit die zu leistende Arbeit nahezu optimal aufgeteilt ist. Für die Cholesky und die *QR*-Zerlegung gelten analoge Aussagen. Weiter zeigt sich, daß jeder Prozessor $\mathcal{O}(n^2/p)$ Zahlen in insgesamt

$$n \quad \text{Kommunikationsschritten}$$

zu empfangen und zu senden hat. Daraus wird ersichtlich, daß diese Algorithmen für eine nicht zu große Anzahl von Prozessoren, d.h. für $p \ll n$, durch ihre arithmetische Arbeit und nicht durch Kommunikation dominiert wird.

Bei praktischen Implementierungen auf MIMD-Rechnern, folglich auch auf Transputersystemen, muß sichergestellt werden, daß die Funktionalität der resultiernden Algorithmen analog zu sequentiellen Rechnern realisiert wird. Für die *LU*-Zerlegung bedeutet dies die Implementierung der partiellen Pivotierung, welche jedoch ohne weitere Schwierigkeiten in obigen Algorithmus eingebaut werden kann. Bei der *QR*-Faktorisierung bedarf es wegen der Spaltenvertauschung zusätzlicher Überlegungen, siehe hierzu [1]. Schließlich muß sichergestellt werden, daß bei einem Abbruch der Zerlegung, wie etwa aufgrund der Singularität der Matrix, der Algorithmus in einer wohldefinierten Weise terminiert. Dies bedingt die Information aller Prozessoren über den Abbruch der Faktorisierung und das Beenden aller laufenden Berechnungen.

2.2 Auflösung gestaffelter Gleichungssysteme

Nach einer erfolgreichen Zerlegung der Matrix A verbleibt das Auflösen der gestaffelten Gleichungssysteme mit einer oder mehreren rechten Seiten durch Vorwärts- und Rückwärtssubstitution. Wichtig hierbei ist die Verteilung der faktorisierten Matrix in gleicher Weise auf die Speicher der einzelnen Prozessoren wie bei der Zerlegung. Ein Umverteilen würde zu einem großen Zeitverlust führen. Analog wird die rechte Seite des Systems auf die beteiligten Prozessoren verteilt, i.e.

$$b_\mu(1:l) = b(\mu:p:n) \ .$$

Ein Lösungsalgorithmus, welcher auf der parallelen Berechnung von Skalarprodukten über das sogenannte *fan in* beruht, wird in [13] vorgeschlagen. Wie viele vergleichbare Rechner, unterstützen Transputersysteme diese Art der Kommunikation nicht. Somit ist eine effiziente Implementierung nicht möglich. Eine alternative Form von Algorithmen, mit ausschließlich lokaler Kommunikation, wird in den Arbeiten [11, 6, 2] beschrieben. Dort finden sich auch deren schematische Darstellungen.

Bei der Auflösung symmetrischer Gleichungen sind Dreieckssysteme mit transponierter Matrix zu behandeln.

$$L^T y = b \ .$$

Beim Entwurf von Lösungsalgorithmen ist zu beachten, daß die untere Dreiecksmatix L spalten-weise auf den Speichern der Prozessoren verteilt ist und nicht ihre Transponierte. Dies führt zu Algorithmen, welche auf sukzessiven Berechnungen von Skalarprodukten beruhen. Aus einer Reihe verschiedener Möglichkeiten zeigt der in Abbildung 2 skizzierte Algorithmus die höchste Effizienz.

Processor$_\mu$

```
col = μ : p : n
l = length(col); j = l
L_μ(1 : n, 1 : l) = L(1 : n, μ : p : n)
b_μ(1 : l) = b(μ : p : n)

while j ≥ 1
    k = col(j)
    m = min(k + p, n)
    if k < n
        receive y(k + 1 : m) from right neighbor
    endif
    y(k) = (b_μ(j) − y^T(k + 1 : m)L_μ(k + 1 : m, j))/L_μ(k, j)
    m = min(k + p − 1, n)
    if k < n
        send y(k : m) to left neighbor
    endif
    if j > 1
        b_μ(j − 1) = b_μ(j − 1) − y^T(k : n)L_μ(k : n, j − 1)
    endif
    j = j − 1
endwhile
stop
```

Abbildung 2:

Lösung von $L^T y = b$

Bei der Durchführung dieses Algorithmus werden, wie auch für nicht transponierte Probleme, von jedem Prozessor

$$\frac{n^2}{p} \quad \text{arithmetische Operationen}$$

ausgeführt. Der hierbei notwendige Datenaustausch beläuft sich auf

$$\frac{n}{p} \quad \text{Kommunikationsschritte}$$

der Länge $p - 1$. Verglichen mit der Zerlegungsphase, ist das Verhältnis zwischen Arithmetik und Kommunikation deutlich ungünstiger, was auch durch praktische Tests bestätigt wird. Abhängig von der Größe des Problems und der Anzahl p der Prozessoren nimmt die Kommunikation zum Teil bis zu zehn mal mehr Zeit in Anspruch als die Arithmetik selbst. Da jedoch andererseits der Aufwand für die Auflösung der Dreieckssysteme deutlich langsamer ansteigt als jener für die Zerlegung, fällt dies im gesamtem Aufwand relativ wenig ins Gewicht.

Für die Auflösungsphase bei Ausgleichsproblemen tritt zusätzlich eine Besonderheit auf. Hier bedarf es der orthogonalen Transformation der rechten Seite, i.e.

$$Qy = b \, ,$$

wobei Q ein Produkt von elementaren Householderreflektionen ist. Auf Parallelrechnern mit gemeinsamem Speicher läßt sich dieses Problem hinreichend effizient behandeln. Ein entsprechender Algorithmus, speziell für massiv parallele Rechner mit verteiltem Speicher, scheint bisher noch nicht bekannt zu sein. Gegenwärtige Implementierungen verlaufen im Wesentlichen sequentiell. Auch hier gilt jedoch, daß der Gesamtaufwand für die Lösung des Ausgleichsproblems deutlich durch die Zerlegung dominiert wird.

3 Implementierung auf massiv parallelen Transputersystemen

Die betrachteten Algorithmen wurden auf einem SuperCluster-Transputersystem der Firma Parsytec entwickelt. Eine Beschreibung dieses Rechners und seiner wichtigsten Eigenschaften findet sich z.B. in [9]. Im Folgenden soll lediglich auf die für diesen Beitrag wichtigen Aspekte kurz eingegangen werden.

Parallelrechner des angesprochenen Typs sind Systeme frei konfigurierbarer Multiprozessoren mit verteiltem Speicher, sog. MIMD-Rechner. Der uns zur Verfügung stehende Rechner besteht aus 128 Prozessoren mit 4 Mbyte Speicher pro Prozessor. Diese verwendeten Prozessoren, T800 mit Arithmetikbeschleuniger, arbeiten mit einer Taktfrequenz von 25 MHz und erbringen eine Rechenleistung von etwa 1.5 MFlops für 32 Bit Arithmetik. Sie verfügen über integrierte Kommunikationshardware, welche über jeden der vier Links des Transputers mit bis zu 2.35 Mbytes/sek Daten übertragen können.

Transputersysteme bieten für ihren Betrieb eine Reihe verschiedener Arbeitsumgebungen. Ihr vorwiegender Anwendungsbereich lag ursprünglich in der Prozeßsteuerung. Hierzu wird vor allem OCCAM, siehe [8], als Programmiersprache verwendet. Sie bietet jedoch keine Unterstüzung im Sinne eines Betriebssystems. Daher eignet sie sich nur bedingt für die Entwicklung komplexer Algorithmen im Bereich des wissenschaftlichen Rechnens. Zwar erlaubt die maschinennahe Implementierung eine effiziente Programmierung, sie ist jedoch nur mit äußerst großem Zeitaufwand realisierbar. Als Alternative hierzu bietet sich der Betrieb solcher Rechner unter dem Betriebssystem HELIOS und einer der Hochsprachen wie FORTRAN oder C an. Diese Umgebung bietet für den Benutzer eine gewohnte Arbeitsumgebung. Daneben stehen auf dieser Ebene eine Reihe flexibler Kommunikationsmöglichkeiten zur Verfügung. Andererseits muß für die flexiblere Arbeitsumgebung eine geringfügige Reduzierung der Leistungsfähigkeit hingenommen werden.

Durch in FORTRAN oder C aufrufbare Unterprogramme unterstützen Transputersysteme unter HELIOS auf einfache Art die Möglichkeit der Kommunikation. Hierbei steht sowohl synchrone als auch asynchrone Kommunikation zur Verfügung, siehe [4]. Synchrone Kommunikation führt offensichtlich zu einer zeitweisen Blockierung der beteiligten Prozessoren, falls der sendende oder empfangende Prozessor aufgrund noch auszuführender Arithmetik beschäftigt ist. Abhängig von der Art der Problemstellung und der Anzahl notwendiger Kommunikationen, führt dies eventuell zu Wartezeiten, welche im Vergleich zu den Rechenzeiten nicht vernachlässigt werden können. Im Gegensatz hierzu treten bei asynchroner Kommunikation lediglich dann Wartezeiten auf, falls die Nachricht nicht rechtzeitig gesendet wird. Folglich ermöglicht asynchrone Kommunikation in Verbindung mit der compute and send ahead Strategie eine deutliche Reduzierung der auftretenden Wartezeiten. Die Größe des tatsächlichen Zeitvorteils ist jedoch abhängig von der Implementierung dieser Kommunikationsroutinen. Da asynchrone Kommunikation auf Softwareebene realisiert wird, nehmen die dabei auftretenden Initialisierungsprozesse grundsätzlich etwas mehr Zeit in Anspruch, als für die synchrone Kommunikation. Weiterhin bedarf es der Einrichtung eines Puffers zur Zwischenablage der Nachricht. Für umfangreiche Informationen bedingt dies eine Einschränkung des zur Verfügung stehenden Arbeitsspeichers. Während für die Zerlegung von Matrizen die asynchrone Kommunikation durchaus eine Reduzierung der Gesamtlaufzeit von bis zu 10% bewirken kann, ist deren Anwendung bei der Auflösung gestaffelter Systeme grundsätzlich nicht sinnvoll.

Die hier beschriebenen Algorithmen der numerischen linearen Algebra wurden auf dem Transputersystem unter HELIOS und FORTRAN entwickelt und getestet. Eine Auswahl der dabei durchgeführten umfangreichen Testrechnungen werden im nächsten Abschnitt dokumentiert. Die bei der Implementierung der Algorithmen auf Transputersystemen gesammelten Erfahrungen lassen sich wie folgt beschreiben:

- Die Entwicklung effizienter Algorithmen auf diesen Systemen erfordert im Vergleich zu sequentiellen Rechnern einen deutlich höheren Arbeits- und Zeitaufwand. Insbesondere ist die Kontrollstruktur entsprechender Programme im allgemeinen wesentlich komplizierter.

- Gemessen an heute üblichen Arbeitsumgebungen an Workstations, ist das gegenwärtig zur Verfügung stehende Transputersystem noch verbesserungsbedürftig. Speziell bei komplexen Anwendungen mit umfangreichen Programmsystemen stellt die Beherschung massiv paralleler Rechnersysteme sehr hohe Anforderungen an deren Benutzer.

- Die Implementierung neuer Algorithmen erweist sich am vorteilhaftesten an einer kleinen, überschaubaren Anzahl von Transputern, typischerweise 2-4 Prozessoren.

- Als kritischer Punkt stellt sich meist die Korrektheit der Kommunikationsstrukturen heraus. Bei deren Fehlverhalten wird meist das System blockiert, ohne Informationen über die Ursache zu liefern. Ein Debuggingsystem für die Analyse paralleler Anwendungen, meist auf einer moderaten Anzahl von Prozessoren, wäre in dieser Phase der Programmentwicklung sehr hilfreich.

- Bei der Übertragung neuer Algorithmen von einem Rechner mit wenigen Prozessoren auf ein komplexeres System treten häufig unerwartete Effekte auf. Zum Beispiel treten erhöhte Wartezeiten durch die gewählte Kommunikationsstruktur auf, welche auf wenigen Prozessoren überhaupt nicht oder kaum erkennbar sind. Das Auffinden solcher Effekte erweist sich ohne die Unterstützung durch entsprechende Tools als diffizil und zeitaufwendig. Hierzu würde ein Analysesystem zur Untersuchung des Laufzeitverhaltens paralleler Programme die Arbeit deutlich vereinfachen.

4 Numerische Resultate

Die besprochenen Algorithmen wurden auf dem Transputersystem implementiert und mit variabler Problemgröße und Prozessorzahl getestet. Die dokumentierten Resultate wurden unter dem Betriebssystem HELIOS in der Programmiersprache FORTRAN mit doppelter Genauigkeit (64 Bit Arithmetik) erzielt. Alle im Folgenden aufgeführten Leistungsdaten beziehen sich ausschließlich auf die LU-Zerlegung inklusive der Lösung mit einer rechten Seite. Für die Cholesky-Zerlegung und die QR-Faktorisierung ergeben sich in etwa vergleichbare Resultate. Im Vergleich zur LU-Zerlegung fallen die Leistungen bei der Cholesky-Zerlegung jedoch etwas geringer aus, während diese für die QR-Zerlegung bis zu 10 % günstiger ist. Der Grund hierfür liegt im, gegenüber der LU-Zerlegung, niedrigeren bzw. höheren arithmetischen Aufwand dieser Faktorisierungen, wodurch der Aufwand für die Kommunikation unterschiedlich stark ins Gewicht fällt.

Leistung des Prozessors: Um ein Maß für die Effizienz paralleler Algorithmen auf einem Rechner zu erhalten, ist es zunächst von Bedeutung, die Leistung der einzelnen Prozessoren zu charakterisieren. Hierfür eignet sich insbesondere das wohlbekannte Linpack-Benchmark. Die Implementierung dieses Verfahrens basiert auf Vektorprimitiven, welche unter dem Namen **Basic Linear Algebra Subprogramm Routinen** oder kurz BLAS, bekannt sind, siehe [10]. Diese Routinen erlauben die Realisierung von Programmen in klar strukturierter Weise. Daneben bieten sich Implementierungen dieser Routinen in Assembler Code an, wodurch sich die erzielbare arithmetische Leistung des T800 Transputers deutlich erhöhen läst. Tabelle 1 zeigt einen Vergleich anhand des Linpack-Benchmarks. Dabei ist klar zu erkennen, daß dies zu einer deutlichen Steigerung der Rechengeschwindigkeit führt. Für den Bereich der linearen Algebra kann offensichtlich nahezu die gesammte Arithmetik durch BLAS Routinen abgedeckt werden. Dies gilt jedoch nicht für eine breitere Klasse von Anwendungen. Dem ausführbaren Code, welcher von den gegenwärtig verfügbaren Compilern erzeugt wird, mangelt es noch an Effizienz. Verbleibt zu hoffen, daß zukünftige Compiler dies verbessern werden.

Linpack	$n = 200$	$n = 400$	$n = 600$
BLAS Quelle	.37	.38	.39
BLAS optimiert	.71	.80	.83

Tabelle 1:

Leistung in Mflops für Linpack Benchmark

Synchrone und asynchrone Kommunikation: Wie bereits erwähnt, sollte die Verwendung der compute and send ahead Strategie in Zusammenwirken mit der asynchronen Kommunikation zu einer deutlichen Reduzierung der in den Zerlegungsalgorithmen auftretenden Wartezeiten führen. Tabelle 2 stellt einen Vergleich der erzielten Leistung bei synchroner und asynchroner Kommunikation dar. Wie vermutet, liefert die Implementierung mit asynchroner Kommunikation eine höhere Leistung. Der Unterschied reduziert sich bei einer Erhöhung der Prozessoranzahl. Dieses Verhalten hat mehrere Ursachen: Bei den gezeigten Resultaten wird durch eine Zunahme der Anzahl arithmetischer Operationen pro Prozeß der Einfluß der Kommunikation auf das Gesamtergebnis abgeschwächt. Weiterhin fällt der für jede Kommunikation notwendige Initialisierungsprozeß durch eine Vergrößerung der Prozessorzahl stärker ins Gewicht. Schließlich erscheint der zusätzliche Zeitaufwand für die asynchrone Kommunikation den Vorteil gegenüber der synchronen Kommunikation teilweise auszugleichen. Diese Feststellung wird durch die Tatsache unterstützt, daß Tests für die Cholesky-Zerlegung eine höhere Geschwindigkeit für die synchrone Variante als für die asynchrone geliefert haben. Unter anderem ist dies damit verbunden, daß hierbei nur etwa die Hälfte der Operationen zwischen zwei Kommunikationen auszuführen sind. Dagegen ist die Situation bei der QR-Zerlegung durch den etwa doppelt so hohen arithmetischen Aufwand im Vergleich zum Gauß-Algorithmus günstiger.

Mflops	$n = 1000$ $p = 3$	$n = 2000$ $p = 10$	$n = 3000$ $p = 20$
synchron	1.7	7.1	14.8
asynchron	2.4	7.6	14.9

Tabelle 2:

Vergleich synchroner und asynchroner Kommunikation

Typische Größen, um die Leistung paralleler Algorithmen zu messen, sind der Speedup S_p und die Effizienz E_p. Der Speedup ist definiert durch

$$S_p = \frac{\text{Leistung für } p \text{ Prozessoren}}{\text{Leistung für einen Prozessor}} \, .$$

Diese gewöhnlich verwendete Definition des Speedup, als Quotient aus dem Zeitbedarf des schnellsten sequentiellen Programms zur Lösung einer Aufgabendstellung und dem parallelen Programm zur Lösung des gleichen Problems, ist hier nicht brauchbar, da insbesondere Gleichungssysteme sehr großer Dimensionen auf einem Prozessor nicht lösbar sind. Die Effizienz wird durch

$$E_p = \frac{S_p}{p} \in [0, 1]$$

definiert. Hieraus ergibt sich eine umso bessere Auslastung der Hardware, je näher die Effizienz bei Eins liegt.

Performance für unterschiedliche Granularität: Für alle parallele Algorithmen ist die Frage nach der Effizienz eines Algorithmus bei unterschiedlicher Granularität von zentralem Interesse, d.h. die Veränderung des Verhältnisses zwischen Arithmetik und Kommunikation bei der Variation der Prozessorzahl p. Diese Fragestellung soll hier für ein festes Gleichungssystem mit $n = 4200$ behandelt werden. Hierzu sind mindestens 40 Prozessoren erforderlich, da pro Knoten etwa 3,5 MByte Arbeitsspeicher zur Verfügung steht.

$n = 4200$	$p = 40$	$p = 60$	$p = 80$	$p = 100$	$p = 120$
$t_{rechnen}$	1368	911	692	566	454
$t_{kommunizieren}$	361	393	390	421	436

Tabelle 3:

Zeitverhalten in sek für unterschiedliche Granularität

Durch die Tabelle 3 wird deutlich, daß die Kosten für die Arithmetik erwartungsgemäß proportional zu $1/p$ abnehmen. Die Kommunikationskosten enthalten sowohl die Zeit für das Übertragen der Informationen, als auch die Wartezeit, bis diese gelesen werden können. Da die Länge des Pfades, welchen die Nachrichten jeweils zurücklegen müssen, mit der Anzahl der verwendeten Knoten anwächst, erhöhen sich die Wartezeiten. Die Anzahl der notwendigen Kommunikationsschritte je Prozessor bleibt dagegen konstant.

In Tabelle 4 sind die sich ergebenden Leistungsdaten zusammengestellt. Aus ihr wird ersichtlich, daß es durchaus noch effizient ist, für das gleiche Problem die Prozessoranzahl zu verdoppeln bzw.

$n = 4200$	$p = 40$	$p = 60$	$p = 80$	$p = 100$	$p = 120$
Mflops	$28,6$	$37,9$	$45,7$	$50,0$	$55,5$
S_p	$34,4$	$45,0$	$54,3$	$59,5$	$66,0$
E_p	$0,84$	$0,75$	$0,68$	$0,60$	$0,55$

Tabelle 4:

Leistungsdaten für unterschiedliche Granularität

zu verdreifachen. Erhöht man diese jedoch drastisch so fällt, wie zu erwarten, die Effizienz ab.

Erzielbare Leistung des SuperCluster: Aus den angegebenen Daten ist klar erkennbar, daß sich das System am effizientesten durch eine maximale Verwendung der Resourcen der Prozessoren nutzen läßt. Die Einschränkung bei den betrachteten Problemen liegt in der verfügbaren Größe des Speichers. Wie Tabelle 6 zeigt, sind mit dem SuperCluster lineare Gleichungssysteme maximal bis zur Dimension 7500 lösbar, wobei sich bei der Verwendung von 128 Prozessoren eine Leistung von etwa 75 MFlops erzielen läßt. Für eine variable Prozessorzahl sind die erreichbaren Leistungen in Tabelle 6 zusammengestellt. Die dabei auftretenden Rechenzeiten finden sich in Tabelle 5.

| p | 40 | 60 | 80 | 100 | 120 |
n	4213	5000	5800	6100	7139
$t_{rechnen}$	1394	1552	1808	2061	2197
$t_{kommunizieren}$	380	526	680	890	1156

Tabelle 5:

Zeitverhalten in sek für den Gleichungslöser

| p | 40 | 60 | 80 | 100 | 121 |
n	4213	5000	5800	6100	7139
Mflops	$28,1$	$40,3$	$52,3$	$62,1$	$72,4$
S_p	$33,4$	$48,0$	$62,2$	$73,8$	$86,1$
E_p	$0,84$	$0,80$	$0,78$	$0,74$	$0,71$

Tabelle 6:

Performancedaten für den Gleichungslöser

5 Abschließende Bemerkungen

Die Resultate zeigen, daß sehr große Probleme der numerischen linearen Algebra in effizienter Weise auf Transputersystemen gelöst werden können. Dies demonstriert für nicht triviale Probleme die hohe Leistungsfähigkeit dieser massiv parallelen Rechner. Insbesondere für das Lösen der betrachteten Klasse von Problemen zeigt sich ein nahezu linearer Speedup bzw. hohe Effizienz.

Die während der Entwicklung paralleler Algorithmen gewonnenen Erfahrungen im Umgang mit Transputersystemen, lassen sich wie folgt zusammenfassen:

- Um eine effiziente Implementierung zu erzielen, bedarf es im Vergleich zu sequentiellen Rechnern, eines deutlich höheren Arbeitsaufwandes.

- Gemessen an heute üblichen Arbeitsumgebungen an Workstations, ist das gegenwärtig zur Verfügung stehende Transputersystem, noch verbesserungsbedürftig.

- Die Möglichkeiten für das Debugging bei der Entwicklung paralleler Programme bedürfen einer Verbesserung.

- Unterstützung bei der Performance Analyse, d.h. Tools für die Überprüfung einer gleichmäßigen Auslastung der Prozessoren, ist gegenwärtig nicht vorhanden.

- Der von den Compilern, insbesondere aus FORTRAN und C, erzeugte Objektcode ist gemessen an der möglichen Leistungsfähigkeit des Prozessors, nicht ausreichend effizient.

- Schließlich erscheint die Systemsicherheit der Rechners, insbesondere bei der Bearbeitung massiv paralleler Anwendungen, verbesserungsbedürftig.

Trotz dieser kritischen Anmerkungen zur Arbeitsumgebung an Transputersystemen, sind die Erfahrungen insgesamt gesehen, positiv zu bewerten. Insbesondere sollte betont werden, daß massiv parallele Transputersyteme durch ihre hohe Leistung und die Größe des zur Verfügung stehenden Speichers die Bearbeitung sehr umfangreicher Aufgabenstellungen erst ermöglichen.

Literatur

[1] C.H. Bischof, *QR Factorization Algorithms for Coarse-Grained Distributed Systems*, Ph.D. Thesis Dept. of Comp. Sci., Cornell University, 1988

[2] G. Bader, E. Gehrke, On the Performance of Transputer Networks for solving linear Systems of Equations, erscheint in Parallel Computing, 1991

[3] J.J. Dongarra, C.B. Moler, J.R. Bunch and G.W. Stewart, *LINPACK Users Guide*, SIAM Publication 78-78206, 1979

[4] H.J. Ermen, *HELIOS extended communication Library*, Parsytec GmbH, Aachen 1990

[5] G.A. Geist and C.H. Romine, *LU Factorization Algorithms on Distributed Memory Multiprocessor Architectures*, SIAM J. Sci. and Stat. Comp. 9, 639-649, 1988

[6] G.H. Golub and C.F. van Loan, *Matrix Computations*, second edition, John Hopkins University Press, 1989

[7] I. Gutheil, W. Rönsch and H. Strauß, *Lineare Algebra für SUPRENUM*, Report Jül-2345, Kernforschungszentrum Jülich, 1990

[8] INMOS, *OCCAM 2 Reference Manual*, Prentice Hall, 1988

[9] F.D. Kübler, *Architektur und Anwendungsprofil der SuperCluster-Serie hochparalleler Trans-puterrechner*, in: H. W. Meuer, Ed., *Proceedings of Supercomputing'90*, Mannheim, 1990.

[10] C. Lawson, R. Hansen, D. Kincaid and F. Krough, *Basic linear algebra subprograms for FORTRAN usage*, ACM Trans. Math. Software 5, 308-1371, 1979

[11] G. Li and T. Coleman, *A Parallel Triangular Solver for a Distributed-Memory Multiprocessor*, SIAM J. Sci. and Stat. Comp. 9, 485-502, 1988

[12] F. Lücking, *Efficient BLAS level 1 Library for Transputers*, Parsytec GmbH, Aachen 1990

[13] C.H. Romine and J.M. Ortega, *Parallel Solution of Triangular Systems of Equations*, Parallel Computing 6, 109-114, 1988

Erste Erfahrungen mit der MasPar MP-1

Thomas Bräunl

Universität Stuttgart
Institut für Parallele und Verteilte Höchstleistungsrechner
Breitwiesenstr. 20-22, 7000 Stuttgart 80

Zusammenfassung

Die MasPar MP-1 Rechnerfamilie ist die jüngste im Kreis der SIMD-Rechner. Als "kleinere Ausgabe der Connection Machine" erreicht sie voll aufgerüstet bei 16.384 Prozessoren (4-Bit PEs) mit lokalem Speicher eine Peak-Performance von 30.000 MIPS und 1.500 MFLOPS, die aber aufgrund der SIMD-Architektur üblicherweise bei einer Anwendung nicht erreicht werden. Das System soll im Prinzip die gleichen Anwendergruppen wie die Connection Machine ansprechen, bewegt sich jedoch leistungsmäßig und vor allem auch finanziell klar unterhalb einer CM-2. Die für die MasPar gewählten Verbindungstopologien sind ein schnelles zwei-dimensionales quadratisches Gitter mit 8-fachen nearest-neighbor Verbindungen, was besonders für Bildverarbeitungs-Operationen geeignet ist, sowie ein langsamerer, dreistufiger globaler Router, der es erlaubt, jede beliebige Verbindungs-Topologie zu realisieren. Die zur Verfügung stehenden Programmiersprachen MPF (MasPar Fortran) und MPL (MasPar Parallel Application Language, ein paralleler C-Dialekt) sind leider in einigen Punkten maschinenabhängig. Vorhandene Fortran- oder C-Programme können wie bei allen SIMD-Systemen nicht eingesetzt werden. Hier setzt unser Forschungsprojekt "Parallaxis" ein, in dem eine maschinenunabhängige daten-parallele Sprache entwickelt wurde. Parallaxis unterstützt die Programmierung von massiv parallelen Anwendungen durch geeignete Hochsprachen-Konstrukte. Ein Compiler ermöglicht den Abauf von Parallaxis-Programmen auf der MasPar, während für gewöhnliche Workstations eine Simulationsumgebung existiert, mit der daten-parallele Programme ausgetestet werden können.

1 Einleitung

Ende Januar 1991 wurde am Institut für Parallele und Verteilte Höchstleistungsrechner der Universität Stuttgart der erste MasPar-Rechner in Deutschland installiert. Es handelt sich um einen massiv-parallelen SIMD-Rechner (single instruction, multiple data) mit 16.384 Prozessoren mit 4-Bit Rechenwerken. Von diesen sind bisher jedoch zunächst nur die Hälfte im Rechner installiert, da die voll ausgebaute MasPar MP-1216 mit (potentiellen) 30.000 MIPS und 1.500 MFLOPS zur Supercomputer-Klasse gehört und entsprechende Genehmigungen noch erteilt werden müssen.

Der Rechner besteht aus einer gewöhnlichen Unix-Workstation (z.Zt. VAXStation "Firefox", später DECStation 5000) als Front-End und dem MasPar-Rechner als parallelem Back-End. Wie schon erwähnt arbeitet die MasPar im SIMD-Modell, das heißt es existiert nur ein einziges Befehlswerk für alle Prozessorelemente (PEs) und alle PEs müssen zu einem Zeitpunkt den gleichen Befehl ausführen oder inaktiv sein. Diese parallele Rechnerarchitektur ist natürlich wesentlich eingeschränkter als das allgemeine MIMD-Modell (multiple instruction, multiple data), in dem jeder Prozessor unabhängig von allen anderen seine Programme ausführen kann. Andererseits können zur Zeit SIMD-Rechner wesentlich höher integriert und mit um Größenordnungen mehr Prozessoren hergestellt werden als dies bei MIMD-Rechnern möglich ist, da die gesamte Befehlszyklus-Hardware nur einmal für alle Prozessoren vorhanden sein muß. Außerdem ist die Programmierung im SIMD-Modell einfacher, da keine explizite Prozeß-Synchronisation durchgeführt werden muß.

SIMD-Systeme eignen sich also keineswegs für alle Probleme die sich mit parallelen Algorithmen lösen lassen, doch für die Problemklassen in denen sie eingesetzt werden können bringen sie meist erhebliche Geschwindigkeitsgewinne. Am besten eignen sich Problemstellungen, die eine inhärente Parallelität mit möglichst homogener Struktur beinhalten, also z.B. Matrix-Operationen aus dem numerischen Bereich oder (niedere) Bildverarbeitungs-Aufgaben beim Computersehen. Hier können leicht die Zuordnungen von einem Prozessor zu einem Matrixelement, bzw. ein Prozessor zu einem Pixel vorgenommen werden. Während man von "konventionellen" MIMD-Programmen weiß, daß sie erheblich komplizierter werden als die sequentielle Ausgangsbasis, so werden SIMD-Programme meist einfacher, da nun die "künstliche Sequentialisierung" mittels Schleifen-Konstrukte durch einen Parallelbefehl ersetzt wird. Diese Parallelbefehle spiegeln den Algorithmus meist wesentlich besser wider, als irgendwelche sequentiellen Konstrukte, die nur durch die Beschränkungen des traditionellen von-Neumann Rechenmodells entstanden sind, welches derzeit noch das Denken der meisten Anwendungsprogrammierer bestimmt.

Unser erstes Projektziel ist die Implementierung eines Compilers zur Erzeugung von parallelem Code für unsere maschinenunabhängige massiv parallele Programmiersprache Parallaxis [1-5], um zuvor simulierte massiv parallele Programme auf der MasPar ablaufen lassen zu können. Derzeit untersuchte parallele Anwendungsgebiete sind:

- Computersehen:
  - Massiv parallele Kanten- und Flächenerkennung
  - Rückrechnen der 3-D Bildinformationen aus Stereobildpaaren [6]
  - Berechnung des optischen Flusses aus zeitlich verschobenen Bildpaaren

- Computergraphik:
  - Massiv parallele Hidden-Surface Algorithmen [7]
  - Massiv paralleles Ray Tracing [7]

- Lineare Algebra:
  - Lösung von linearen Gleichungssystemen [8]
    (Gauß-Verfahren und Gauß-Jordan-Verfahren)
  - Massiv parallele Berechnung von Fourier-Transformationen [8]
    (Diskrete FT und FFT)

- Heuristische Verfahren:
  - Simulated Annealing [9]
    (Chip-Placement und Travelling Salesman Problem)

2 Aufbau des MasPar-Rechners

Die Produktfamilie der MasPar MP-1 umfaßt derzeit die beiden Serien 1100 und 1200, wobei sich die 1100 Serie nur bis maximal 4.096 PEs (7.500 MIPS / 375 MFLOPS) aufrüsten läßt, während die 1200 Serie im größeren Gehäuse bis zu 16.384 PEs Platz bietet (30.000 MIPS / 1.500 MFLOPS). Die angegebenen Leisungswerte sind allerdings Peak-Performance Werte, die in einer realen Anwendung wegen der einschränkenden SIMD-Systemstruktur nie erreicht werden. Der uns zur Verfügung stehende MasPar MP 1216 Rechner ist das derzeit größte von MasPar gebaute Modell in der 1200 Serie und ist mit 16.384 Prozessorelementen (PEs) ausgestattet.

Jedes MasPar-System besteht aus einem sequentiellen Front-End und einem parallelen Back-End, das sämtliche Prozessorelemente im SIMD-Modus ansteuert. Dies bedeutet, daß alle PEs zu einem Zeitpunkt den gleichen Befehl ausführen oder aber inaktiv sind. Daher muß bei diesem Parallelrechnertyp jede Verzweigung (IF-THEN-ELSE) oder Schleife (WHILE / REPEAT) mit vektorieller Bedingung aufgespalten werden: zuerst führt die Gruppe der PEs deren lokale Verzweigungsbedingung TRUE ergab den THEN-Teil parallel durch, während alle anderen PEs inaktiv sind. Der ELSE-Teil wird anschließend parallel mit der zuvor inaktiven Prozessorgruppe durchgeführt. Diese Einschränkung geht auf das Grundprinzip der SIMD-Systemstruktur zurück. Die PEs selbst bestehen nur aus einer 4 Bit ALU (arithmetic logic unit) mit jeweils 16 KB lokalem Speicher. Jeweils 1024 PEs mit lakalem Speicher befinden sich auf einem Board der MasPar, wobei je 32 PEs auf einem einzigen CMOS Custom Chip von MasPar Platz finden.

Als Front-End System wird zur Zeit einer VAXStation 3520 "Firefox" eingesetzt, die aber demnächst durch die leistungsfähigere DECStation 5000 abgelöst werden wird. Die Geschwindigkeit des Front-Ends hat nur indirekten Einfluß auf die Geschwindigkeit des parallelen MasPar Back-Ends, da ein einmal geladenes Programm dort von einem eigenständigen Sequenzer ausgeführt wird. Jedoch gerade beim Datenaustausch zwischen Front-End und Back-End oder im Mehr-Benutzer-Betrieb ist eine hohe Rechenleistung des Front-End Systems ungemein wichtig. Der Datenaustausch findet meist zum Beginn oder Ende einer parallelen Berechnung statt, oder falls der begrenzte globale Speicherplatz des parallelen Back-Ends nicht mehr ausreicht und auf den virtuellen Speicher des Front-End Systems zurückgegriffen werden muß. Obwohl das SIMD-Verarbeitungsmodell vom Prinzip ein her einem Ein-Benutzer-System entspricht, kann die MasPar auch von mehreren Anwendern gleichzeitig eingesetzt werden. Eine Aufteilung der Prozessoren ist nicht möglich, deshalb erhält jeder Benutzer die gesamte Anzahl der PEs, jedoch nur mit einen Bruchteil des lokalen und globalen Speichers. Die parallelen Programme werden dann im Time-Sharing Verfahren auf Front-End und MasPar ausgeführt. Durch die Koppelung zwischen sequentiellem Front-End und parallelem Back-End entsteht hier ein neuer "Flaschenhals" beim Laden und Speichern von parallelen Daten. Dies soll durch das parallele "Disk Array" behoben werden, das ein paralleles Lesen und Schreiben von Daten von und zu einem ganzen Plattensystem ermöglicht. Die PEs können dann über den globalen Router direkt Daten parallel lesen oder schreiben, ohne durch das erheblich langsamere Front-End beeinflußt zu werden.

Die PEs sind untereinander durch zwei getrennte Netzwerke verbunden (siehe Abb. 1). Zum einen sind die 16.384 Prozessoren in einem sehr schnellen zwei-dimensionalen Gitter (bis zu 24 GB/s) mit 8-fachen nearest-neighbor Verbindungen angeordnet (128 × 128 PEs), was beispielsweise für Bildverarbeitungs-Operationen ideal ist. Zum anderen sind alle PEs über einen etwas langsameren dreistufigen globalen Router (bis zu 1,5 GB/s) miteinander vernetzt, welcher beliebig einstellbare Verbindungsstrukturen erlaubt. Der Router hat allerdings nur eine Breite von 1024 Verbindungen, so daß für einen Datenaustausch zwischen allen 16K PEs sechzehn Schleifendurchläufe nötig sind.

a) grid: 8-way nearest neighbor (128 x 128)

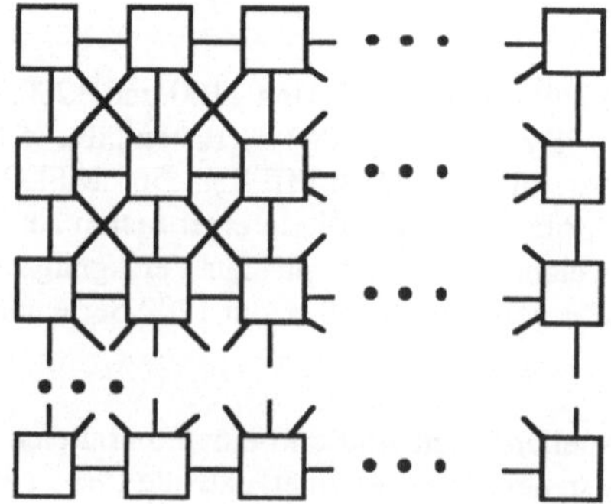

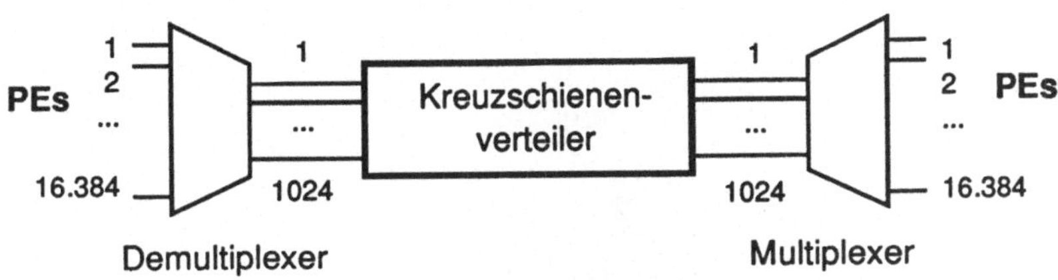

Abbildung 1:
PE-Verbindungsnetzwerke der MasPar

Die zur Verfügung stehenden Programmiersprachen sind MPL (MasPar Parallel Application Language), eine MasPar-spezifische parallele Erweiterung von C, sowie MPF (MasPar Fortran), eine an den erwarteten neuen Fortran-Standard "Fortran9x" angelehnte parallele Erweiterung von Fortran. Eine automatische Übersetzung bereits existierender sequentieller C- oder Fortran- Programme ist nicht möglich; sie müssen umgeschrieben oder (meist einfacher) neu erstellt werden. Durch die Beschränkungen einer sequentiellen Programmiersprache enthalten diese Programme zu wenig Informationen, die eine automatische Übersetzung in ein daten-paralleles Programm ermöglichen könnte, so daß für diese Klasse von Rechnern in absehbarer Zeit nicht mit einem parallelisierenden Compiler gerechnet werden kann.

Mitgeliefert wird auch ein Window-orientierter symbolischer Debugger, genannt MPPE (Massively Parallel Programming Environtment), mit dem parallele Programme sowohl auf den Front-End, als auch auf dem Back-End in getrennten Fenstern analysiert werden können. Die üblichen Debugger-Kommandos wie Single-Step, Breakpoint und Anzeigen von Variablenwerten können Maus-gesteuert ausgeführt werden. Interessant ist die Möglichkeit, vektorielle boolesche Ausdrücke in einem Ferld von 128×128 Pixeln anzeigen zu lassen, und so einen grafischen Eindruck des Dateninhalts aller PEs zu erhalten (dieser ist jedoch nur dann sinnvoll, wenn die PEs auch in der Applikation ein Gitter mit diesen Feldgrenzen bilden).

3 Parallaxis

Die Programmiersprache Parallaxis wurde entwickelt, um strukturiertes Programmieren von SIMD-Rechnersystemen zu ermöglichen. Es handelt sich um eine Erweiterung der prozeduralen Sprache Modula–2 [10] um Parallelitätskonzepte, während der Programmfluß sequentiell bleibt (SIMD $\Leftrightarrow$ MIMD). Der entscheidende Schritt in Parallaxis ist die Abstraktion von der durch die Hardware vorgegebenen Verbindungsstruktur. Durch die Einführung "virtueller Prozesoren", analog zum Konzept des "virtuellen Speichers", wird eine Programmierung auf Hochsprachen-Ebene ermöglicht, ohne Rücksicht auf die tatsächliche Anzahl und Verbindungsstruktur der Prozessorelemente (PEs) nehmen zu müssen. In jedem "datenparallelen" Parallaxis-Programm wird die Anzahl der PEs und deren Verbindungs-Topologie mit einer funktionalen Abbildungsvorschrift definiert. Die Umsetzung auf die Hardware (mit unter Umständen erheblich weniger Prozessoren oder einer vollständig anderen Verbindungsstruktur) erledigt ein Compiler.

Weiterhin werden folgende Konzepte für die datenparallele Programmierung benötigt:
- Unterscheidung zwischen skalaren und vektoriellen Daten
- Unterscheidung zwischen skalaren und vektoriellen Operationen

- Paralleler Datenaustausch zwischen den PEs entlang der zuvor festgelegten Verbindungspfade
- Parallele Reduktion eines Vektors auf einen Skalar

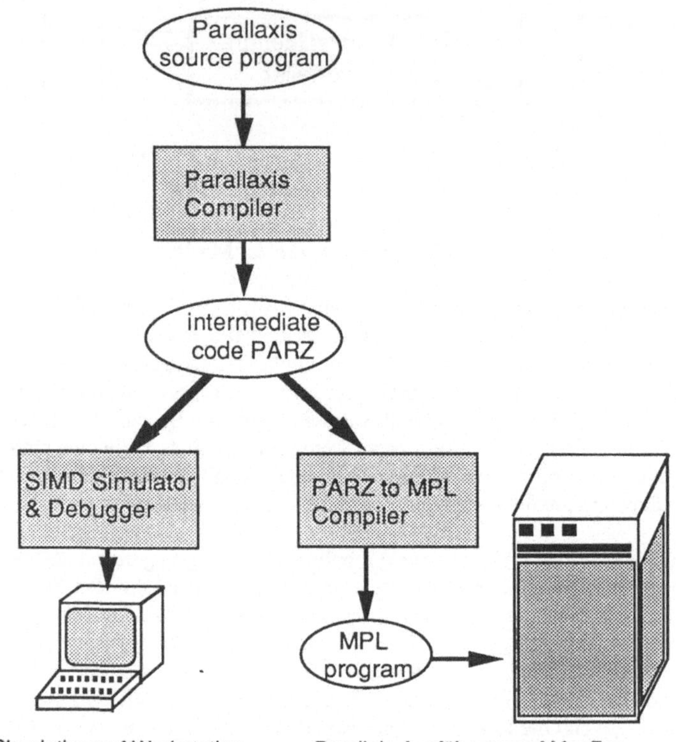

Abbildung 2:
Blockstruktur des Parallaxis-Systems

Diese Konzepte wurden allein aufgrund des parallelen Maschinenmodells festgelegt und beziehen sich nicht auf einen bestimmten Rechnertyp. Dies ist wie zuvor erwähnt bei den Standardsprachen für den MasPar-Rechner nicht der Fall, was eine Portierung solcher paralleler Programme unmöglich macht. Geeigneter erscheint hier die Parallelsprache C* [11], die als eine relativ maschinenunabhängige parallele Erweiterung von C für die Connection Machine entwickelt wurde und demnächst auch auf anderen SIMD-Systemen verfügbar gemacht werden soll. In keiner dieser kommerziell eingesetzten Sprachen, die allesamt von den Herstellern des jeweiligen Parallelrechners entwickelt wurden, findet sich jedoch eine Deklaration der Verbindungsstruktur wie in Parallaxis, die parallele Programme klarer und verständlicher machen soll.

Vor dem Einsatz der MasPar wurde im Rahmen des Parallaxis-Projektes bereits ein Simulationssystem implementiert (siehe Abb. 2). Ingo Barth implementierte den Compiler [12], der Parallaxis-Programme auf eine universelle Schnittstelle, die maschinenunabhängige parallele Zwischensprache PARZ übersetzt, und Frank Sembach implementierte den Simulator mit integriertem symbolischem Debugger [13], der PARZ-Code liest und interpretiert ablaufen läßt. Stefan Engelhardt implementierte den Compiler von PARZ nach

C (die "compilierte" Version von Parallaxis-Programmen ist ungefähr doppelt so schnell wie die interpretierte), sowie den Compiler von PARZ nach MPL, der den Ablauf aller bereits vorhandenen Parallaxis-Programme auf dem MasPar-Rechner ermöglicht. Sämtliche Programme wurden in der Sprache C mit den Compilerbau-Tools lex und yacc erstellt.

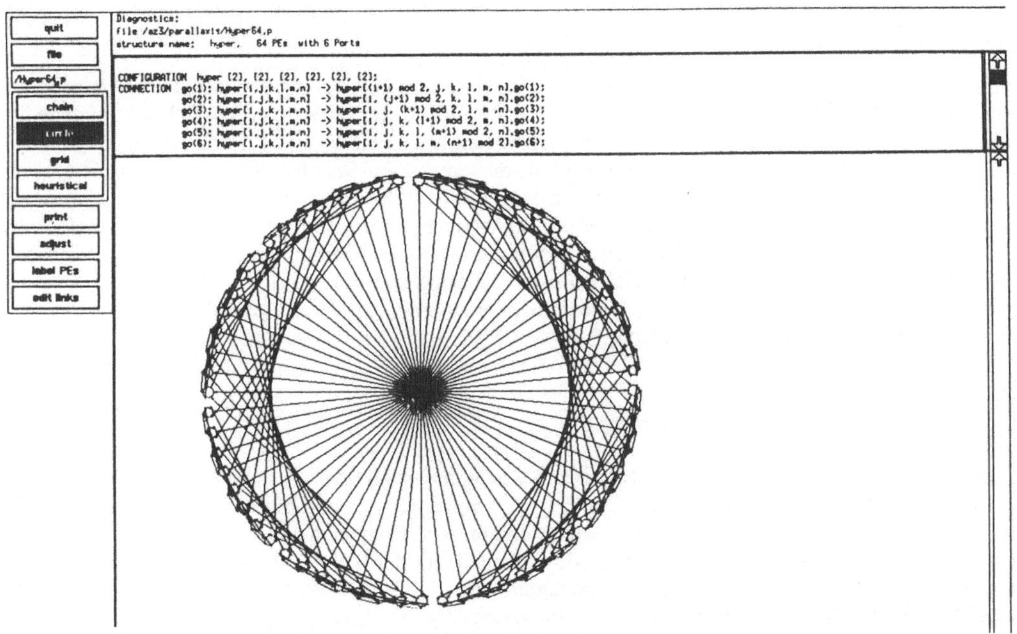

Abbildung 3:
Visualisierungs-Tool für die PE-Verbindungstopologie

Im März 1990 wurde das Parallaxis Simulationssystem für eine Vielzahl von Rechnern (Mac, IBM-PC, Sun, Apollo, DEC, HP) als Public-Domain Software zur Verfügung gestellt. Weitere Tools wie der Visualisierer von Bruno Schulze und Oliver Christ unter X-Windows (siehe Abb. 3), sowie eine Vielzahl von massiv parallelen Anwendungen wurden von Studenten der Universität Stuttgart im Rahmen von Studien- und Diplomarbeiten erstellt. Seit Februar 1991 liegt die Version 2 des Parallaxis-Systems vor, in der die Programmiersprache um semi-dynamische Verbindungsstrukturen, neue Datenaustausch-Operationen, sowie neue Datentypen erweitert wurde.

4 Geplante Anwendungen

Die MasPar soll, wie schon zu Beginn erwähnt, schwerpunktmäßig auf den folgenden Gebieten eingesetzt werden:

- Entwicklung Paralleler Programmiersprachen
- Simulation Neuronaler Netze

- Entwicklung daten-paralleler Algorithmen auf folgenden Gebieten:

  - Computersehen   (parallele Auswertung von Stereobildpaaren und Bildfolgen)
  - Computergraphik   (parallele Bildgenerierung)
  - Zelluläre Automaten
  - Simulated Annealing   (parallele Auswertung komplexer Energiefunktionen)
  - Fourier-Transformationen
  - Lösung linearer Gleichungssysteme
  - Sortier-Algorithmen

Wir möchten hierbei zwei Ziele verfolgen: zum einen wird die Entwicklung von parallelen Algorithmen sehr viel schneller erfolgen können, als dies zuvor beim Einsatz des Simulators möglich war. Gerade die äußerst aufwendigen Berechnungen in der Bildverarbeitung ließen bisher wenig Spielraum für Experimente, da Simulationsläufe auf einfachen Workstations meherere CPU-Stunden benötigten. Mit der MasPar hoffen wir, daß selbst komplexe Bildoperationen innerhalb von Sekunden ausgeführt werden können und es somit sehr viel einfacher wird, verschiedene Verfahren der Bildverarbeitung miteinander zu vergleichen. Unser zweites Ziel ist eine Gegenüberstellung zwischen "konventioneller" prozeduraler paralleler Programmierung (z.B. in Parallaxis) und "deklarativen" Neuronalen Netzen. Wir möchten für eine Vielzahl von möglichen parallelen Anwendungsgebieten prüfen, welcher der beiden Ansätze jeweils besser geeignet erscheint und was die Gründe hierfür sind.

5 Erste Erfahrungen und Probleme

In der kurzen Zeit, die uns die MasPar bisher zur Verfügung stand konnten noch keine Erfahrungen mit großen Anwendugen gewonnen werden. Zur Zeit wird vorrangig der Compiler implementiert, um Parallaxis-Programme auf der MasPar ablaufen lassen zu können. Erst anschließend können größere Applikationen, die bereits im Parallaxis-Programmcode vorliegen, auf der MasPar ausgeführt werden und Rückschlüsse auf den Geschwindigkeitsgewinn gezogen werden. Kleinere Programme, wie z.B. die systolische Matrixmultiplikation lieferten auf der MasPar bereits sehr erfolgversprechende Messungen für die eigentliche parallele Rechenzeit, während jedoch die Ladezeiten zwischen Font-End und Back-End unverhältnismäßig viel Zeit in Anspruch nahmen.

Es traten allerdings bereits eine Reihe von Problemen mit dem MasPar-System zu Tage:

1. Der globale skalare Datenspeicher der array control unit (ACU) ist mit 128 KB erheblich zu klein (jedes einzelne PE besitzt immerhin 16 KB Speicher).
   Möchte man einen Datenvektor von allen 16 K PEs auf die skalare ACU kopieren, so kommt man auf 8 Bytes/PE – mit anderen Worten, man kann keine 2 Real-Zahlen von allen Prozessoren gleichzeitig herunterladen, ohne sie sehr zeitaufwendig auf dem Front-End-Rechner ablegen zu müssen. Diese Design-Entscheidung ist um so unverständlicher, als der Befehlsspeicher der ACU physisch 1 MB Speicher besitzt und einem 4 GB großen virtuellen Adreßraum hat.

   MasPar hat eine Speichererweiterung auf 1 MB angekündigt, was die Situation aber voraussichtlich nur geringfügig verbessern wird.

2. Die als Front-End verwendete VAXStation Workstation ist zu langsam.

   MasPar wird ab Mitte 1991 die schnellere DECStation 5000 als Front-End einsetzen.

3. Die Datenübertragungsrate zwischen Front-End und Back-End ist erheblich zu gering.
Die Datenübertragungsrate liegt derzeit bei etwa 1 MB/s, was für ein paralleles System nicht tragbar ist. Die sequentielle Ein-/Ausgabe von Daten übersteigt zumindest bei unseren kleineren Anwendungsprogrammen die eigentliche parallele Rechenzeit um Größenordnungen! Allerdings besitzt die in Stuttgart installierte MasPar noch nicht das "Parallel Disk Array", eine parallele Einbindung eines Systems von Platten direkt an den parallelen Router, mit denen ein sehr viel schnellerer Zu- und Abfluß von großen Datenmengen gewährleistet werden soll (entsprechend etwa dem "Datavault" bei der Connection Machine).

Mit der Einführung der DECStation 5000 als Front-End soll auch eine 2-5 mal schnellere Datenverbindung möglich sein, deren Leistung vermutlich aber immer noch zu gering sein wird, so daß alle Hoffnungen auf dem "Parallel Disk Array" liegen.

4. Es existiert keine direkte Anschlußmöglichkeit für ein Graphik-Display.
Aufgrund der zuvor genannten Schwierigkeiten bei den Datenübertragungsgeschwindigkeiten können keine schnellen Graphiken oder gar bewegte Bilder, die auf dem MasPar Back-End eventuell sogar in Echtzeit berechnet werden könnten, auf der Front-End Graphik-Workstation ausgegeben werden. Animationen oder Simulationen in Echtzeit können daher trotz möglicherweise ausreichender paralleler Rechenleistung nicht durchgeführt werden!

Die Entwicklung des ursprünglich von MasPar angekündigten direkten parallelen Anschlusses eines Farbdisplay-Framebuffers wird offenbar zur Zeit nicht weiter verfolgt (wegen angeblich zu geringem Interessentenkreis); z.Zt. wird nach einer schnellen Sub-System Lösung gesucht.

6 Ausblick

SIMD-Systeme sind vom Verarbeitungs-Modus her inflexibler als MIMD-Systeme und erreichen im Durchschnitt daher weit geringere Prozessor-Auslastungswerte. Jedoch kompensieren sie dies durch ihre gewaltige Anzahl von Prozessoren ("massive Parallelität"), wodurch bei geeigneten Anwendungen Verarbeitungszeiten erzielt werden, die mit konventionellen Rechnerarchitekturen nicht erreicht werden. Die MasPar MP-1 SIMD-Parallelrechner-Familie wird in dieser Klasse von Parallelrechnern vermutlich einen wichtigen Platz einnehmen. Verläßliche Ergebnisse von Leistungsmessungen liegen zur Zeit jedoch leider noch nicht vor.

Literatur

[1]   Th. Bräunl, Massiv parallele Programmierung mit dem Parallaxis-Modell, Dissertation Universität Stuttgart 1989, erschienen in der Reihe Informatik-Fachberichte Nr. 246, Springer-Verlag, 1990.

[2]   Th. Bräunl, Structured SIMD Programming in Parallaxis,Structured Programming, vol. 10, no. 3, July 1989, pp. 121 (12)

[3]   Th. Bräunl, Transparent Massively Parallel Programming with Parallaxis, ISSM International Conference on Parallel and Distributed Computing and Systems, New York NY, Oct. 1990

[4]   I. Barth, Th. Bräunl, F. Sembach, Parallaxis User Manual, Computer Science Report, no. 3/90, Universität Stuttgart, März 1990

[5]   I. Barth, Th. Bräunl, S. Engelhardt, F. Sembach, Parallaxis Version 2 User Manual, Computer Science Report, no. 2/91, Universität Stuttgart, Feb. 1991

[6]   K. Krauskopf, Ein massiv paralleles Verfahren zur Stereobildauswertung, Diplomarbeit Nr. 707, Universität Stuttgart, Nov. 1990

[7]   S. Liebelt, Entwicklung und Untersuchung von massiv parallelen Hidden-Surface- und Raytracing-Algorithmen, Diplomarbeit Nr. 769, Universität Stuttgart, Jan. 1991

[8]   R. Verba, Massiv-parallele Algorithmen zur Lösung von Problemen der linearen Algebra, Studienarbeit Nr. 904, Universität Stuttgart, Nov. 1990

[9]   V. Walter, Entwurf von massiv parallelen Simulated Annealing Algorithmen, Studienarbeit Nr. 925, Universität Stuttgart, Jan. 1991

[10]   N. Wirth, Programming in Modula-2, Springer-Verlag, 1983

[11]   J. Rose, G. Steele, C*: An Extended C Language for Data Parallel Programming, Thinking Machines Corporation, Technical Report, PL87-5, 1987

[12]   I. Barth, Entwicklung eines Compilers für Parallaxis mit dynamischen Verbindungsstrukturen, Diplomarbeit Nr. 705, Universität Stuttgart, Nov. 1990

[13]   F. Sembach, Entwicklung eines symbolischen Debuggers für das parallele Sprachensystem Parallaxis/PARZ, Diplomarbeit Nr. 706, Universität Stuttgart, Nov. 1991

Parallel Computers: Toys or Tools?

Andreas Reuter

IPVR
University of Stuttgart

Abstract of Presentation

The talk starts with the observation that there often is a huge discrepancy between the claimed peak performance of a system and the actual performance experienced by the average user of that system running his/her program. The two figures can be two orders of magnitude apart for classic vector–oriented multi–processors, and the chances for that happening are even higher for parallel machines of all types. So a user buying a computer that is announced at 10 GFLOPS peak performance may end up having a meek 100 MFLOPS, as observed by his specific applications. This is particularly embarrassing since to get 100 MFLOPS one does not need a supercomputer; two workstations for \$ 40K in total will do. Now this holds for the well-understood domain of vector processors; what should anyone expect from a machine with 256K processors, for which the vendor claims, say, 20 GFLOPS?

The presentation elaborates on one of the critical issues in (parallel) supercomputing, one that is surprisingly often overlooked: When moving problems onto parallel machines, one has to clearly understand the algorithms and the data structures that are used. The data structures large determine the amount of parallelism that is in the problem, and the algorithms determine how the data elements interact, which kind of communications and synchronization is needed, and which portions of the computations are independent of other parts for how long. There are two simple lessons to be learned from that: First, if the problem at hand has n–independent data elements (partitions, regions, points, whatever), throwing 2n processors at it will not help. Second, there is no such thing as "just compiling my program for a parallel computer". Depending on the size and the nature of the problem (and, of course, depending on your budget), you probably will have to design a machine for it.

The point is that the data structures and the resulting communication patterns in turn influence the hardware structure of the parallel system that is adequate for the given problem. Obviously, an algorithm that requires communication among neighboring elements only creates much lower communication bandwidth than one which broadcasts data to everybody at high frequencies. Applications that mull over the same set of data for hours on end require much lower I/O bandwidth than those scanning some terabytes of data.

So the problem structure and the adequate processor structure are closely intertwined. Once that is settled, the next issue arises, namely which programming model to choose. There are basically two. One is the SIMD model adopted by most of today's massively parallel machines. From a distance, it very much looks like the conventional sequential programming model. There is a front end processor, running the program in a simple, one statement–at–a–time fashion. Whenever it finds a "data parallel" instruction, it passes it on to its co–processor (i.e. the massively parallel machine), where it gets executed in all processors at the same time on whatever data these processors have. When the last processor has signaled its completion, the front end continues running its program. The great appeal of this model is that it almost looks like conventional programming to the user. Who has gotten used to describing the application in terms of vectors and matrices (i.e. homogeneous data structures) should be able to adapt himself to massively SIMD-machines. There are some problems with this approach (and the architecture it is based on). First, each instruction executed on the parallel machine involves only those processors that actually have data for that step to work on; the rest remains idle. Many basic operations on vectors and matrices can be parallelized by using divide-and-conquer techniques, which use many processors in the first steps, and then cut the number of processors required into half for each subsequent step. Similar reductions occur with multi-grid algorithms, for examples. This might result in low overall utilization, unless the initial number of data elements is *much* larger than the number of processors, so that the binary reduction of the number of active elements will drop below the actual number of processors only during the very last steps.

The second problem with the SIMD model is related to the first one: It does not lend itself naturally to multi-processing applications where concurrent operations of a different nature, yet on a shared pool of data are to be executed. For example, there is no easy way of mapping a multi-user database system onto a massively parallel SIMD machine, although single-user database operations, such as complex search queries are "easy" for data parallel machine.

The most general programming model is the MIMD model. Here each processor runs its own program (they may be the same on different processors, but they don't have to). Cooperation is achieved through explicit exchange of data among the processors rather than having a front-end acting as a conductor of the whole thing. MIMD computation is asynchronous. Whether the exchange of data is done through shared memory or by passing messages back and forth is not an issue here. The MIMD paradigm is very flexible: If the number of active tasks of a certain type shrinks, the processors can be assigned other tasks and proceed working on them. There is the possibility of dynamic load balancing, which is absent from the SIMD model. Similar arguments hold for error handling (isolating a faulty processor and giving its load to another one) and general time sharing operation on shared or disjoint data. This is the good part.

The not-so-good part is that the potential of the MIMD paradigm currently is exploited mostly in a time-sharing fashion – experimental machines and special implementations for a very specific problem notwithstanding. MIMD machines are extremely hard to program. And not only are they hard to program, they need new algorithms if the potential of their parallel processors is to be realized for a single problem. Promises of compilers automatically translating your dusty Fortran decks into parallel code are futile. This would effectively require the compiler to turn the Gaussian elimination algorithm into a, say, conjugate gradient method along the way.

This is to say that to exploit massively parallel MIMD machines two problems must be attacked:

- **Algorithm design:**
  Good parallel algorithms are generally different from good sequential algorithms (or vectorized algorithms, for that matter). This, by the way, implies that it makes no sense to run a carefully parallelized algorithm on a sequential machine to get speed-up figures. It may be a good way to impress people, but it is methodically unsound.

- **Methods for implementing parallel algorithms:**
  Once the algorithms are there, they have to be implemented in that highly asynchronous environment, which in itself is a very difficult and error–prone task. None of the languages and tools available today allow for a smooth transition from a high–level description of the algorithm, which is largely free of all aspects related to synchronization etc. down to the level where task creation, message handling, load distribution must be described. As long as parallel programming means dealing with all the technicalities of parallel execution at the same level of abstraction where the application is implemented, it will remain a fringe activity. The current state of the art in parallel programming is closer to the times of machine language programming, where people had write their own channel programs than to abstract data types and non–procedural interfaces.

These are the two major obstacles in the way of getting parallel machines to the average user/scientist/application programmer. There are some more, which have to do with the properties of parallel operating systems, but which nevertheless have strong influences on how a certain application behaves on a parallel system.

- **Static mapping of tasks:**
  There must be support for mapping a given parallel program statically onto a given parallel system, taking into account the communication structure, the memory size of the processors, and so on. It must also be able to react to load descriptions provided by the user. That way it would be possible to adapt a program to a hypercube – like machine, or to a switch–based machine, or whatever – as far as it goes.

- **Dynamic mapping and load balancing:**
  This is the whole problem of dynamically assigning the right number of processors to a parallel program, thus freeing the other processors for other applications. The state-of-the-art in this area is still very initial.

Having listed all these problems and deficiencies, the presentation concludes with a constructive recommendation. There is one application domain, where moderately parallel MIMD systems (some 300 processors) can be programmed in a simple non–procedural language, achieving both linear speed–up and scale–up, depending on the type of problem. I am talking about SQL database systems on different types of multi–processors. Such systems have been around since 1984. The suggestion this talk is going to make is to carefully analyze why this type of system has been so successful in harnessing parallel processors in a user friendly, highly fault–tolerant, and adaptive way.

There are two aspects which should be especially amenable to parallel computations for, say, numerical problems: First, parallel systems come with a fixed set of parallel operators, so there is actually no level of programming where a user of such a system gets confronted with parallelism at all – the vendor does it. These parallel operators correspond to certain constructs of the SQL language, and so the compiler can automatically map them. An optimizer then chooses among a set of alternatives, depending on assumed or explicitly stated load characteristics.

The second interesting aspect is the way synchronization is handled in these systems. One has to appreciate that in database applications there is no safe method of partitioning data among concurrent activities, because by definition the data is shared. But rather than forcing the programmer of the parallel SQL operators or higher level objects into the need of explicitly synchronizing with other programs, there is a low level mechanism that creates the "illusion" of isolated execution. The assumption is that whatever data I need is not needed by anybody else, and this is exactly the perspective from which I can write my program. The system underneath checks at run–time whether is really true. If not, it automatically synchronizes conflicting tasks without them noticing it. Such concepts should fairly easily carry over to numerical algorithms, for example, and thus greatly simplify the development of portable libraries of parallel routines.

The talk will explain these recommendations in some detail.

The basic conclusion for the moment, however, is that for parallel machines to become really productive in a wide range of computing environments, a lot of work needs to be done to develop programming tools for them – and to develop good parallel algorithms in the first place.

Why Bother About Parallelism in the First Place?

The discussion about parallel architectures is fueled by the need for much more computing power.

If current super computers deliver something between 1 GFLOPs and 10 GFLOPs, and we define 1 Tera–Flop at the next level of quality: Where should we expect the remaining > 90 % of performance to come from?

Looking at the actual performance of vector machines, one can doubt that just doing "more of the same" will achieve that quantum leap in performance.

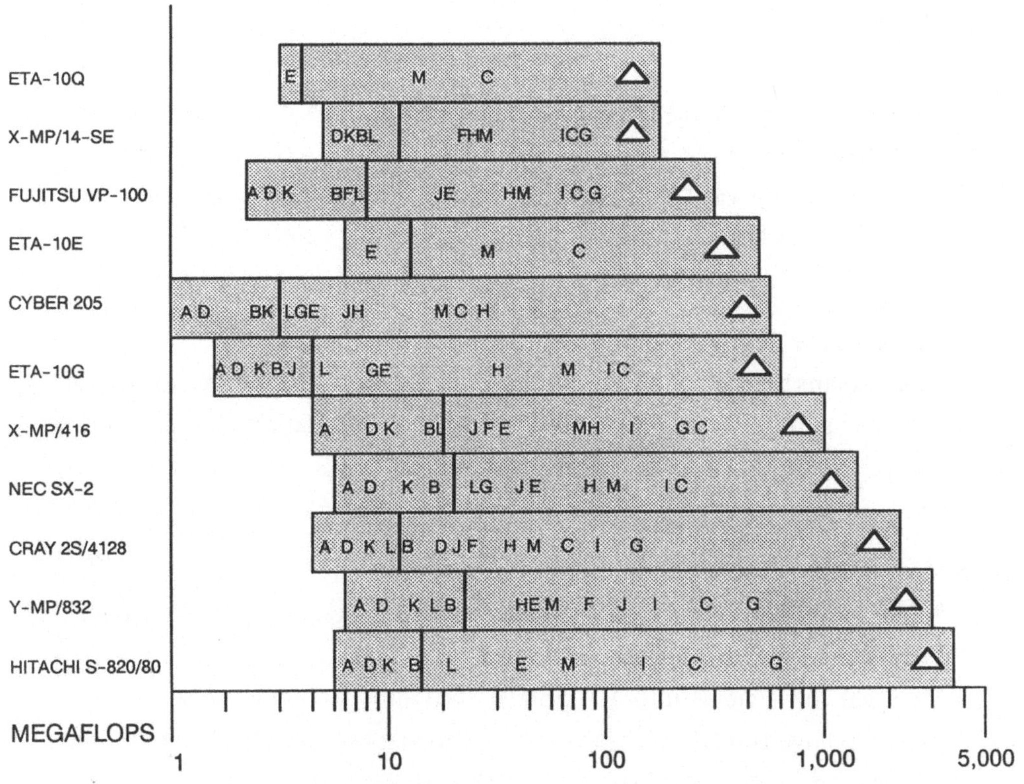

The characters represent 13 different software codes.

Peak speeds are identified with triangles.

Vertical bars show the harmonic mean of speeds.

Design of a Tera-FLOP Machine in Eight Easy Steps I (quoted from David Patterson)

---

1. What large problems cannot be solved with existing super computers?
   The designer should identify, understand, and focus on a few such problems. Examples could be: Mapping the human genome, simulation of the global climate, quantum chromodynamics.

2. How much money is available?
   Current super computers cost between $ 10 million and $ 30 million, while delivering 0.1 % to 0.5 % of 1 Tera–FLOP.

3. Are there enough customers willing to pay > $ 25 million for solving a problem?
   If there are only very few of them, building special purpose hardware might be the better bet.

4. What is the degree of parallelism in the likely applications?
   This means to find out if the problem domain allows to be decomposed into smaller sub–problems somehow, or if the computation is more or less strictly serialized, like in recurrent systems.

5. What is the actual parallelism in the problem?
   If we have an n–particle problem and can easily give one processor to each particle, having a 2n–processor machine would not help. Assume the problem can be divided into 10 (equal–sized) sub–problems, then we would need to have 100 GFLOP–processors; this will take a while. If the problem allows for decomposition into 10,000 sub–problems, a "simple" 100 MFLOP chip per processor will do.

Design of a Tera-FLOP Machine in Eight Easy Steps II (quoted from David Patterson)

---

6. What is the access pattern of processors to memory, given the assumed parallel decomposition?

   This question addresses the issue of data parallelism. If a problem can be decomposed such that each sub–problem operates on its own data partition with small or no overlaps at all with other partitions, then the reference pattern looks like this:

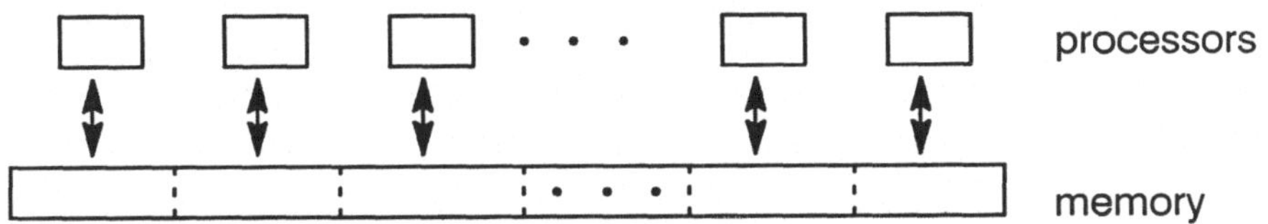

   If such data partitioning is not viable, the reference pattern is different:

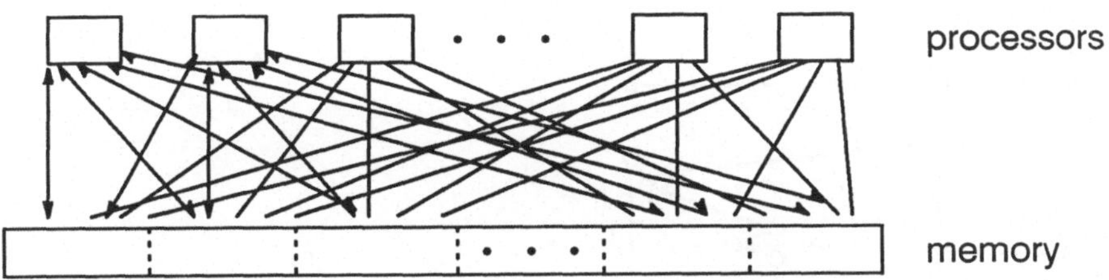

Such global memory sharing poses a number of problems. If the machine is to be 10^3 times faster than today's machines, it is likely to need memories 10^3 times larger. But if each processor needs free access to the same humonguous memory, this will slow down each of them.

Decoupling processors and memories by means of crossbar switches becomes exceedingly complex for a large number of processors ("large" meaning $> 10^3$).

Design of a Tera-FLOP Machine in Eight Easy Steps III (quoted from David Patterson)

---

7. What is the inter–processor communication structure?

   If the problem can be decomposed into "ideal" data partitions (no overlap at all), then there will be no need for inter–processor communication. The data will be loaded, each processor will compute, and the problem is solved as soon as the last one stops.

   In all but this extreme case (ginger bread men), there has to be (occasional) communication. Which processors a given processor has to talk to is largely determined by the "geometry" according to which the data space was partitioned.

   These are typical communication structures:

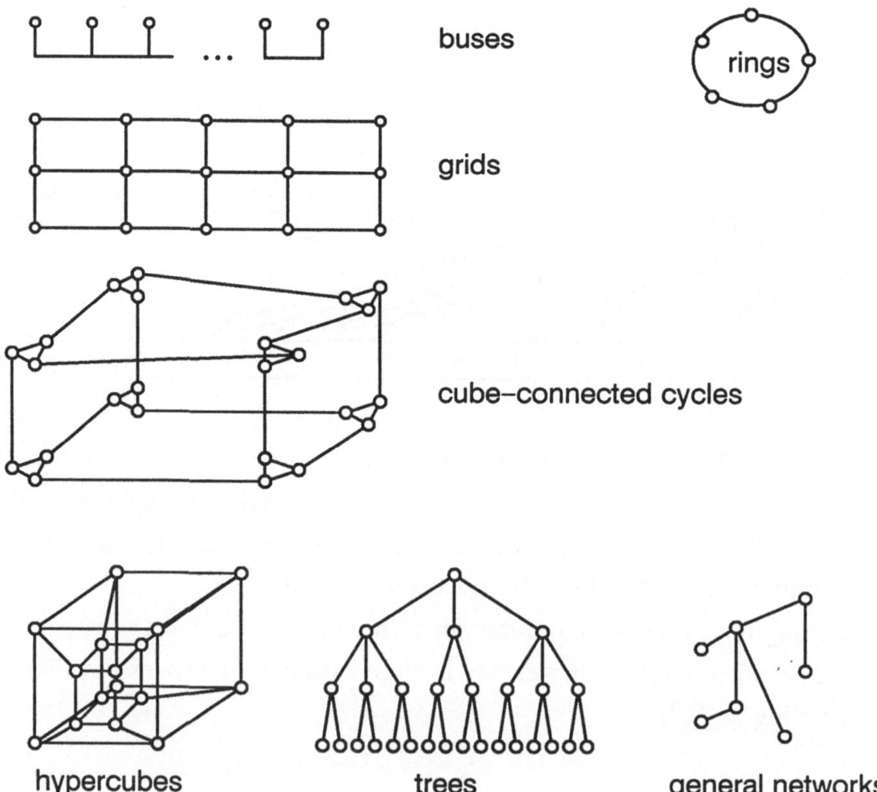

Design of a Tera-FLOP Machine in Eight Easy Steps IV (quoted from David Patterson)

---

8. How is parallel execution going to be controlled?

The issue of control flow boils down to the question of whether

- all processors at a given point in time do the same thing to their portion of data (data parallelism), or

- each processor at any point in time can execute different operations (functional parallelism).

The first model is the SIMD (single instruction, multiple data) architecture. It is simple in that viewed from the outside the parallel machine executes a serial instruction stream. It is just a "more flexible" vector machine. It is restricted in that if there are fewer data partitions than processors, the remaining processors will idle.

The second model is the MIMD (multiple instructions, multiple data) architecture. It is clearly more powerful than the SIMD variety, but it comes with a lot more problems to handle by the operating system, compiler, and application programmer. Unless we have a problem with functional parallelism on ideal data partitions, which will hardly ever be the case, the question is how to get the data to the processors needed for them to do the next computation. To do that, there must some kind of actual or virtual shared memory to move data between processors. When implemented without the problem structure in mind, this can yield unacceptable performance.

Data Parallelism: The SIMD-Paradigm

Classical Single–Processor Realization

Faster Solution of Problem By Means of Parallel Processing

Function Parallelism: The MIMD-Paradigm

Parallel Processing of different sub–tasks with mutual dependencies

The Optimistic Perspective on Parallel Programming: Don't Worry, It's Easy

---

The sales brochure for a parallel programming language, call it XYZ, says:

"XYZ is the first (!) of a new generation of implicitly parallel programming languages. I.e., XYZ automatically identifies the parallelizable sections in your program, without any additional programming effort. [...] Internally, XYZ is fully parallel. It runs either pseudo–parallel on one processor, or – hardware permitting – on many processors. Hence, programs developed for one processor will run just as well on a network of processors. [...] XYZ does everything itself, depending on which data are available." And on and on.

Another system, let us call is ZXY, asserts with respect to its system software and programming environment:

"It is simple to convert existing code to take advantage of parallel computing. [...] Programs may be written in familiar sequential programming languages such as C or FORTRAN, with their parallelism described by a simple high level language."

And yet another product, conveniently called YZX, is described as follows:

"A new CASE tool, YZX, will be made available on .... YZX is defined to be an interactive software system that will further simplify the task of converting existing sequential FORTRAN programs to efficient parallel code and will improve programmer efficiency in the design and implementation of new parallel algorithms."

SAMPLE: APPROXIMATION OF π

$$\pi = \int_0^1 \frac{4}{1+x^2} dx$$

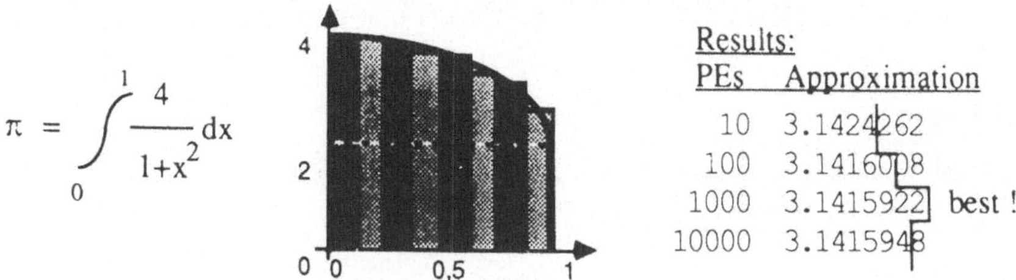

Results:

PEs	Approximation	
10	3.1424262	
100	3.1416008	
1000	3.1415922	best !
10000	3.1415948	

```
1    SYSTEM compute_pi;
2    CONST     intervalls = 1000;
3              width     = 1.0 / float(intervalls);
4    CONFIGURATION list [1..intervalls];
5    CONNECTION (* none *);
6
7    VECTOR val: real;
8
9    PROCEDURE f (VECTOR x: real): VECTOR real;
10   BEGIN
11     RETURN(4.0 / (1.0 + x*x))
12   END f;
13
14   BEGIN
15    PARALLEL   (* rectangle rule *)
16      val := width * f( (float(id_no)-0.5) * width )
17    ENDPARALLEL;
18      WriteReal(REDUCE.sum(val), 15);
19   END compute_pi.
```

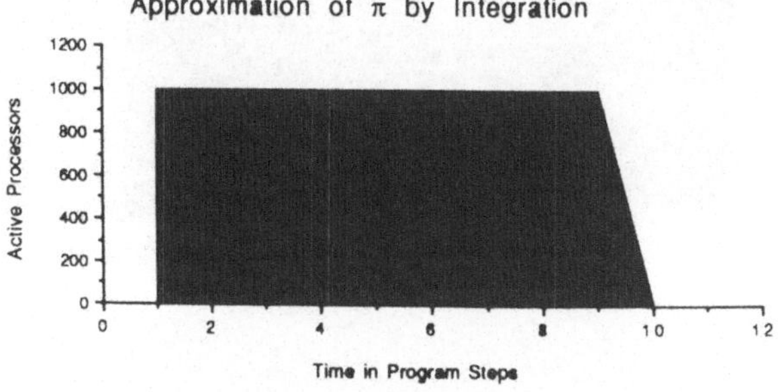

Approx. π for n intervalls with n PEs in constant time: **O(c)**
Degree of Parallelization: **1000** (1000 PEs on average w/o I/O)
Load: **100 %**

SAMPLE: Odd-Even Transposition Sorting

OETS is a "parallel bubblesort"

Example:

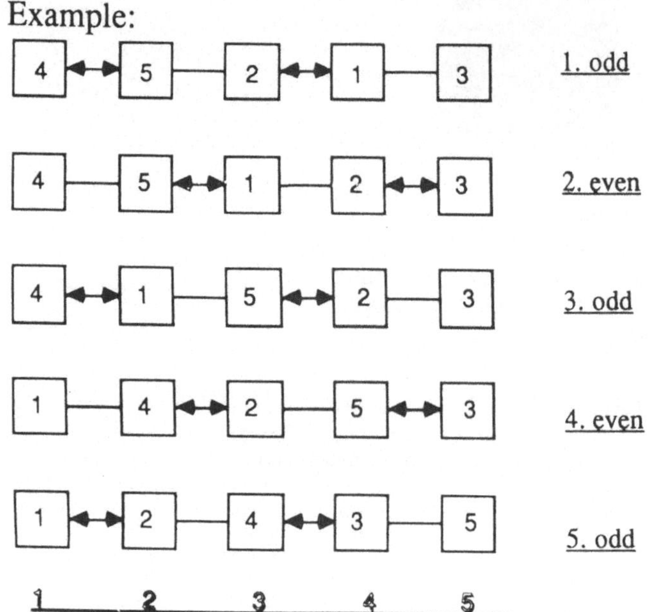

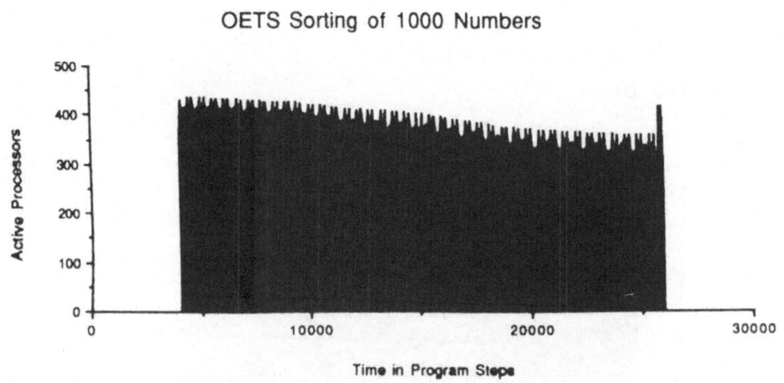

Sorting n numbers with n PEs in time: **O(n)**
Degree of Parallelization: **363** (1000 PEs on average w/o I/O)
Load: **36 %**

A Partial List of Friendly Applications

Ray Tracing

Other types of image processing

Finite differences

Multi–grid methods

Sorting

Searching

Simulated annealing

APPLICATION AREAS

Computer Vision

Image Rendering

Neural Networks

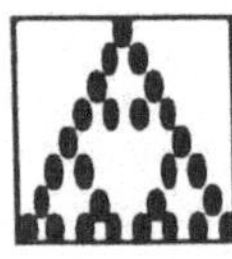

Cellular Automata

Robot Control

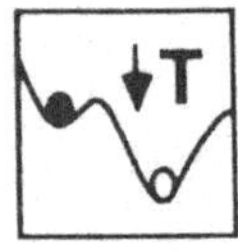

Simulated Annealing

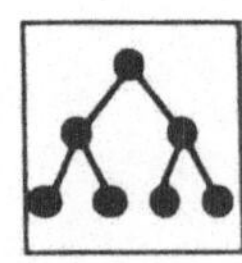

Production Systems

Fast Fourier Transf.

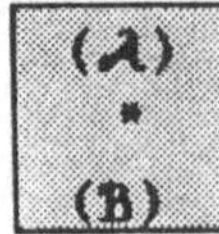

Linear Equations

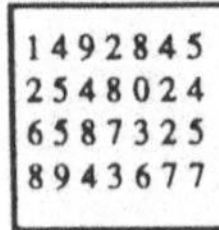

Sorting Algorithms

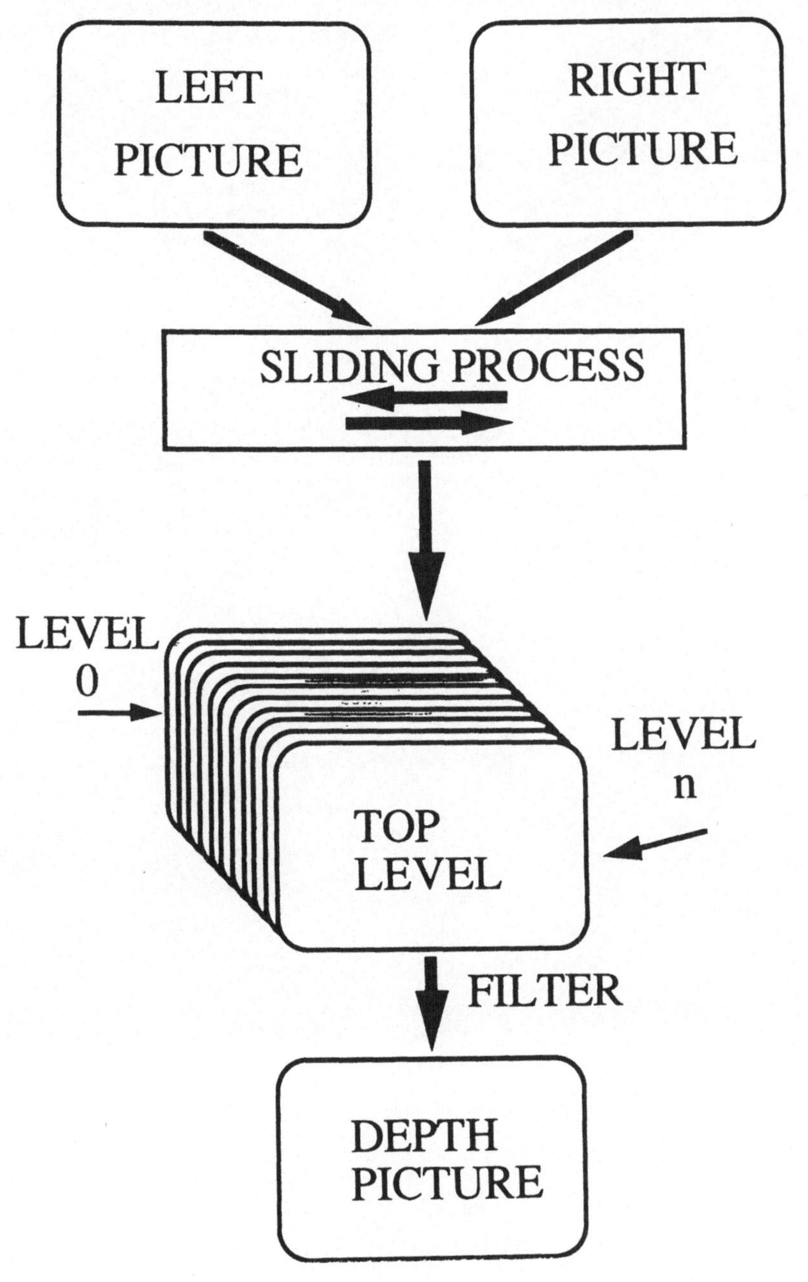

APPLICATION: Data Parallel Stereo Vision
LEFT PICTURE
RIGHT PICTURE
SLIDING PROCESS
LEVEL 0
TOP LEVEL
LEVEL n
FILTER
DEPTH PICTURE

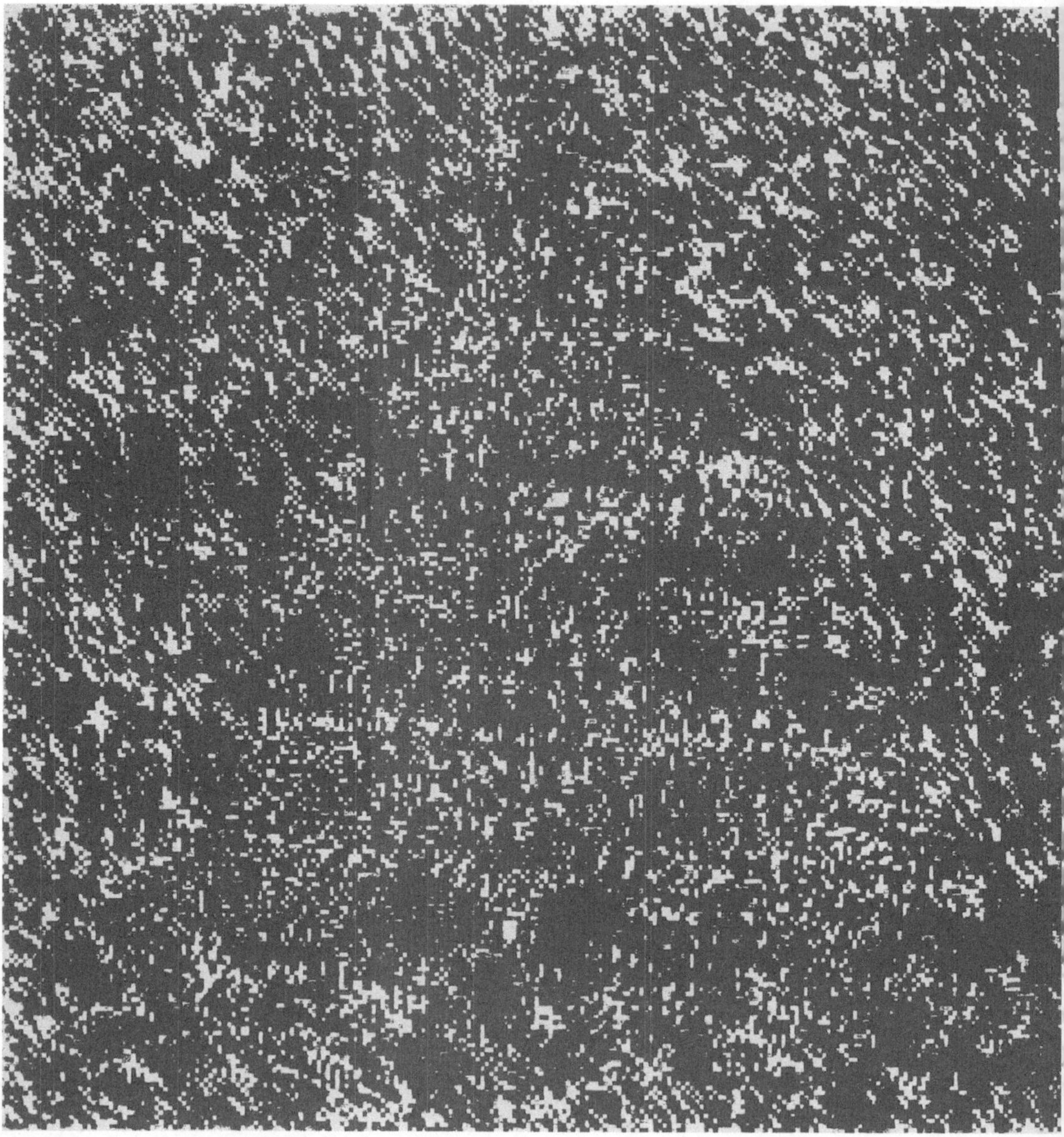

Measures for Parallel System Performance

$T(i)$ is the time required for solving a given problem of fixed size with i processors.

Then the speedup achieved by using n processors is defined as

$$S(n) = T(1)/T(n).$$

Parallel efficiency is defined as:

$$E(n) = S(n)/n = T(1)/(n*T(n))$$

Now consider the amount of work done by each processor. Let op (i) denote the <u>total</u> number of instructions executed by all processors when solving a given problem of fixed size using i processors.

By comparing the instruction consumption for the parallel case with the sequential case, we get an estimate for the redundancy (overhead) involved in parallelism:

$$R(n) = Op(n)/Op(1)$$

Another measure has to do with the size of a problem that can be solved within a given time. Whether the size is measured in "rows", "unknowns", "elements", "grid points" , "tuples", etc. does not matter.

Let $V(1)$ be the size of the problem that can be solved sequentially in a fixed, allotted time t. Then we determine what problem size $V(n)$ can be solved on n processors in the same time. Scaleup is the quotient:

$$Sc(n) = V(n)/V(1).$$

Some Not-So-Optimistic Statements About Parallelism

David Kuck, who has done extensive performance studies of super computers of all kinds observes with respect to the comparatively simple vector–oriented machines:

"There aren't any 100–megaflop machines when it comes down to ordinary serious users sitting down and running one program and other."

Given the large differences between delivered performance and peak performance, he says that he expects this discrepancy to further increase with massively parallel machines. The conclusion:

"Parallel computers will never survive
unless users can get predictable behavior."

Of course, there is one very reliable prediction, called Amdahl's Law, which, paraphrased, reads:

"There is always a ceiling to the speed–up you can get."

"Don't write any parallel programs unless you have done it for at least five years. Before that, don't even start."

(My advise to students)

Limits to Growth: Amdahl's Law

Amdahl's Law is based on a simple observation: For any given program, only a certain fraction f can be parallelized, the rest, $(1-f)$, must be executed sequentially (loading, setting up control blocks, etc.).

Given that, the maximum speedup one can get with p processors is:

$$S(p) = 1 / (1 - f(1 - 1/p))$$

What this says is: No matter how many processors you throw at the problem, the maximum speedup you can get is $1 / (1-f)$.

So, if only 1% of the algorithm is strictly sequential, parallel execution will – at best – be 100 times faster than with one processor – whether 10^5 or 10^6 processors are used, makes no difference.

The _optimistic_ attitude towards that problem is: For all relevant cases, f can be made vanishingly small.

The _not–so–optimistic_ view holds: Even for a small f, the speedup $S(p)$ can be achieved only, if a large number of processors can actually be employed for working on the problem, _and_ if all of them have approximately the same utilization. These requirements are not easy to fulfill.

Example for the Problem of Processor Balancing

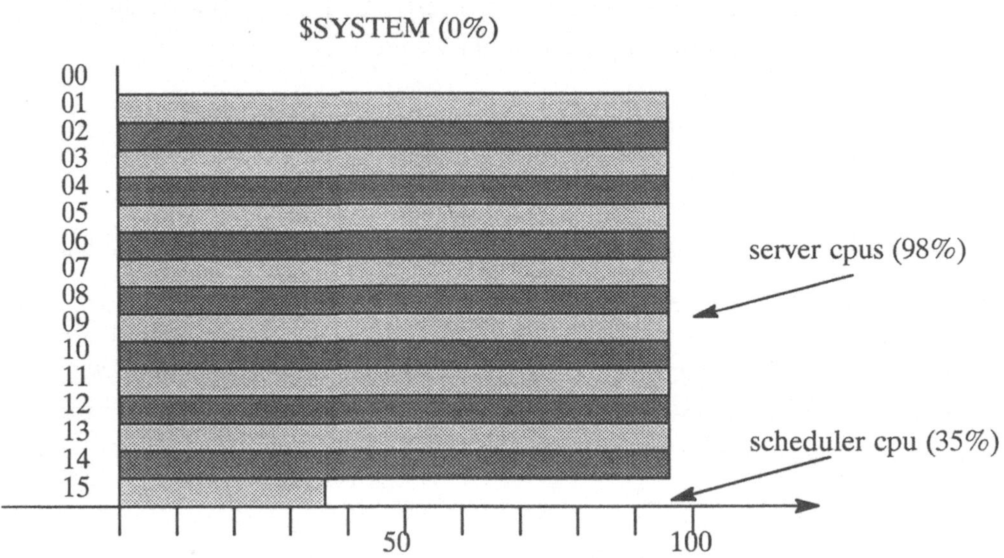

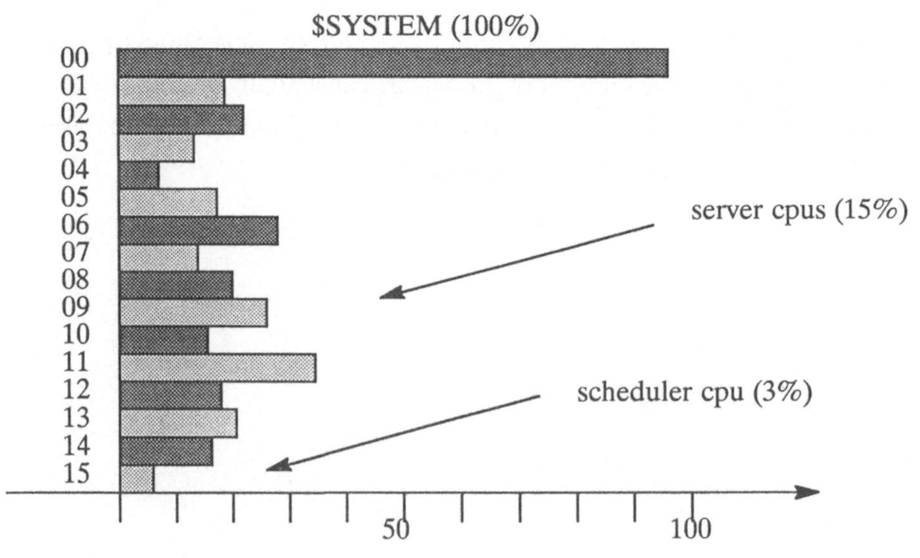

Some Basic Tricks for Computing Things in Parallel I

---

1. Compute the sum over the elements of an n–vector:

$$Sum = \sum_{i=1}^{n} a_i$$

The serial computation scheme is:

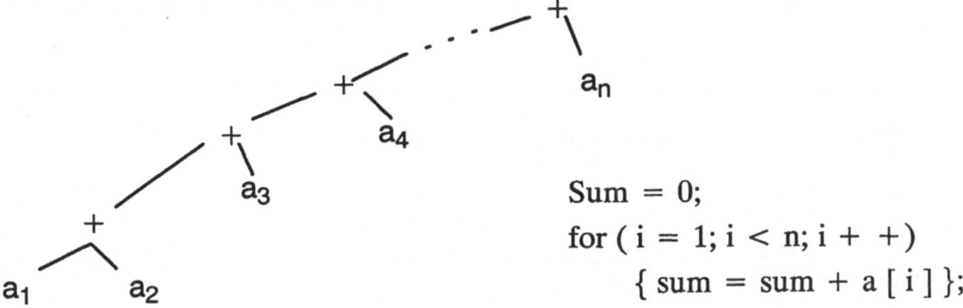

```
Sum = 0;
for ( i = 1; i < n; i + +)
        { sum = sum + a [ i ] };
```

Just looking at the code, there is no entirely obvious way to do things in parallel. However, applying some rotations to the above tree does the trick:

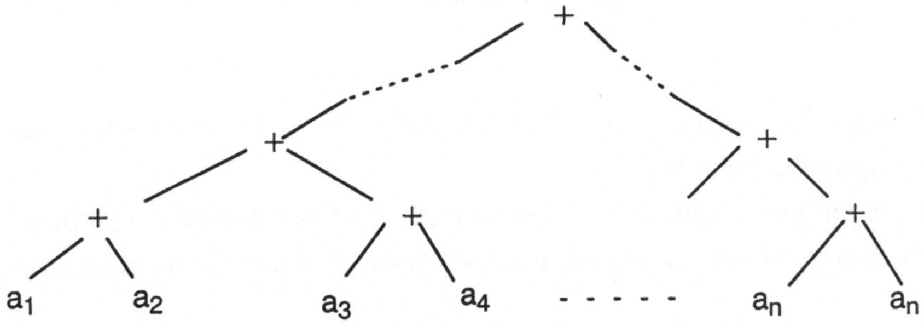

▶ parallelization along this dimension; height of tree: $\log_2 n$.

The equivalent code looks like this (assuming n is an integer power of 2):

```
for ( i = 1; i < = log2 ( n ); i + + )
   for ( k = 1; k < n; k = k + 2 * * i) do in parallel
      { a [ k ] = a [ k ] + a [ k + 2 * * ( i – 1) ] }
```

Some Basic Tricks for Computing Things in Parallel II

---

2. The scalar product of a two vectors is defined as:

$$P = \sum_{i=1}^{n} x_i y_i$$

requires, when computed sequentially, n multiplications and $n-1$ additions.

Assuming the above principle <u>and</u> n processors, we can do the multiplications in 1 step, and n additions in $\log_2 n$ steps.

3. Computing the matrix–vector product

$$A \cdot x = y$$

with a sequential algorithm requires $n(n+(n-1))$ operations. Assuming n^2 processors and the above methods, this is reduced to n^2 multiplications all computed in 1 step and n additions all computed in $\log_2 n$ steps.

4. Multiplying two n x n – matrices requires $n^2(n+(n-1))$ operations with a sequential algorithm.

Given n^3 processors, all multiplications can be performed in 1 step; the remaining n^2 sums can be computed within these n^3 processors in $\log_2 n$ steps.

5. For recurrent systems, a parallel solution can be found, where the required coefficients of L^{-1} can be computed as

$$L^{-1} = M_{n-1} * M_{n-2} * \ldots * M_1$$

with given M_i.

Now recursive doubling can be applied to matrix multiplication, i.e. we need $\log_2 n$ of them. Each costs $(1+\log_2 n)$ operations, so the resulting complexity is $O(\log_2^2 n)$.

How Efficient Will Things Be?

Assume the parallel matrix multiplication:

For applying the parallelization technique, n^3 processors are needed. Now consider the utilization of these processors:

Step 1 (multiplication): n^3 processors utilized

Step 2 (1st step of adding): n^3 processors utilized

Step 3 (2nd step of adding): $n^2 \cdot \dfrac{n}{2}$ processors utilized

Step 4 (3rd step of adding): $n^2 \cdot \dfrac{n}{4}$ processors utilized

$\vdots$

Step $(\log_2 n + 1)$: $n^2 \cdot 2$ processors utilized

To be specific, assume we have 256 x 256 matrices. The matrix multiplication requires $(2^8)^3 = 2^{24} \approx 16 \cdot 10^6$ processors; it will then be completed in 9 steps. The number of processors actually employed in each step are shown in the following table:

Step–#	Number of processors working on the problem
1	$2^{24} (\approx 16 \cdot 10^6)$
2	$2^{24} (\approx 16 \cdot 10^6)$
3	$2^{23} (\approx 8 \cdot 10^6)$
4	$2^{22} (\approx 4 \cdot 10^6)$
5	$2^{21} (\approx 2 \cdot 10^6)$
6	$2^{20} (\approx 1 \cdot 10^6)$
7	$2^{19} (\approx 5.12 \cdot 10^5)$
8	$2^{18} (\approx 2.56 \cdot 10^5)$
9	$2^{17} (\approx 1.28 \cdot 10^5)$

This makes up for an average utilization of

$$u_{mmult} = (2^{17} \cdot \sum_{i=0}^{7} 2^i + 2^{24}) / (2^{24} * 9) \approx 0.132$$

From the Theory Department

Performance of Sequential and Dependent–Size Algorithm

Problem	Sequential		Dependent–Size Time bounds		Speedup
	Time $T_1(N)$	Size $N = f(P)$	Lower	Upper	$S_P(N)$
Summing	N	P	$\log P$	$\log P$	$\dfrac{P}{\log P}$
Permuting (static)	N	P	$\log P$	$\log P$	$\dfrac{P}{\log P}$
Packing	N	P	$\log P$	$\log P$	$\dfrac{P}{\log P}$
Sorting	$N \log N$	P	$\log P$	$\log^2 P$	$\dfrac{P}{\log P}$
Sorting (1 to N)	N	P	$\log P$	$\log^2 P$	$\dfrac{P}{\log^2 P}$
Merging	N	P	$\log P$	$\log P$	$\dfrac{P}{\log P}$
Permuting (dynamic)	N	P	$\log P$	$\log^2 P$	$\dfrac{P}{\log^2 P}$
Median	N	P	$\log P$	$\log^2 P$	$\dfrac{P}{\log^2 P}$
Median average case	N	P	$\log P$	$\log^2 P$	$\dfrac{P}{\log^2 P}$
Set and map operations	$N \log N$	P	$\log P$	$\log^2 P$	$\dfrac{P}{\log P}$
FFT	$N \log N$	P	$\log P$	$\log^2 P$	P
Matrix mult[a] (naive)	$N^{1.5}$	$P^{2/3}$	$\log P$	$\log P$	$\dfrac{P}{\log P}$
Matrix mult[b] (Strassen)	$N^{0.5\ \lg 7}$	$P^{2/\lg 7}$	$\log P$	$\log P \log P \log P$	$\dfrac{P}{\log P \log P \log P}$
Gauss elim[c] (complete pivoting)	$N^{1.5}$	P^2	$\sqrt{P}$	$\sqrt{P \log P}$	$\dfrac{P}{\log P}$
Odd even reduction (tridiagonal)	N	P	$\log P$	$\log P$	$\dfrac{P}{\log P}$

[a] N is the number of items in the matrix. The speedup is relative to the naive (cubic in $\sqrt{N}$) algorithm (not the fastest known).

[b] N is the number of times in the matrix. The speedup is relative to Strassen's algorithm (not the fastest known).

[c] N is the number fo items in the matrix.

Performance of message passing algorithms, part 1: sequential and dependent–size regime. This tabel is reprinted from Gottlieb and Kruskal.

Examples of Real-Life Speedup-Curves I

The following curves pertain to algorithms for solving large sparse systems of linear equations.

The underlying machine is a Transputer–based MIMD–machine.

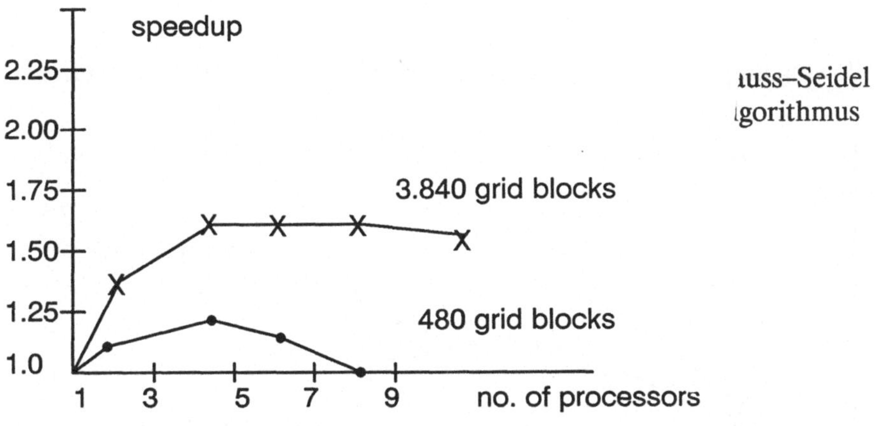

auss–Seidel
gorithmus

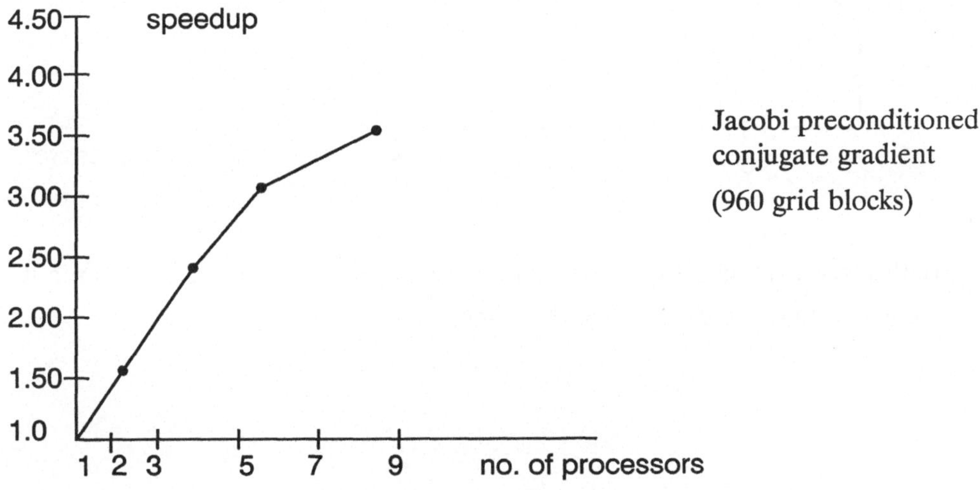

Jacobi preconditioned
conjugate gradient

(960 grid blocks)

Examples of Real-Life Speedup-Curves II

This example is a non–numerical application from the domain of logic programming (automated theorem–proving, rule processing).

It uses a technique called "distinct clause" parallelism.

The measurements were done on a shared memory MIMD–machine.

The following graph is fairly typical for the outcome of the entire experiment.

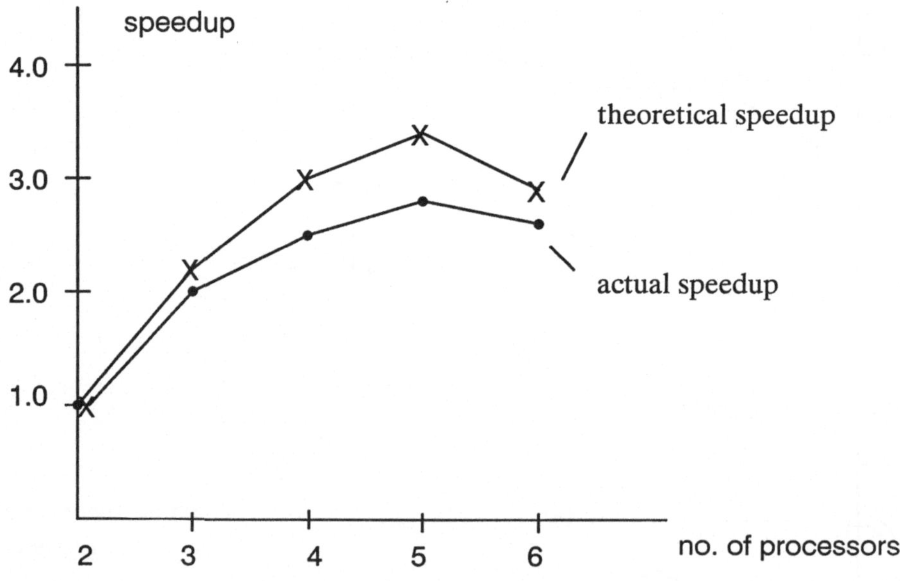

With a larger set of rules, the speedup–curves would have turned flat later, but the general behavior would be the same.

Some Observations on Current Parallel Machines

Parallel computers, especially those of the massively parallel SIMD–variety, have demonstrated their ability to solve the scaleup–problem over a wide range of problem sizes and for different problem types. Put another way: A massively parallel system can solve a large problem of type x in a short time. However, one must expect it to take about the same time for much smaller problems.

On a strict SIMD–machine, the unused processors cannot be put to work on anything else.

There are techniques for multi–plexing a SIMD–machine between different activities (mostly in a time–sharing fashion), but this is not a commodity product yet.

Current parallel machines are typically single–user machines, which are "expanded" by the pressure of the problem.

To a certain degree, this reflects the attitude of the "one machine per problem type".

This attitude may eventually turn out to be reasonable. We will find out.

Automatic Parallelization: A Feasibilty Consideration

Let us assume matrix multiplication.

The very simple, unsophisticated piece of code for doing this will look similar to:

```
for ( i = 0; i < n; i + + )
    for ( j = 0; j < n; j + + )
       { t = 0;
         for ( k = 0; j < n; k + + )
             { t = t + a [ i ] [ k ] * b [ k ] [ j ] }
         c [ i ] [ j ] = t;
       }
```

Looking at this piece of code –: what is "obviously" parallel?

Not much, indeed.

So what is required is a re–design of the computation which takes into account that parallel processors be employed.

For doing that, one has to know in advance whether the processors can share memory, i.e. if the matrices a, b, and c will be stored in one location that can be reached from all processors (shared memory).

If this is not the case, the question is how the processors get their data, and where they have to deliver their results.

Parallel Matrix Multiplication - Shared Memory Style

```c
main ()
{
  char *shmalloc();
  float ** setup_matrix();
  void init_matrix(), m_fork(), m_kill_procs(),
    matmul(), print_mats();
  int size ; /* loop end value and loop increment */

  printf("Enter array size:");
  scanf("%d",&size);

  a = setup_matrix (size, size);  /* allocate shared */
  b = setup_matrix (size, size);  /* memory */
  c = setup_matrix (size, size);
  init_matrix(a, b, size, size);  /* initialize data */
  m_set_procs(3);                 /* set # of processes */
  m_fork(matmul, a, b, c, size, size); /* execute matmul */
  m_kill_procs();                 /* kill childprocesses */
  print_mats(a, b, c, size, size); /* print results */
}



void
matmul(a, b, c, nrows, ncols)
float **a, **b, **c;
int nrows, ncols;
{
int i, j, k, nprocs;

nprocs = m_get_numprocs();
    for (i = m_get_myid(); i < nrows; i += nprocs) {
        for (k = 0; k < ncols; k ++) {
            c[i][k] = 0.0;
            for (j = 0; j < ncols; j ++) {
                c[i][k] += a[i][j] * b[j][k];



            }
        }
    }
}
```

Matrix Multiplication: Implementation in a Logic-Oriented Parallel Programming Language

```
%
% matrix multiplication
%

-compile(free).
-exports([matmult/4]).

% C := A * B, where A,B,C are N x N matrices

matmult(A, B, C, N) :-
            matrix:init_matrix(a, N, A),
            matrix:init_matrix(b, N, B),
            matrix:built_matrix(c, N, C),
            compute_rows(A, B, C, N, N, N).

compute_rows(A, B, C, I, J, N) :-
            J > 0 |
            compute_cols(A, B, C, I, J, N),
            J1 is J - 1,
            compute_rows(A, B, C, I, J1, N)@next.
compute_rows(_, _, _, _, 0, _).

compute_cols(A, B, C, I, J, N) :-
            I > 0 |
            compute_element(A, B, C, I, J, N),
            I1 is I - 1,
            compute_cols(A, B, C, I1, J, N).
compute_cols(_, _, _, 0, _, _).

compute_element(A, B, C, I, J, N) :-
            sum_elements(A, B, I, J, N, N, Sum),
            matrix:set_element(C, I, J, Sum).

sum_elements(A, B, I, J, N, K, Sum) :-
            K > 0 |
            mult_elements(A, B, I, J, K, Prod),
            K1 is K - 1,
            sum_elements(A, B, I, J, N, K1, Sum1),
            Sum is Prod + Sum1.
sum_elements(_, _, _, _, _, 0, Sum) :-
            Sum := 0.

mult_elements(A, B, I, J, K, Prod) :-
            matrix:get_element(A, I, K, A1),
            matrix:get_element(B, K, J, B1),
            Prod is A1 * B1.
```

Matrix Multiplication: Parallel Implementation
for a Massively Parallel SIMD-Processor (Parallaxis)

Parallaxis Parallel Compiler, Version 2.0, Univ. Stuttgart, Germany Jan. 1991

```
1    SYSTEM  systolic_array;
2    (* compute the matrix product "c := a * b" *)
3    CONST max   = 10;
4    TYPE  matrix = ARRAY [1..max],[1..max] OF REAL;
5
6    CONFIGURATION  grid [max],[max];
7    CONNECTION    left: grid[i,j]  -> grid[i,(j-1) MOD max].left;
8            up:  grid[i,j]  -> grid[(i-1) MOD max,j].up;
9           verA: grid[i,j]  -> grid[i,(j-i) MOD max].verA;
10           verB: grid[i,j]  -> grid[(i-j) MOD max,j].verB;
11
12   SCALAR i,j      : INTEGER;
13       a,b,c      : matrix;
14
15
16   PROCEDURE matrix_mult(SCALAR VAR a,b,c : matrix);
17   (* c := a * b *)
18   SCALAR k: INTEGER;
19   VECTOR ra,rb,rc : REAL;
20   BEGIN
21    LOAD (ra,a);
22    LOAD (rb,b);
23    PARALLEL
24     PROPAGATE.verA(ra);
25     PROPAGATE.verB(rb);
26     rc := ra * rb;
27     FOR k := 2 TO max DO
28      PROPAGATE.left(ra);
29      PROPAGATE.up(rb);
30      rc := rc + ra * rb;
31     END;
32    ENDPARALLEL;
33    STORE(rc,c);
34   END matrix_mult;
35
```

Matrixmultiplication on Sequent Symmetry

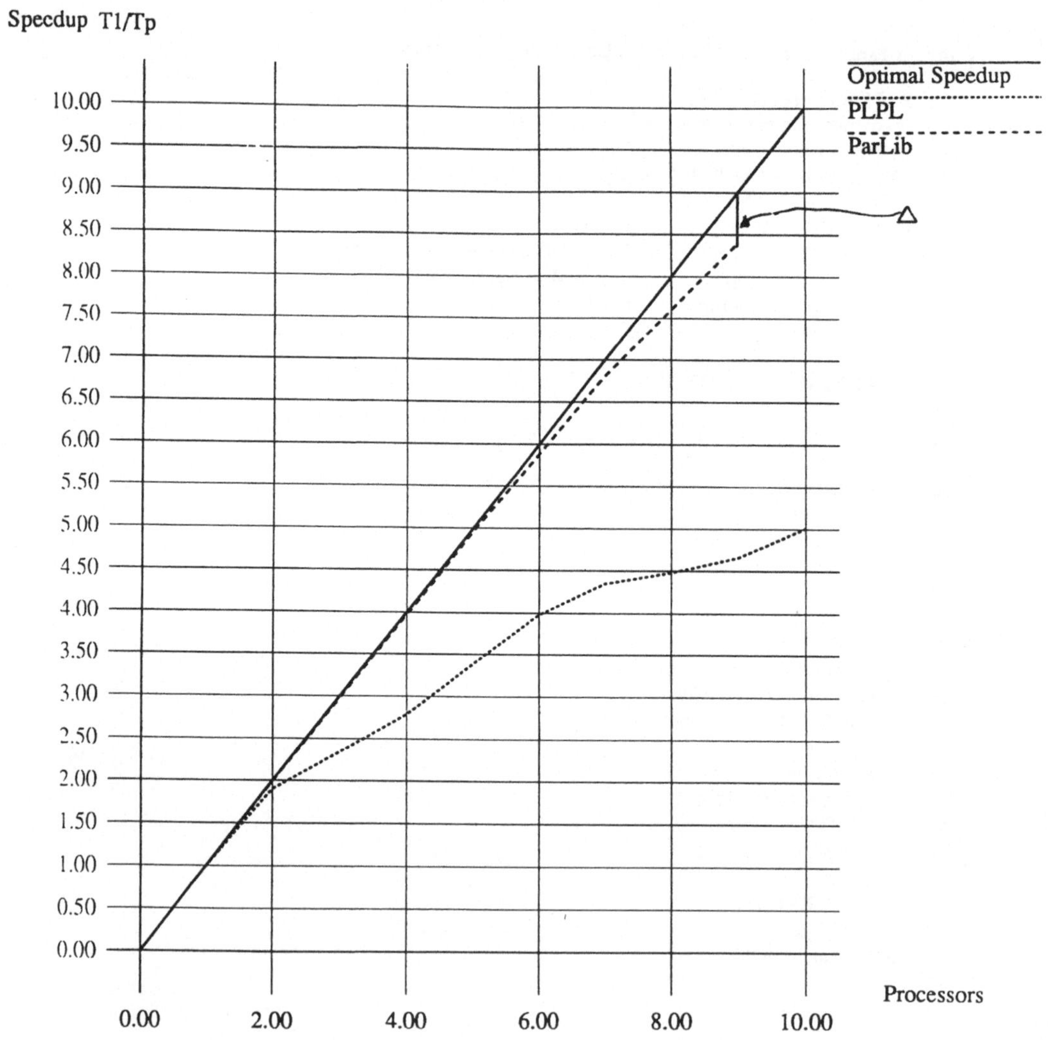

Interpreting the Curve With Amdahl's Law

The $\triangle$ in the previous chart, i.e. the difference between the ideal speedup (9) and the acutal speedup (8.4), allows for an estimate of f. Based on these values we get

$$f \approx 0.9911$$

Assuming that this portion of sequential code is independent of the degree of parallelism, one can predict the speedup for, say, 100 processors.

Using the formula, we get

$$S (100) = 53.16$$

What Are the Building Blocks of Parallel Programming?

---

1. Algorithm design
   For each problem class and computation pattern, specific parallel algorithms must be designed, which more often than not will be radically different from the sequential algorithm. The design has to take into account,
   what type of parallel machine is to be used. There is no "generic" parallelization.

2. Implementing the parallel algorithm
   Here the same rules apply as for conventional programming: The more you
   strive for performance, the closer you have to get down to the "real" hardware – which means programming in assembler. But for general applicability of such machines, very high–level (i.e. non–procedural) languages are
   needed to hide all aspects of parallelism from the average user.

3. Static mapping and optimization
   A compiler has to translate the parallel programs into a language that reflects an abstract version of the underlying machine (types of synchronization available, capability of processors).

4. Dynamic mapping and load balancing
   The compiled program has to be mapped onto processes on actual processors depending on the size of the problem, the number of available (idle)
   processors, etc.
   This should ideally include software fault tolerance and recovery.

More Aspects of Writing Parallel Programs

- Mapping of parallel execution units to real or virtual processors.

- Exchanging state and data with other execution units (communication).

- Synchronization on shared state.

- Error handling and recovery: What happens if one parallel execution unit (out of, say, 10,000) crashes?

Ideally, the programmer should not have to worry about any of these aspects.

Actually, even today he needs not, but then programs run <u>very slowly</u> on parallel machines.

How to Handle Parallelism in the Programming Environment

- Give the programmer access to parallel execution units in the operating system (processes, tasks, threads).

- Provide interfaces for parallel service invocations (servers, server classes).

- Allow for set–oriented references to data in order to denote partitions which can be accessed in parallel.

- Provide language features for specifying parallel control flow:
  fork / join
  coroutines
  parbegin / parend
  do in parallel
  for each
  .
  .
  .

- Introduce a separate layer for describing complex control flow among simple (sequential) execution units (networks, scripts).

- Strip the language of all procedural aspects and make it functional or logic oriented or . . . instead. Then the compiler has to worry about parallelism.

The Virtual Shared Memory Concept

To bridge the gap between <u>actual shared memory</u>, which

- allows for (comparatively) easy programming, but

- does not scale very far,

and

<u>distributed memory</u>, which

- scales over wide ranges, but

- is harder to program and administer

the notion of virtual shared memory has been proposed. A programming environment based on that idea lets the programmer declare variables which can be named and accessed from any parallel execution unit, independent of where the unit is allocated and where the variable is stored.

This makes writing parallel programs easier. However, the problem of mapping the data to actual processors and allocating tasks such that they are close to their most frequently needed data is then left to the underlying run time system.

There are no good algorithms for doing that really efficiently yet.

Example of a Script

Precedence graph:

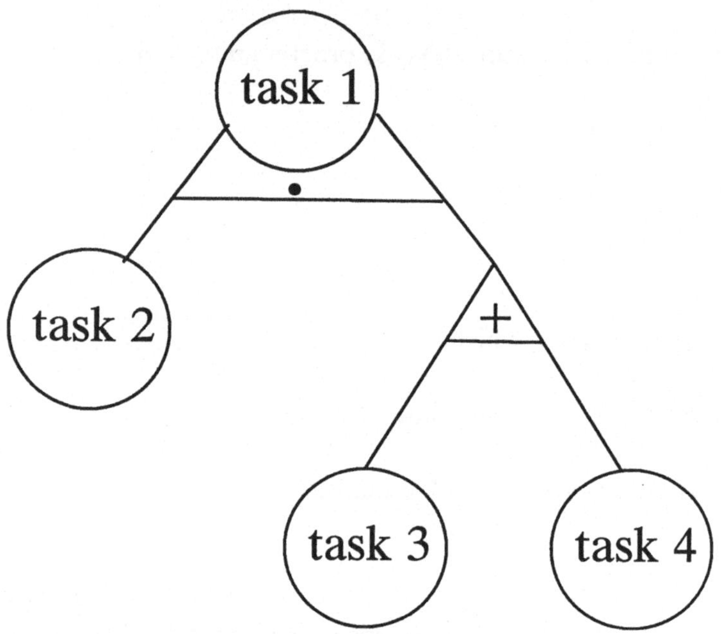

Script:

define ^ event (name: e1, token count: 2);

define ^ event (name: e2, token count: 1);

send ^ token (start event: e2, receiver: e1, count: 1);

define ^ task (ID: task1, start event: e1: params: . . .);

define ^ task (ID: task2, termination event: e1, params: . . .);

define ^ task (ID: task3, termination event: e2, params: . . .);

define ^ task (ID: task4, termination event: e2, params: . . .);

An Example of a Programming Language with Some Built-In Features for Handling Parallelism: Strand

---

- PROLOG–like syntax and semantics

    - no backtracking

- No user–defined data–types

    - pass user–defined data–types (e.g. arrays) from foreign–language interface

    - integer, real, string, lists, tuples

- No statements for interation (loops); must use recursion

- Dateflow synchronization

    - single–assignment variables

- A STRAND program is a set of clauses of the form:

$$H :- \quad G_1 , \ldots , G_n \ | \ B_1 , \ldots , B_n$$

head   guard   body

    - head and guards look like

        clause ($arg_1 , \ldots , arg_n$)

    - body looks like

        clause ($arg_1 , \ldots , arg_n$) @ address

    - address specifies on which node the task should run
      e.g. matmult (A, B, C) @ next

More on STRAND

The "intuition" of the clauses can be described as follows:

H .   process H terminates

H : – $G_1, \ldots, G_n$ | true .

process H terminates if all

guards $G_1, \ldots, G_n$ are true.

H : – $G_1, \ldots, G_n$ | B .

process H changes state to B

if all guards are true.

H : – $G_1, \ldots, G_n$ | $B_1, \ldots, B_n$.

process H forks $B_1, \ldots, B_n$

if all guards are true.

Guards are optional (e.g. H : – B_1, B_2 .)

Typical Performance Problems in Parallel Systems

---

1. Inappropriate *data partitioning resulting in highly unbalanced load among* the processors serving the partitions.
   Example: If the same computing power is given to the "busy" region of a ray tracing algorithm as to a quiet region, speed–up will suffer.

2. Memory thrashing in shared–memory parallel machines.

3. Excessive I/O that is not overlapped with computation.

4. Applications are structured such that many serial wait relationships occur. Frequent reasons for that are: Granularity of decomposition is too large, synchronization is too restrictive, computation is decomposed into producer–consumer–like relationships, etc.

5. Contention for shared variables, like counting semaphore, task queues, the problem heap, etc.

6. Data dependencies in loops.

An Example of Using Moderate Parallelism for Commercial Applications

---

Database systems are probably the oldest successful implementations of moderately parallel algorithms on <u>shared</u> data.

Moderate parallelism means something between 10^2 and $1o^3$ processing units and processors.

Relational database systems employ both types of parallelism: Functional parallelism for complex queries, and data parallelism for the low–level operators.

Aspects of parallelism are completely hidden from the programmer by the following provisions:

1. SQL is a non–procedural language, so the optimizer generates the parallel program.

2. Access to shared data among concurrent execution is automatically synchronized according to the transaction paradigm, which lets each execution unit see the data as though it was running in single–user mode.

Failures and crashes are largely hidden from the application by explicitly defining what a correct state of the system is and by automatic recovery to the most recent correct state.

Parallel database systems are actively replacing mainframe–based systems, because they offer superior performance at lower prices and with much higher availability.

Parallelism in SQL

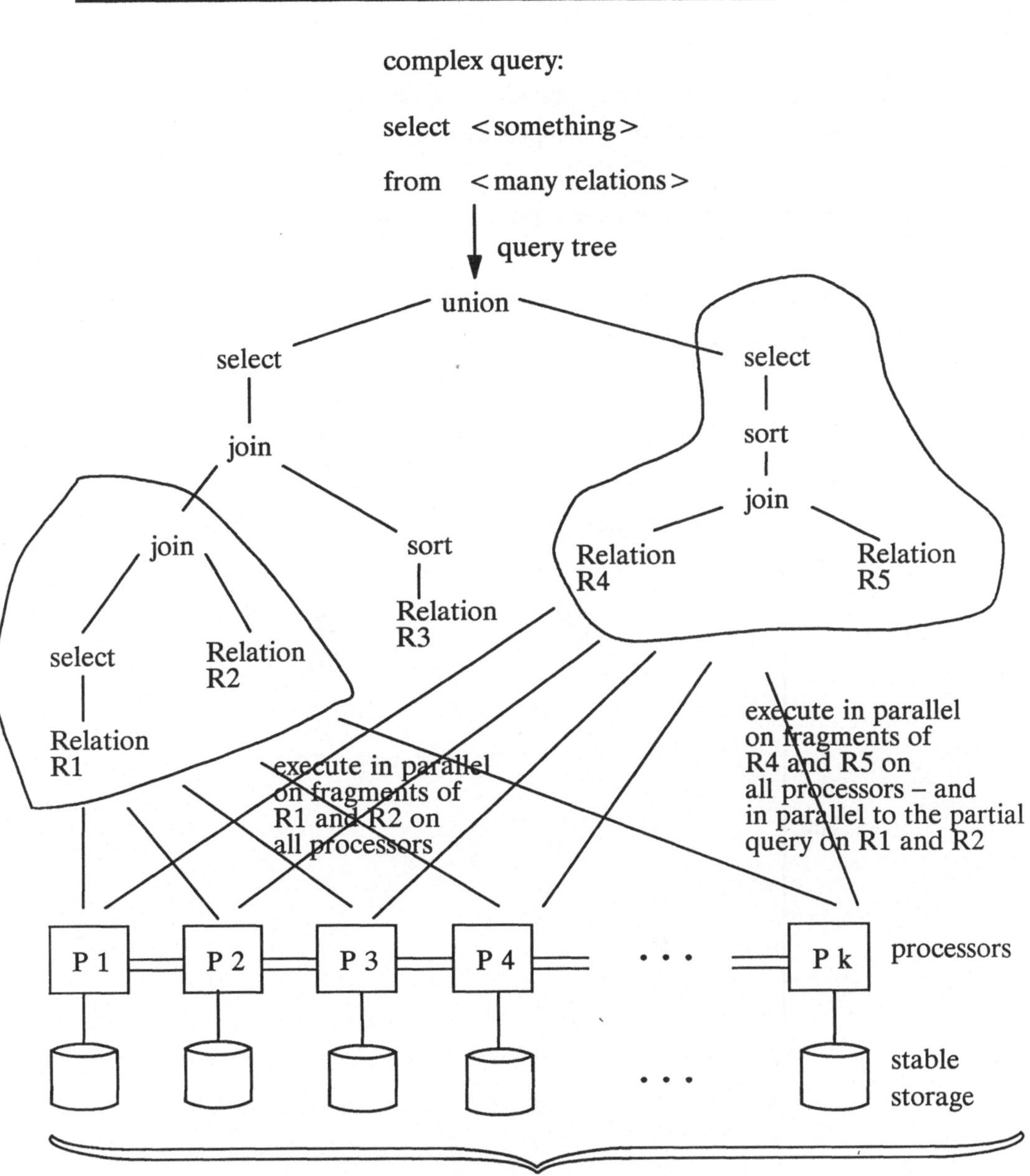

The distributed memory parallel database system

Parallel Processing in Data-Oriented Applications

The following chart shows the speedup–curves for the widely–used TPC–benchmark, run on Tandem VLX–processors.

Throughput is measured in transactions per second (TPS).

This type of linear scaleup has meanwhile been demonstrated up to ca. 300 processors of different types and vendors.

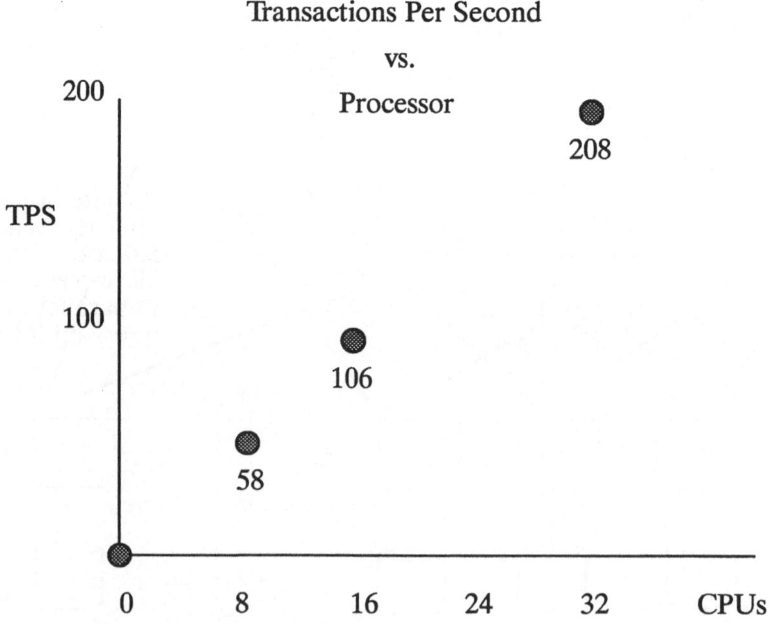

Which Lessons Can Be Learnt From SQL?

---

1. If there is a high potential of data parallelism, then it easily can be exploited automatically <u>for a standard set of (powerful) operators</u>.

2. Function parallelism – even on a standard set of operators – is fairly hard to optimize and to balance dynamically.

3. Writing complex applications for such systems is feasible only if the user (i.e. programmer) has nothing to do with parallelism. Non–procedural languages are a must.

4. Failures in parallel systems (at least massively parallel systems) will not be too rare for individual components. This should not affect the overall computation. Explicit error handling and recovery by the application is infeasible on such systems.

5. Having an agreed–upon unit of execution from the application level down to the operating system, which can be used as a reference for synchronization, recovery, etc. (like the transaction in databases) is a very good idea.

Synchronization Oriented Data Parallelism

Current parallel programming environments get fairly ugly and complicated, whenever the data portions given to different execution units are not completely disjoint. Then messages must be sent, or semaphores must be tinkered with, or whatever.

Consider, e.g. multi–grid algorithms, were one has to worry about the interactions on the boundary elements:

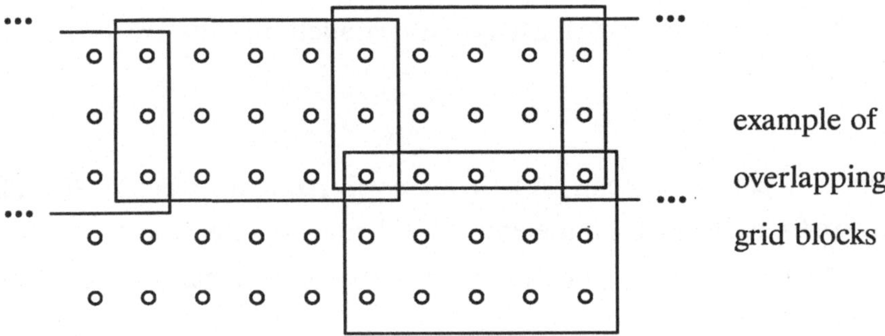

example of overlapping grid blocks

Here one could apply a lesson from databases. The assumption there is that each transaction – for all it knows – works on its own, private data; no overlap, no collision.

If at run–time the underlying system finds out that two execution units try to access the same data item concurrently, it automatically makes sure they get serialized with respect to that data item.

In numerical applications, serialization is probably not the most adequate criterion, but the same type of transparent synchronization appears to be usable in a variety of situations.

This is What an Experienced Programmer of MIMD-Machines Has to Say:

Warning:

There is a long history of:

Hardware guys build a box

Which no software guy ever learned to program
The Illiac Series
The Goodyear Star
The Hypercube
The Connection Machine

ALL SIMD machines fall in this category

adapted from Jim Gray

Conclusions

Parallel machines are there, but the question of how to make them really useful at acceptable cost still lacks a satisfying answer.

This is a list of problems whoever has time and enthusiasm can work on:

- Algorithm design
  Many theoretical results are available about how to do what in parallel, but many of the algorithms are based on slightly unrealistic assumptions (e.g. instantaneous communication). Find implementable ones.

- Parallel programming
  This field currently resembles the assembler age of conventional programming. Find higher level languages with adequate operators that are flexible on one hand and on the other allow for semi–automatic parallelization.

- Load balancing
  Find ways to use as much of the machine as the problem at end really needs and leave the rest to the other users. Do that dynamically. This assignment is a hard one.

- Operator specific synchronization
  This is a corollary to the problem of defining non–procedural programming constructs.

- Fault Tolerance
  Build a parallel machine plus operating system such that individual units of computation (tasks) will be automatically recoverable and get transparently resynchronized with the rest of the computation.

Parallel Computing:

Experiences, Requirements, and Solutions from BBN

W. B. Barker

BBN Advanced Computers Inc.
70 Fawcett Street
Cambridge, MA 02138 USA

Abstract

Bolt Beranek and Newman Inc. has been involved in parallel computing for nearly 20 years and has developed several parallel processing systems and used them in a variety of applications. During that time, massively parallel systems built from microprocessors have caught up with conventional supercomputers in performance and are expected to far exceed conventional supercomputers in the coming decade. BBN's experience in building, using, and marketing parallel systems has shown that programmer productivity and delivered, scalable performance are important requirements that must be met before massively parallel systems can achieve broader market acceptance.

1 Introduction

Parallel processing as a computing technology has been around almost as long as computers. However, it has only been in the last decade that systems based on parallel processing technology have made it into the mainstream of computing. This paper explores the lessons learned about parallel computing at Bolt Beranek and Newman Inc. (BBN) and, based on these lessons, our view of where parallel processing is headed in the next decade and what will be required to bring massively parallel computing into the mainstream.

BBN has a unique perspective on the trends and history of parallel computation due to its long history in parallel processing, dating back to 1972. Over this time, BBN has developed five generations of computer systems based on parallel processing technology and has engaged in advanced research in parallel algorithms and very large scale systems. In addition to parallel processing research, BBN has been shipping commercial parallel processors since 1975 and has installed more than 300 systems. This represents approximately $100M in investment of private and government funds in BBN parallel processing technology and products.

As shown in Figure 1, BBN has developed extensive experience with parallel processing systems during this 18-year period. Large numbers of these systems have been used by BBN in communications and simulation applications, most of which are still in operation today. BBN has also used BBN parallel systems in a wide range of research projects, such as speech recognition and artificial intelligence. This extensive experience using our own parallel computers is unique within the industry and has enabled BBN to better understand the needs of parallel computer users.

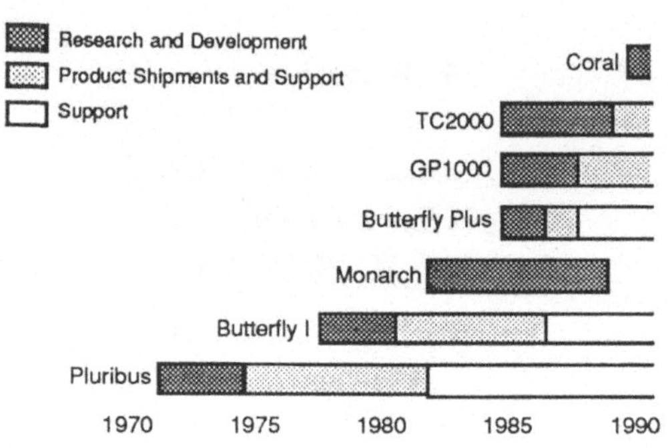

Figure 1:
BBN Parallel Processing Systems and Projects

2 Parallel Processing: 1980 to 2000

In the 1980's, the high-performance computing industry gained experience with parallel processing on a small scale. Vendors such as Sequent and Alliant developed systems with up to tens of processors, and the major vendors, including IBM, Cray, and DEC, all began marketing systems with four to eight processors. Parallel processing on this scale has now become commonplace in the industry, with even high-end workstations and PC servers employing multiple CPUs.

A key development that helped bring about this acceptance was the symmetric multiprocessing (SMP) operating system. Typically based on UNIX®, but in some cases on proprietary operating systems, SMP operating systems made it much easier to use multiprocessor computers. All of these systems support shared memory, which is needed to develop the parallel operating system kernels used in SMP systems.

However, all of these systems have bus-based or crossbar architectures, limiting the scalability of the systems. The bus in a bus-based architecture has a fixed bandwidth, limited by the technology used and by the physical dimensions of the bus. This fixed bandwidth becomes a bottleneck as more processors are added due to the increase in contention for the bus. Crossbar architectures provide scalable bandwidth, but the cost of crossbars increases as the square of the number of ports, rendering them economically infeasible for more than a few dozen processors.

In the 1990's, massively parallel computers based on scalable interconnects will become a mainstream technology, just as small-scale parallel processing did in the 1980's. The driving force is the economics involved in increasing the performance of the most powerful computers. It is becoming increasingly expensive in both dollars and time to develop succeeding generations of traditional ultra-high clock rate supercomputers and mainframes. Massively parallel systems will be the only affordable way to achieve the performance goals of the 1990's. This shift is made possible by three technologies, discussed in the following sections:

1. High-performance RISC microprocessors,
2. Advanced software, and
3. Versatile, scalable system interconnects.

3 The Attack of the Killer Micros

One of the key drivers in the high-performance computing industry is the disparity between the price/performance and overall performance gains of microprocessors versus conventional mainframes and vector supercomputers. As Figure 2 illustrates, the gains in microprocessor performance are far more rapid than those for supercomputers, with no end in sight for this trend. When looking at curves such as these, it seems obvious that high-performance microprocessors and parallel systems built from these microprocessors will come to dominate the high-end computing market; this is the "attack of the killer micros."

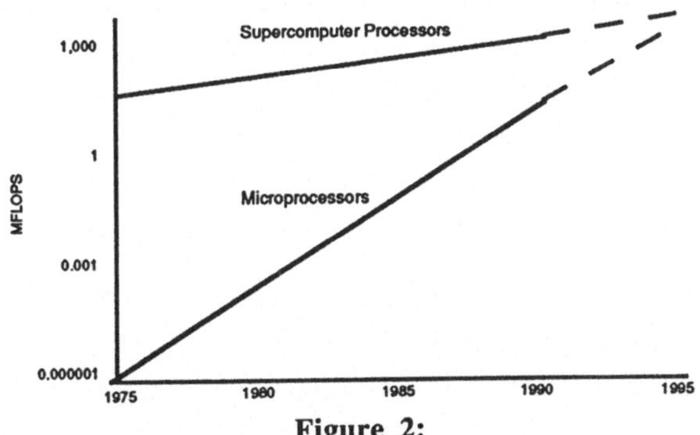

Figure 2:

Absolute Performance Gains of
Microprocessors vs. Supercomputers

This changeover is only just now occurring. As Figure 3 illustrates, parallel systems are now capable of higher performance and better price/performance than traditional supercomputers. This transition occurred with the advent of RISC microprocessors, which provided sufficient floating point performance to enable parallel systems to rival supercomputers. This performance and price/performance gap will continue to widen in favor of parallel micro-based systems as microprocessor gains continue to outstrip those of supercomputers.

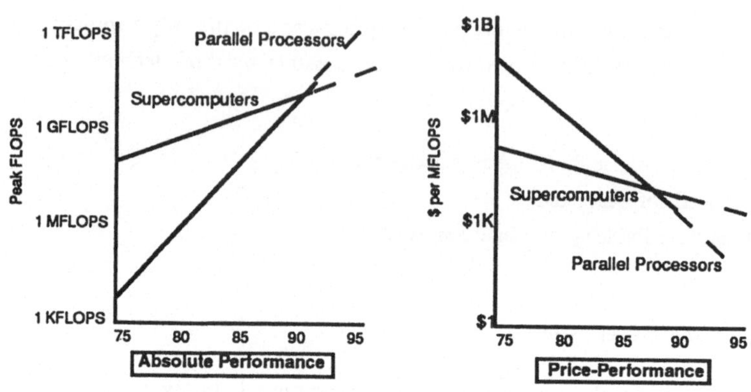

Figure 3:

Improvements in Parallel Processors vs. Supercomputers

4 Programmer Productivity on Massively Parallel Systems

High performance and attractive price/performance are not enough to bring massively parallel systems into the computing mainstream. It is well known that only 10-20% of a computer center's budget goes to paying for computer hardware. The largest portion goes to paying for people to write software and to support the computers. Large gains in price/performance can be quickly erased if the system is difficult to use. In order to be accepted by a larger number of customers, massively parallel systems must provide ease-of-use and programmer productivity that is more like current mainstream high-performance systems.

The conventional wisdom in the 1980's was that parallel systems are difficult to use because it is hard to parallelize code. However, many problems are naturally parallel and readily map to parallel architectures. For these problems, the past has been spent trying to develop serial algorithms that solve these problems on single-CPU systems. Trying to take this serial code and parallelize it is clearly not the most productive approach. A more productive way is to directly map the parallel problem onto a parallel system.

Also, most computer systems today are parallel systems. Minicomputers, workstations, minisupers, supercomputers, even mainframes all have more than a single CPU. Clearly, parallelism itself isn't the only problem, since such systems from major computer vendors are now considered mainstream computers.

Yet there is a programmer productivity gap on most massively parallel systems, as illustrated in Figure 4. While the productivity on small-scale parallel systems now mirrors the traditionally higher productivity of uniprocessor systems, the productivity on these massively parallel systems is still very low. Given that there are plenty of parallel problems and that parallel processing has reached the mainstream, what is still holding massively parallel systems back? The answer lies in their software development environment.

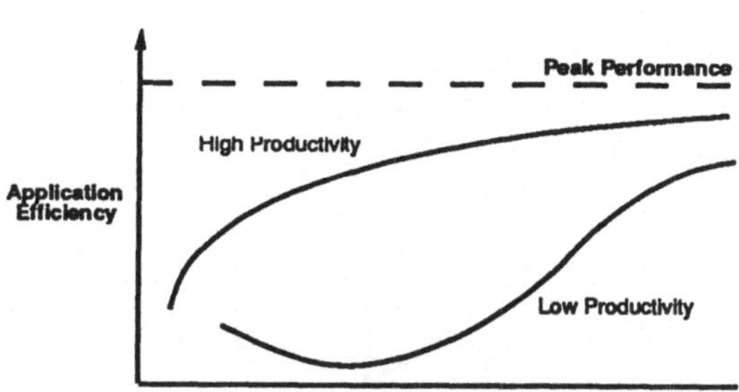

Figure 4:
The Programmer Productivity Gap

4.1 Front-end/Back-end vs. Native UNIX

One key differentiator between most massively parallel systems and the successful mainstream parallel systems is the relationship of the development environment to the computer. In most massively parallel systems, the computer is an attached processor or back-end to a front-end workstation, minicomputer, or personal computer as depicted in Figure 5. All software development and user interaction is done on the front-end, while program execution runs on the back-end parallel system. BBN's early parallel processors, such as the Butterfly® I and Butterfly Plus systems, required such front ends. As we learned, there are several problems with this architecture:

1. Bottleneck: The link between the front-end and the back-end is a potential bottleneck. It is frequently a local area network, such as ethernet, with a very limited bandwidth compared to the requirements of high-end supercomputer applications.

2. Hard to debug and tune: Because the software development tools are separate from the parallel back-end, it can be difficult to debug and tune programs. The tools on the front-end cannot directly examine the memory of the back-end and must rely on the back-end processors for information. If a program crashes some or all of the parallel nodes' kernels, the debugger may not be able to provide sufficient information.

3. Slow development cycle: Since development is done on a separate computer, the power of the parallel supercomputer is not available to run the development tools, such as the compiler. Also, executable program images must be downloaded into the back-end, adding a step to the development cycle and further slowing down productivity.

4. Multiple environments: While the front-end typically runs UNIX, the back-end processors run a proprietary kernel. This requires the developer to learn two different environments.

5. Limited kernel: The proprietary kernel that runs on the back-end processors does not provide all of the facilities that users expect on modern computers. These kernels provide little protection between tasks, no virtual memory, and few OS services.

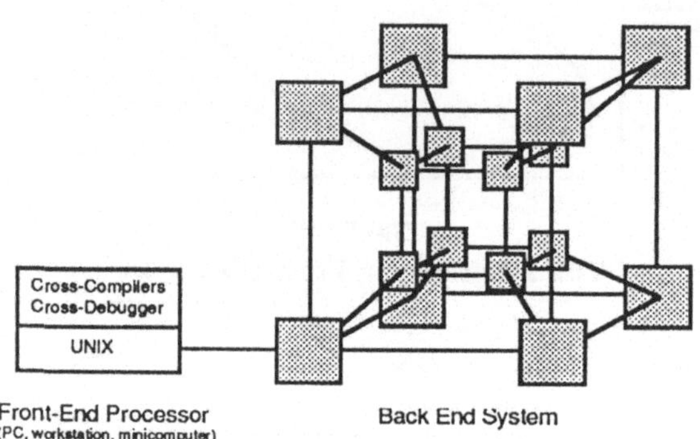

Figure 5:
A Front-End/Back-End System

Contrast this with modern supercomputers, mainframes, minicomputers, and workstations. All have native development environments, typically based on UNIX. This greatly simplifies development since the tools run on the same machine and under the same operating system as the executable programs. The full services of UNIX that are available to the programmer are also available to the executable program, including virtual memory, memory protection, and other system services. Since these systems are all shared memory machines, powerful tools can be built for debugging and analyzing program performance with limited intrusion into the programs operation.

Recent BBN parallel computers, such as the GP1000™ and TC2000™ systems, are complete, stand-alone UNIX systems and do not require a front end. The Mach 1000™ and nX™ operating systems that run on these computers contain a highly symmetric multiprocessing (SMP) kernel that provides all of the facilities that users expect, including load balancing, parallel pipes and shell commands, etc. Since these operating systems present a standard UNIX interface and are compliant with the POSIX 1003.1 standard, users familiar with UNIX can begin using the system immediately. In fact, there are typically many users logged into and using a TC2000 system only hours after it is installed. This is in contrast to our earlier front-end/back-end systems, where users spent days or weeks studying manuals before running their first programs.

4.2 Single-user vs. Multi-user

A second difference between mainstream computers and most massively parallel systems is the number of simultaneous users or applications that can be supported. Front-end/back-end massively parallel systems typically allow only a single user to be using the back-end at one time; some systems now support two or four users by dividing the system into two or four equal parts. This style of resource scheduling is characterized by batch operation or "sign up sheets." This is an adequate model for systems that will be dedicated to a single application, but is a step backwards in productivity for multi-user environments when compared with mainstream computers that support timesharing operating systems. As has been known for many years, timesharing provides a means to more highly utilize a computer system. Raw peak MFLOPS are not as important as the number of actual FLOPS that are used in real programs; unused FLOPS are wasted FLOPS. The real measure of system effectiveness is the number of solutions per year that the user base can achieve.

Early in BBN's use of the Butterfly I computer, we realized that flexible multi-user access was required in order to get the most productivity out of the system. The ability to cluster together an arbitrary number of processors was added to the Chrysalis™ operating system (and later carried forward into Mach 1000 and nX), providing a simple but powerful "space-sharing" mechanism to allow multiple users to share a system. However, in order to eliminate the front-end and move general computing and software development activities onto the system, real time-sharing capabilities were needed to enable processors to be used by multiple users. The Mach 1000 and nX operating systems provided true time-sharing.

5 Interconnect Performance, System Versatility, and Delivered Performance

Related to the number of users that can use a system at the same time is the number of different kinds of problems that a system can solve. The more flexible a system is in terms of programming paradigms that it supports, the more solutions per year can be delivered. As we learned while adapting a wide range of applications to the early Butterfly systems, it is much more productive to program using a paradigm that is natural to the problem at hand than to attempt to force-fit the code to a machine-dependent paradigm. Specialized architectures do have a place running certain applications where the specialized system's architecture provides very high performance and the same code will be run a large number of times. However, many problems are not well suited to these systems.

Current mainstream systems provide a very flexible programming environment in which to develop algorithms. Based on shared memory architectures, these systems have demonstrated their applicability in a wide range of applications, from scientific problems to commercial applications. BBN's experience with our parallel systems indicates that shared memory architectures are the best way to provide a multi-paradigm environment comparable to mainstream systems. For example, the TC2000 uses the Butterfly switch [1] to provide a large, globally addressable memory space that is shared by the processors, yet is physically distributed: "distributed shared memory." This provides the convenience of the shared memory model for those applications to which it is suited, while providing the scalable bandwidth of distributed memory. The TC2000's Butterfly switch also makes it an ideal system for programming with the message passing paradigm, providing low message transfer latencies.

Another key difference between mainstream systems and primitive massively parallel computers is the system's delivered performance on applications which tend to randomly accessing large amounts of memory. According to John Gustafson of NASA/Ames Laboratory, "Supercomputers will be rated by dollars per megabyte per second more than dollars per megaflop ... by savvy buyers." [2] A system's ability to randomly access memory is called its random access bandwidth, or RAB. High RAB is needed for such applications as data classification and retrieval, real-time programming, sparse matrix algorithms, adaptive grid problems, and combinational optimization [3].

High-RAB systems can deliver high performance on a wider range of problems than can systems with low RAB and provide the programmer with more options for developing algorithms. This is one of the strengths of the traditional supercomputers and mainframes and is a key reason why most massively parallel systems do not run certain parallel applications as well as one would expect. The TC2000 is capable of RAB that is comparable to, and indeed higher than, that of mainstream systems. Figure 6 compares the TC2000 with several other systems on the portable random access benchmark [4]. For even higher RAB, the Monarch project [5] at BBN explored advanced switching techniques and designed a very large-scale MIMD computer with the potential for several orders of magnitude more RAB than modern supercomputers.

System	Number of Processors	RAB (Kraws/sec)[1]
TC2000	1	271
	40	9,058
	128	23,587
	512	116,000 (est.)
i860 Touchstone	1	2.5 (est.)
	128	300 (est.)
IRIS 4D/240	1	367
	4	818
Cray YMP/832	1	30,200

Figure 6:
Comparison of Random Access Bandwidth

Lastly, BBN's experience using early Butterfly systems in real-time simulation and communications applications indicated that special capabilities were required for these areas. The real-time model places very

---

o random access words per second

demanding constraints on system latencies and performance and requires software and hardware beyond what is provided by typical non-real-time systems. These capabilities include a low-overhead real-time executive, low-latency access to shared memory, hardware support such as timers and globally-synchronized real-time clocks and support for the Ada programming language.

6 Challenges and Directions for the Future

The challenge facing the vendors of massively parallel processors in the 1990's is to develop systems that provide high levels of performance without sacrificing programmer productivity. When comparing the next generation of parallel systems, it is the interconnect and memory architecture and the software that will distinguish one system from another. All of these vendors will have access to the same microprocessors, the same semiconductor technology, the same memory chips, and comparable packaging technologies. The ability to build scalable, massively parallel systems that are readily programmable will determine the successful systems in the future.

Most vendors have realized this and are working to enhance their products accordingly, as shown in Figure 7. The traditional bus-based and crossbar architecture systems have always held the lead in application versatility and programmer productivity, but do not scale to massively parallel levels. Many of these vendors, such as Cray, have announced plans to develop systems that scale beyond their current tens of processors. At the same time, vendors of data parallel and private memory MIMD systems are working to make their systems more versatile by improving interconnect latency, adding global routing or simulated shared memory, and adding more UNIX facilities to their node kernels. The direction in which all of this development is moving is toward a massively parallel UNIX system with low-latency distributed shared memory.

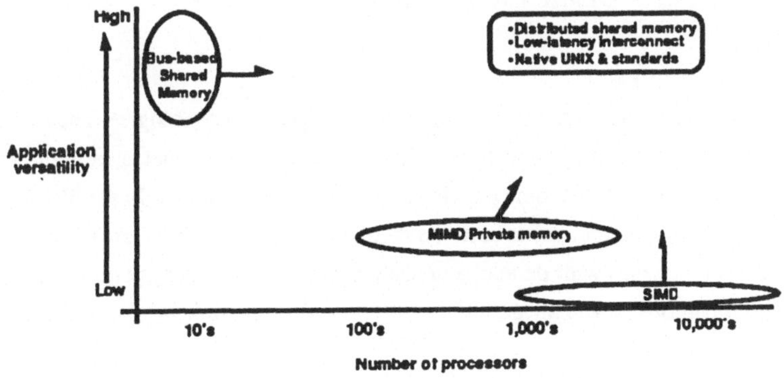

Figure 7:
Directions in Architecture

As in previous transitions in the computer industry, the older technology will not disappear but will continue to coexist with the new technology. In particular, massively parallel systems will coexist with conventional supercomputers, as illustrated in Figure 8. In this "model supercomputer center," a variety of resources are interconnected via a high-speed network or switch and are available to users. The traditional vector supercomputer will provide compute services for those problems that are vectorizable and primarily serial and will continue to run some older codes. The special purpose application accelerators provide very high performance on select problems that are executed with sufficient frequency to justify the development cost of the application and the cost of the hardware. The general purpose parallel system will offload the vector supercomputer of non-vector codes and will provide a production environment for most new parallel applications. It will also serve as a testbed for parallel algorithm research and development.

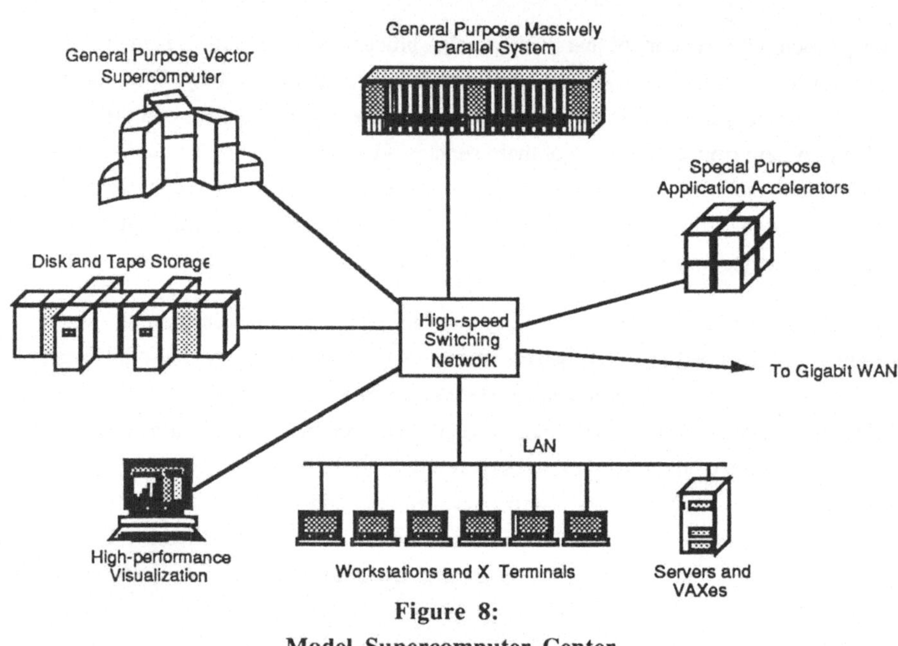

Figure 8:
Model Supercomputer Center

7 Summary

In the 1980's, parallel processing moved into the mainstream of computing technologies. The rapid increases in "killer micro" performance will enable massively parallel systems to meet the needs of high-performance users in the 1990's. However, in order to become a mainstream technology, massively parallel systems must close the programmer productivity gap that exists between them and small-scale parallel systems. The keys to closing this gap are standard languages with parallel extensions, native operating systems (such as UNIX), a powerful software development tool set and an architecture that supports multiple programming paradigms.

Appendix A: BBN Parallel Processing Systems

The Pluribus was BBN's first parallel processing system. Developed in the early 1970's, with initial customer shipments in 1975, it consisted of up to 14 Lockheed Sue minicomputers interconnected via a bus-based distributed crossbar switch and supported shared global memory. It was used primarily in communications applications, many of which are still operational today.

Pluribus	Butterfly	Butterfly+	GP1000	TC2000	Coral
•Parallel Hardware	•Massively Parallel Hardware	•Performance Improvement	•Mach 1000	•10X Performance	•5-10X CPU Performance
•Shared Memory	•Shared Memory	•More Memory	•pSOS	•nX, pSOS+m	•4X Packaging Density
•Bus and Crossbar	•Butterfly Switch		•TotalView	•Ada, C++	•More Memory
	•Chrysalis		•Parallel Fortran	•VME	•Compilers
	•Uniform System			•Xtra	•HPPI, FDDI
				•More Memory	•VME64 •Tools & Libraries

Figure 9:

The BBN Family of Parallel Computers

The initial member of the Butterfly family of systems, the Butterfly I, was developed beginning in 1977. An outgrowth of the DARPA-funded Voice Funnel project, a packetized voice satellite communications system, the Butterfly I computer was designed to scale to 256 Motorola 68000 processors (a system of this size was built in 1985), but without giving up the advantages of shared memory. The key to achieving this scalability was a multistage interconnection network called the Butterfly switch. BBN developed the proprietary Chrysalis operating system, the Gist™ performance analyzer, and the Uniform System™ parallel programming library for this system. Butterfly I's were used in a wide variety of research projects and also are used as Internet gateways when running communications code developed at BBN.

In the early 1980's, DARPA also funded BBN to explore very large scale parallel processing systems. The Monarch project explored the design of a 65,536-processor shared memory MIMD system using a multistage interconnection network similar to the Butterfly switch. The high-speed switch was implemented and tested using CMOS VLSI and a system simulator was constructed to explore the performance of the system on real problems. Some of the concepts and technologies have already been incorporated into Butterfly products and more will be used in future generations.

The Butterfly Plus system was developed to provide improved processor performance over the Butterfly I system by incorporating Motorola's 68020 processor and 68881 (later 68882) floating point coprocessors. Since this system used the same Butterfly switch, Butterfly I systems could be easily upgraded to Butterfly Plus performance.

The Butterfly Plus processor boards also included more memory and a memory management unit, which were key to the development of the Butterfly GP1000 system. The GP1000 used the same processors as the Butterfly Plus, but ran the Mach 1000 operating system, the world's first massively parallel implementation of UNIX. Mach 1000 was based on the Mach operating system developed at Carnegie Mellon University, but has been extended and enhanced by BBN. The TotalView™ debugger was another significant development that was first released on the GP1000.

The TC2000 system, BBN's newest and most powerful computer, was designed to provide an order of magnitude greater performance than previous Butterfly systems. The world's first massively parallel RISC system, the TC2000 employs the Motorola 88000 microprocessor and a new generation Butterfly switch that has ten times the capacity of the previous generation. The TC2000 runs the nX operating system, which was derived from the GP1000's Mach 1000 operating system. The TC2000 also runs pSOS+m™, a real-time executive.

The goal of the Coral project is to develop BBN's next-generation parallel system for initial delivery in 1992. The Coral system is targeted at providing up to 200 GFLOPS peak performance using 2000 processors, while retaining the shared memory architecture and advanced software environment of the TC2000 system, with which Coral will be software compatible.

Bibliography

[1] Inside the TC2000, BBN Advanced Computers Inc., February 1990.

[2] Supercomputing Review, June 1990.

[3] W. Celmaster, Random-Access Bandwidth and Grid-Based Algorithms on Massively Parallel Computers, BBN Advanced Computers Inc., September 5, 1990.

[4] W. Celmaster, Random Access Bandwidth Requirements of Point Parallelism in Grid-Based Problems, submitted to 5th SIAM Conference on Parallel Processing.

[5] Monarch Parallel Processor Hardware Design, IEEE Computer, April 1990.

The Dataparallel Computer MasPar MP - 1

Werner Butscher

MasPar Computer GmbH
Am Bornberg 12
3006 Burgwedel
Germany

Summary

By using CMOS VLSI and replication of components effectively, massive parallel computers can achieve extraordinary performance at low cost, Key issues are how processors and the memory are partitioned and replicated, and how interprocessor communication and I/O are accomplished. From the user's point of view, the ease of programming and the programming environment are of major importance. Dataparallelism is the natural extension of vector processing and allows for a transparent programming and debugging. This paper describes the design of a modern SIMD parallel computer that achieves peak rates above one billion floating point operations per second at minicomputer prices.

1   Introduction

Massively parallel computers use more than 1,000 processors to obtain computational performance unachievable by conventional processors .The MasPar MP-1 system is scalable from 1,024 to 16,384 processors and its peak performance scales linearly with the number of processors.A 16K processor system delivers 26,000 MIPS peak performance where a representative instruction is a 32-bit integer add.In terms of peak floating point performance, the 16K processor system delivers 1,300 MFLOPS single precision (32-bit) and 580 MFLOPS double precision (64-bit),using the average of add and multiply times.

To effectively apply a high degree of parallelism to a single application, the problem data is spread across the processors. Each processor computes on behalf of one or a few data elements in the problem. This approach is called "data-level parallel" and is effective for a broad range of compute-intensive applications.

Partitioning the computational effort is the key to high performance , and the simplest and most scalable method is data parallelism. The architecture of the MP-1 is scalable in a way that permits its computational power to be increased along two axes: the performance of each processor and the number of processors. This flexibility is well matched to VLSI technology where circuit densities continue to increase at a rapid rate. The scalable nature of massively parallel systems protect the customers' software investment while providing a path to increasing performance in successive products .

Because its architecture provides tremendous leverage, the MP-1 implementation is conservative in terms of circuit complexity, design rules, IC geometry, clock rates, margins, and power dissipation. A sufficiently high processor count reduces the need to have an overly aggressive (and thus expensive) implementation. Partitioning and replication make it possible to use low cost, low power workstation technology to build very high performance systems. Replication of key system elements happily enables both high performance and low cost.

2   The Architecture   of   the   MP-1

Figure 1 shows a block diagram of the MasPar system with five major subsystems. The following briefly describes each of the major components .

2.1 The Array Control Unit

Because massively parallel systems focus on data parallelism, all the processors can execute the same instruction stream. The MP-1 has a single instruction stream multiple data (SIMD) architecture that simplifies the highly replicated processors by eliminating their instruction logic and instruction memory, and thus saves millions of gates and hundreds of megabytes of memory in the overall system. The processors in a SIMD system are called processor elements (PEs) to indicate that they contain only the data path of a processor.

The MP-1 array control unit (ACU) is a 12.5 MIPS scalar processor with a RISC-style instruction set and a demand-paged instruction memory. The ACU fetches and decodes MP-1 instructions, computes addresses and scalar data values, issues control signals to the PE array , and monitors the status of the PE array. The ACU is implemented with a microcoded engine to accommodate the needs of the PE array, but most of the scalar ACU instructions execute in one 80 nsec clock. The ACU occupies one printed circuit board.

2.2   The Processor Array

The MP-1 processor array (figures 1 and 2) is configurable from 1 to 16 identical processor boards. Each processor board has 1,024 processor elements (PEs) and associated memory arranged as 64 PE clusters (PECs) of 16 PEs per cluster. The processors are interconnected via the X-Net neighborhood mesh and the global multistage crossbar router network.

The processor boards are approximately 14" by 19" and use a high density connector to mate with a common backplane. A processor board dissipates less than 50 watts; a full 16K PE array and ACU dissipate less than 1,000 watts.

A PE cluster (figure 3) is composed of 16 PEs and 16 processor memories (PMEM). The PEs are logically arranged as a 4 by 4 array for the X-Net two-dimensional mesh interconnection. Each PE has a large internal register file shown in the figure as PREG. Load and store instructions move data between PREG and PMEM. The ACU broadcasts instructions and data to all PE clusters and the PEs all contribute to an inclusive-OR reduction tree received by the ACU. The 16 PEs in a cluster share an access port to the multistage crossbar router.

The MP-1 processor chip is a full-custom design that contains 32 identical PEs (2 PE clusters) implemented in CMOS. A conservative 80 nsec clock yields low power and robust timing margins.

Processor memory, PMEM, is implemented with 1 Mbit DRAMs that are arranged in the cluster so that each PE has 16 Kbytes of ECC-protected data memory.A processor board has 16 Mbytes of memory, and a 16 board system has 256 Mbytes of memory, using 4 Mbit DRAM yields 1024 Mbytes total .The MP-1 instruction set supports 32 bits of PE number and 32 bits of memory addressing per PE, so that the memory size is only limited by cost and market considerations.

As an MP-1 system is expanded, each increment adds PEs, memory, and communications resources, so the system always maintains a balance between processor performance, memory size and bandwidth, and communications and I/O bandwidth.

2.3   The Processor Elements

The MP-1 processor element   (PE)   design is different than that of a conventional processor because a PE is mostly data path logic and has no instruction fetch or decode logic. SIMD system performance is the product of the number of PEs and the speed of each PE, so the performance of a single PE is not as important as it is in conventional processors. Present VLSI densities and the relative tradeoffs between the number of processors and processor complexity encourage putting many PEs on one chip.The resulting design tradeoff between PE area and PE performance tends to reduce the PE architecture to the key essentials.

Each PE (figure 4) is designed to deliver high performance floating point and integer computation together with high memory bandwidth and communications bandwidth, yet have minimal complexity and silicon area to make it feasible to replicate many PEs on a single high-yield chip.

Like present RISC processors, each PE has a large on-chip register set (PREG) and all computations operate on the registers. Load and store instructions move data between the external memory (PMEM) and the register set. The register architecture substantially improves performance by reducing the need to reference external memory. The compilers optimize register usage to minimize load/store memory traffic.

Each PE has 40 32-bit registers available to the programmer and an additional eight 32 bit registers that are used internally to implement the MP-1 instruction set. With 32 PEs per die, the resulting 48 Kbits of register occupy about 30% of the die area, but represent 75% of the transistor count. Placing the registers on-chip yields an aggregate PE/PREG bandwidth of 102 gigabytes per second with 16K PEs. The registers are bit and byte addressable.

Each PE provides floating point operations on 32 and 64 bit IEEE or VAX format operands and integer operations on 1, 8, 16, 32, and 64 bit operands. The PE floating point/integer hardware has a 64-bit MANTISSA unit, a 16-bit EXPONENT unit, a 4-bit ALU, a 1-bit LOGIC unit, and a FLAGS unit; these units perform floating point, integer, and boolean computations. The floating point/integer unit uses more than half of the PE silicon area but provides substantially better performance than the bit-serial designs used in earlier massively parallel processors.

Most data movement within each PE occurs on the internal PE 4-bit NIBBLE BUS and BIT BUS (figure 4). During a 32-bit or 64-bit floating point or integer instruction, the ACU microcode engine steps the PEs through a series of operations on successive 4-bit nibbles to generate the full precision result.For example, a 32-bit integer add requires 8 clocks: during each clock a nibble is fetched from a PREG register, a nibble is simultaneously obtained from the MANTISSA unit, the nibbles are added in the ALU, and the sum is delivered to the MANTISSA unit. At the same time, the ALU delivers a carry bit to the FLAGS unit to be returned to the ALU on the next step. The ALU also updates bits in the FLAGS unit that indicate overflow and zeroness.

The different functional units within the PE can be simultaneously active during each microstep. For example, floating point normalization and de-normalization steps use the EXPONENT, MANTISSA, ALU, FLAGS, and LOGIC units together. The ACU issues the same micro-controls to all PEs, but the operation of each PE is locally enabled by the E-bit in its FLAGS unit. During a floating point operation, some micro-steps are data-dependent, so the PEs locally disable themselves as needed by the EXPONENT and MANTISSA units.

Because the MP-1 instruction set focuses on conventional operand sizes of 8, 16, 32, and 64 bits, MasPar can implement subsequent PEs with smaller or larger ALU widths without changing the programmer's instruction model.The internal 4-bit nature of the PE is not visible to the programmer but does make the PE flexible enough to accommodate different front-end workstation data formats. The PE hardware supports both little-endian and big-endian format integers, VAX floating point F, D, an G format, and IEEE single and double precision floating point formats.

Along with the PE controls, the ACU broadcasts 4 bits of data per clock onto every PE nibble bus to support MP-1 instructions with scalar source operands. The PE nibble and bit bus also drive a 4-bit wide inclusive-OR reduction tree that returns to the ACU. Using the OR tree, the ACU can assemble a 32-bit scalar value from the OR of 16,384 32-bit PREG values in 8 clocks plus a few clocks of pipeline overhead.

2.4   Processor   Memory

Because only load and store instructions access PMEM processor memory, the MP-1 overlaps memory operations with PE computation. When a load or store instruction is fetched, the ACU queues the operation to a separate state machine that operates independently of the normal instruction stream. Up to 32 load/store instructions can be queued an executed while PE computations proceed, as long as the PREG register being loaded or stored is not used by the PE in a conflicting way. A hardware interlock mechanism in the ACU prevents PE operations from using a PREG register before it is loaded and from changing a PREG register before it is stored. The optimizing compilers move loads earlier in the instruction stream and delay using registers that are being stored.   The 40 registers in each PE assist the compilers in obtaining substantial memory/execution   overlap.

The PMEM processor memory can be directly or indirectly addressed. Direct addressing uses an address broadcast from the ACU, so the address is the same in each PE.   Using fast page mode DRAMS, a 16K PE system delivers memory bandwidth of over 11 gigabytes per second. Indirect addressing uses an address computed locally in each PE's PMEM ADDRESS UNIT and is a major improvement over earlier SIMD architectures, because it permits the use of pointers, linked lists, and data structures in a large processor memory. Indirect addressing is about one third as fast as direct addressing.

2.5   X-Net Mesh Interconnect

The X-Net interconnect directly connects each PE with its 8 nearest neighbors in a two-dimensional mesh. Each PE has 4 connections at its diagonal corners, forming an X pattern similar to the Blitzen X grid network. A tri-state node at each X intersection permits communications with any of 8 neighbors using only 4 wires per PE.

Figure 2 shows the X-Net connections between PE clusters. The PE chip has two clusters of 4 by 4 PEs and uses 24 pins for X-Net connections. The cluster, chip, and board boundaries are not visible and the connections at the PE array edges are wrapped around to form a torus. The torus facilitates several important matrix algorithms and can emulate a one-dimensional ring with two X-Net-steps.

All PEs have the same direction controls so that, for example every PE sends an operand to the North simultaneously receives an operand from the South. The X-Net uses a bit-serial implementation to minimize pin and wire costs and is clocked synchronously with the PEs; all transmissions are parity checked. The PEs use the shift capability of the MANTISSA unit to generate and accumulate bit-serial messages. Inactive PEs can serve as pipeline stages to expedite long distance communication jumps through several PEs. The MP-1 instruction set implements X-Net operations that move or distribute 1, 8, 16, 32, and 64 bit operands with time proportional to either the product or the sum of the operand length and the distance. The aggregate X-Net communication rate in a 16K PE system is 23 gigabytes per second.

2.6   Multistage   Crossbar   Interconnect

The multistage crossbar interconnection network provides global communication between all the PEs and forms the basis for the MP-1 I/O system. The MP-1 network uses three router stages shown as S1, S2, and S3 in figure 2 to implement the function of a 1024 by 1024 crossbar switch. Each cluster of 16 PEs shares an originating port connected to router stage C1 and a target port connected to stage S3. Connections are established from an originating PE through stages S1, S2, S3, and then to the target PE. A 16K PE system has 1024 PE clusters, so each stage has 1024 ports and the router supports up to 1024 simultaneous connections.

Originating PEs compute the number of a target PE and transmit it to the router S1 port. Each router stage selects a connection to the next stage based on the target PE number. Once established, the connection is bidirectional and can move data between the originating and target PEs. When the connection is closed, the target PE returns an acknowledgement. Because the router ports are multiplexed among 16 PEs, an arbitrary communication pattern takes 16 or more router cycles to complete.

The multistage crossbar is well matched to the SIMD architecture because all communication paths are equal length, and therefore all communications arrive at their targets simultaneously. The router connections are bit-serial and are clocked synchronously with the PE clock; all transmissions are parity checked. The PEs use the MANTISSA unit to simultaneously generate outgoing router data an assemble incoming router data.

The MP-1 router chip implements part of one router stage. The router chip connects 64 input ports to 64 output ports by partially decoding the target PE addresses. The full-custom design is implemented in two-level metal 1.6 micron CMOS and packaged in a 164 pin plastic quad flat pack. This die is 7.7 mm by 8.1 mm, and has 110,000 transistors. Three router chips are used on each processor board.

A 16K PE system has an aggregate router communication bandwidth in excess of 1.3 gigabytes per second. For random communication patterns the multistage router network is essentially equivalent to a 1024 by 1024 crossbar network with far fewer switches and wires.

3   Performing I/O on the MasPar MP-1

Since the global router provides high performance random PE to PE communication, it is also used to provide a high performance communication mechanism into the I/O subsystem. The interface is achieved by connecting the last stage of the global router to an I/O device, the I/O RAM (see figure 1). The I/O subsystem uses the following key components: the global router connection into the PE Array (over 1 GB/sec), a large I/O RAM buffer (up to 1024 MB), and a high speed (200 MB/sec) data communications channel between peripheral devices, a bus for device control (not for data movement).

All transactions from the I/O RAM to external I/O systems can occur asynchronously from PE Array operations. This is a key attribute since data can move into the I/O RAM at speeds over 1 GB/sec then move at I/O device speeds, typically in the tens of megabytes per second or less, without effecting the performance of the PE Array. These hardware mechanisms can support either typical synchronous UNIX I/O or newer (and faster) asynchronous I/O software models.

4   Software for the MP-1

Creating a commercially successful, massively parallel, minicomputer requires careful attention to the problems of application design and programming.The software product set was a key design focus for the MasPar computer from the beginning.

4.1   The Programming Model

Arbitrary existing programs will not necessarily run effectively on a massively parallel machine. For scientific and engineering applications, a reasonable analogy for a SIMD massively parallel machine is a vector register machine with the register length equal to the size of the processor array (for the MP-1 family, 1,024 to 16,192 processors). Most existing code has average vector lengths much shorter -- of the order of 25. From the outset, we have assumed that application code must written so that a high-degree of parallelism will be expressed. We did not attempt to create tools that would automatically discover massively parallelism in arbitrary preexisting applications (the "dusty decks").

It is believed that the following facts justify rethinking and reprogramming of applications:

Diminishing performance improvement in conventional machines forces all high-performance applications to consider architectural alternatives. There is growing agreement that some form of massive parallelism is the best approach to continuing performance and price/performance improvements. The issue of expressed use of parallelism is common to all these machines, not just the MP-1.

A VLSI massively parallel machine offers extraordinary price/performance improvements today. The peak performance of the machine is often 100-1000 times that of a conventional machine of equivalent price. We feel confident that many applications will achieve a factor of 10 improved price performance net of all the application conversion and reprogramming issues. It is generally thought that a factor of 10 in price performance justifies a significant adaptation effort in most applications.

Effective tools are available for porting of existing applications with minimal modifications. The net is that during the initial period of creating a SIMD application, focus must be placed on the computation kernels of the application, but often the majority of the existing code can be run intact.

For Fortran applications, a compiler for a subset of Fortran 90 is provided in which the parallelization is conveniently expressed in the array notation provided in that language. An application can be rewritten in Fortran 90 and run across a broad variety of computers, including traditional scalar and vector machines, as Fortran 90 compilers become available.

Finally, and most importantly, broad parallelism is inherent in most of the applications currently run on high-performance computers. Creating programs that take advantage of a massively parallel computer means taking advantage of the natural parallelism in the problem, which usually is in the form of reasonably uniform calculations on a multidimensional mesh of data. Numerical methods must be adapted to a SIMD, distributed memory computer architecture, but typically the parallelism does exist in the problem.

MasPar and other massively parallel computer vendors are using the term "data parallel" to connote the general concept of utilizing this kind of broad parallelism inherent in the data to utilize the many parallel processors. The important contrast is with control parallelism, in which a program is analyzed, either manually or by compiler tools, and sections of the program are run concurrently on multiple processors. Data parallelism is key to the effective use of massively parallel computers; control parallelism is not, simply because the level of control parallelism in typical programs is far less than the level of parallelism in the hardware.

4.2   Software   Philosophy

Historically, many new computers have debuted in the form of fast hardware, and software has been added over time. In today's software intensive world, such a raw computer is unaffordable because of the cost of reprogramming. A better model today is that of the RISC computer developers and their use of the UNIX operation system. A new RISC processor with an effective C compiler can quickly port a version of UNIX to new hardware , and in turn quickly deliver the numerous software capabilities available in a portable UNIX form.

MasPar's view of computer design has been similar to that of the RISC providers in the sense that the strategy has focussed on accelerating the widespread use of the machine b y

*   Utilizing compiler technology effectively

*   Utilizing existing languages

*   Integrating into existing computer networks

*   Supporting a standard operating system

Effective tools are available for porting of existing applications with minimal modifications. The net is that during the initial period of creating a SIMD application, focus must be placed on the computation kernels of the application, but often the majority of the existing code can be run intact.

For Fortran applications, a compiler for a subset of Fortran 90 is provided in which the parallelization is conveniently expressed in the array notation provided in that language. An application can be rewritten in Fortran 90 and run across a broad variety of computers, including traditional scalar and vector machines, as Fortran 90 compilers become available.

Finally, and most importantly, broad parallelism is inherent in most of the applications currently run on high-performance computers. Creating programs that take advantage of a massively parallel computer means taking advantage of the natural parallelism in the problem, which usually is in the form of reasonably uniform calculations on a multidimensional mesh of data. Numerical methods must be adapted to a SIMD, distributed memory computer architecture, but typically the parallelism does exist in the problem.

MasPar and other massively parallel computer vendors are using the term "data parallel" to connote the general concept of utilizing this kind of broad parallelism inherent in the data to utilize the many parallel processors. The important contrast is with control parallelism, in which a program is analyzed, either manually or by compiler tools, and sections of the program are run concurrently on multiple processors. Data parallelism is key to the effective use of massively parallel computers; control parallelism is not, simply because the level of control parallelism in typical programs is far less than the level of parallelism in the hardware.

4.2   Software Philosophy

Historically, many new computers have debuted in the form of fast hardware, and software has been added over time. In today's software intensive world, such a raw computer is unaffordable because of the cost of reprogramming. A better model today   is that of the RISC computer developers and their use of the UNIX operation system. A new RISC processor with an effective C compiler can quickly port a version of UNIX to new hardware , and in turn quickly deliver the numerous software capabilities available in a portable UNIX form.

MasPar's view of computer design has been similar to that of the RISC providers in the sense that the strategy has focussed   on accelerating the widespread use of the machine b y

*   Utilizing compiler technology effectively

*   Utilizing existing languages

*   Integrating into existing computer networks

*   Supporting a standard operating system

Inside the machine, the software focus is most evident in the design of the Array Control Unit. Earlier parallel machines drive the parallel array with a microprogrammed sequencer, which is in turn driven by macro instructions issued by the front-end computer. The macro instructions are complex instructions, typically including an implied "virtuality" (see following section also) which causes that instruction to execute repeatedly on multiple data items within each processing element (or alternatively, as if there were a larger number of virtual processing elements). Given that the instructions are issued by the front end, there are many advantages to having such complex instructions. Most importantly, it minimizes the bandwidth demand on the issue mechanism in order that the array be kept busy.

MasPar has taken the alternative view of replacing the microprogrammed sequencer with a fully programmable computer -- the Array Control Unit or ACU. From the beginning, the concept has been that an optimizing compiler can generate much better code sequences to drive the array for parallel computation, than can be achieved with a preprogrammed sequencer. In many ways the argument is analogous to those between RISC and CISC -- we have taken the RISC approach of depending on good compiler technology.

The MasPar system incorporates a conventional UNIX computer (a DEC VAX ULTRIX workstation). Rather than defocus the development by developing our own scalar computer and version of UNIX, we chose to simply utilize an existing UNIX system. This UNIX subsystem is the basis for our development environment, providing all the conventional UNIX tools, and linking the MasPar system into the available network-based resources.The MasPar development software runs under ULTRIX on the workstation.

The MasPar programming model utilizes the front-end UNIX system where appropriate in the design of massively parallel applications. Specifically, preexisting code such as window based interaction code or network-based data access code can continue to run on the MasPar UNIX front-end, untouched, while parallel code is adapted for parallel execution and migrated to run on the data parallel machine. The system has been design so that communication between the front-end resident segment of an application and the parallel segment of the application is through directly mapped hardware queues, without any operating system intervention or management, so it is fast and efficient. Scalar segments of an application can run either on the front-end or the ACU, as is most efficient. In some cases most of the scalar code will run on the front-end, especially if it utilizes complex UNIX resources. In some cases the application will be largely on the ACU, for example, a signal processing and analysis code might run entirely on the ACU for maximum speed. A later section on Programming Languages gives a more detailed view of the programming options available.

4.3   Parallel   Virtuality

The MasPar system advances the concept of system virtuality by using both optimizing compiler technology and architectural design to achieve the end, in contrast to other earlier machines, in which virtuality is an instruction set concept.

Virtuality is best understood in its absence. Earlier massively parallel machines, such as the Goodyear MPP and earlier versions of the AMT DAP, had the physical dimensions of the processor array clearly visible in application programming. Typically the lowest dimension of a data array had to coincide with the dimension of the physical array. It is generally agreed that the lack of virtually is a problem.

MasPar has taken a different approach, again focussed on utilizing optimizing compiler technology. Instead of building virtuality into the instruction set, we use techniques analogous to the management of vector register sets in a vector register machine such as the Cray. Rather than make the programmer explicitly program the use of the vector registers on the Cray, or adding complex instructions that automatically loop on data as if the registers were bigger , most optimizing compilers for the Cray use techniques such as what is called "strip mining" in which the compiler automatically breaks longer vector needs into strips of the size of the vector registers (in the MasPar case, of the size of the array).

The optimizing compiler not only does the basic act of making the computation strips, but then will attempt significant internal code rearrangement to minimize the motion of data into key resources such as the vector registers (in the case of the MasPar system, the registers in the PE array). For example, after loops have been stripped, different calculations in the strips will be merged so that the most efficient use possible is made of data when it is moved in for calculation.

4.4   Programming Languages

If massively parallel computers are to play a significant role in practical use, they will be programmed in conventional languages, or dialects of conventional languages. MasPar provides adaptations of C and Fortran suitable for programming massively parallel machines.

The languages divide into two categories. MasPar Fortran and MasPar C are languages that generate code for the front-end system, the ACU and the parallel array. A single program can be written in these languages for a parallel application. The MasPar Symbolic Debugger (see later) reintegrates these different code streams into the appearance of a single symbolic program, for the convenience of debugging. MPL, the MasPar Parallel Application Language, a C-based language, programs only the ACU and the parallel array. Typically, MPL is used in conjunction with existing UNIX application code to build an adapted, parallel version of the application (see Porting discussion later).

MasPar Fortran is based on Fortran 77, with the parallel and array features of Fortran 90 added. Most importantly, in this dialect, arrays are a first-order language concept. Array calculations can be expressed as simple expressions.   Arrays can be used either in their entirety, or through a powerful sectioning mechanism which permits parts of an array to be specified.   The MPF compiler automatically generates PE array code for the parallel computations in the code. Data is moved between the front-end and ACU automatically, as needed. In addition to the kinds of optimization typically found in a supercomputer, optimizing compiler, MPF includes a category of new optimization which analyze data placement issues, and dynamically restructure arrays within a computation.

Data placement optimization has always been a key goal for optimizating compilers. For example, the effective temporary allocation of variables to registers is a key placement optimization in modern RISC compiler. The distributed memory in a massively parallel computer generates the need for further optimizations. Although any data in the array can be accessed during a computation using the global router mechanism, there is a significant latency difference between data that is the local PE registers, data that is in the local data memory of that PE (roughly 10 times slower), and data that is in the local data memory of another PE (roughly 100 times slower than in the local register). Historically there has been a significant difference between register based data and memory-based data, but there was no granularity in main memory with respect to access. Clearly, the goal of the compiler is to have the variables under computation in the registers of the PE doing the computation. Failing that, the data should be the local data memory. Since the global router mechanism provides a very high-performance memory engine (comparable to the memory bandwidth on a much more expensive supercomputer), the compiler may choose to reshape an array before beginning a new phase of computation, more than making up in increased computational efficiency during that phase what is lost during the reshaping. The same issues of data placement optimization come to play as the compiler allocates storage for the temporary results during a computation. Just as an optimization supercomputer compiler can greatly increase the efficiency of a vector register machine by moving unnecessary code out of inner loops so the vectorization is more effective, the MasPar Fortran compiler may move code to minimize unnecessary data motion.

In summary, MPF is a subset of a standard Fortran dialect which permits effective coding of the MasPar computer without losing the ability to run the code on other computers, all of which will support the Fortran 88 language over time. The programmer largely ignores the issues specific to the MasPar design and focusses instead only on the application problem, leaving the issue of adapting the code to this architecture to an optimizing compiler (as is always the case with supercomputers, there is benefit in understanding how the the compiler/computer system operates, and programming in a style that leverages that understanding, however this not specific to MasPar Fortran use).

Finally, MasPar provides a simpler massively parallel C, MPL, for programming the ACU and parallel array. MPL is designed much more in the traditional view of C as a high-level language which doesn't get in the way of specific machine programming. MPL is based on K&R C, with three basic additions (to the degree possible, the semantics and syntax of C are preserved):

plural variables
a variable can be declared as plural, in which case it is instantiated on all PE's; otherwise it is instantiated on the ACU. Expressions can mix plural and non-plural variables in which case the scalar variables are promoted to plural (broadcast to the PE's) and the computation done in parallel. Reduction operators exist for moving from plural data to scalar.

control structures
Control structure semantics are adapted to a SIMD computation model.If the control expression of a conditional structure is plural, then the expression is evaluated in a plural form, and only a subset of the then active PE's may compute the expression as true. In these SIMD control situations, rather than bypassing code within the control structure, the active set of PEs is subdivided, and each subset executes the relevant code. Plural control structures such as case are transformed likewise into subsetting the active set of PE's. In general, programming in MPL can be thought of as writing a C program which executes on each PE independently, with the key exception that scalar code within these plural control structures exhibits a behavior different from traditional C since code from what would be viewed as disjoint clauses (e.g., THEN and ELSE) may both be executed. In general our experience is that trained C programmers create significant MPL programs very quickly.

syntax extensions
Language syntax has been added to support use of the X-Net (neighbor communications) and the global router. This syntax supports access to a plural variable on a neighbor PE, or an arbitrary PE by PE identifier with the global router. In the case of X-Net communication, the most visible constraint is that the data motion is SIMD -- all PE's will communicate with the same direction neighbor (e.g., the Northern neighbor) -- or systolic, and not data specific.

4.5   Application Porting

The use of a mature UNIX front-end computer, tightly integrated with the ACU, and the MPL language, provide a remarkably effective means for application porting.

The first step in such a port is to move an existing application to execute on the UNIX front-end. Because of the spreading use of UNIX and the commonality between systems, typically this is a straightforward and relatively simple task. Because the front-end is a VAX running ULTRIX, the VMS Fortran compiler (called "fort" under ULTRIX) may be used. Since VMS Fortran is broadly used within the scientific and engineering community, this is a significant advantage. Optionally other standard UNIX languages may be used.

Next, the key computation kernels of the application are identified, and critical data structures and their computations recoded in MPL. Access to these MPL subroutines is comparable to calling a C subroutine in a normal UNIX applications, although functions must be used to explicitly move data between the front and back ends. Since most of the application is typically not in the computation kernel, the amount of time to port an application can be remarkable small. The porting effort does require that the numerical methods be adapted for massively parallel execution. Fortunately, much research on parallel algorithms has been done in the past, so algorithm design is typically adapting a published method, not the invention of new methods.

This process often goes quickly, and demonstrates significant speedup and cost performance increase. At some point, diminishing returns will be encountered, as the scalar computation remaining prevents significant overall applications speedup. This effect has been coined "Amdahl's Law" and is sometimes given as the reason why faster machines cannot succeed.

However, recent studies have shown that a scaling of problems to larger size in many cases leads to a much better ratio of parallel versus serial code, weakening the constraints of Amdahl's Law. Large computers are mainly purchased for large problems, and as already mentioned above, some problems have to be rethought in order to deliver optimal performance. Similarly, the advent of vector computers initiated research on vectorization which in turn helped make more efficient use of the now well established vector computers.

4.6   Programming Environment

The MasPar programming system goes well beyond what has been   traditionally expected in a supercomputer (for which the tools have traditionally been relatively primitive). Clearly programmability is the key issue in the success of massively parallel computers, and believing significant improvements could be achieved, we invested heavily in software tools.

Part of the MasPar investment went into optimizing compiler technology outlined above, with the goal of automating as much of the analysis and coding needed to adapt an application for massively parallel execution on our architecture as was possible with today's computer technology (which is a significant amount). Additionally we have invested in a graphical, windowed programming environment, which permits symbolic debugging of compiler optimized code, and graphical viewing of both application and machine operation.

The result of having made a decision on networked workstations and X Windows is a programming environment that brings much of the convenience of programming personal computers or workstations to a machine with supercomputer performance. We feel this is extremely important given the importance of adapting existing applications for parallel execution, and the value of tools such as symbolic debugging and graphical source code browsing to this task, and the value in graphic analysis and visualation tools when code is being adapted for a new form of computer, such as a SIMD massively parallel machine. For example, a simple graphical tools displays the E-bit (activity bit) for each PE on a time sampled basis providing an immediate and intuitive demonstration of the parallel effectiveness of the application under development. The result in early program development is profound in terms of immediate mapping of algorithm concept into execution effectiveness. To say the least, this seems to accelerate the learning curve significantly.

The key contributions in the MasPar Programming Environment are these:

- A graphical, multiwindowed , point -and -select interface.

- A modified UNIX object file format that

    permits symbolic access on demand rather than all at once, reducing the debugger startup delay on large applications.

    contains a dual code stream- front end code and the ACU code (simplifying the management of dual code stream application development).

    includes greatly enhanced symbol information for debugging (enabling the symbolic debugging of optimized code).

- A symbolic debugger (and compilers) that permit symbolic debugging of highly optimized code. The debugger handles both single source programs with front-end and back-end code components, or dual ,cooperating , source programs, one for the front-end and one for the back-end.

- Interactive browsing tools for the convenient, graphical navigation through complex applications.

- Data inspection tools to examine large data structures and arrays graphically.

- Machine animation tools that create graphical depictions of the parallel machine operations , showing for example , the current set of active processors.

- A profiler that allows for an easy way to find 'hot spots' in routines and source lines.

5   Applications

It is obvious that all applications of the dataparallel type are well suited for SIMD type architectures. A finite difference formulation of the Navier Stokes equation expresses the same relation for all discretization grid points to their neighborhood, typically , only the nearest grid points. The X Net connection of the MP-1 and the global router network allow for a straightforward mapping of these typical algorithms to the MP-1 hardware. Algorithms in image processing rely on an efficient communication to the nearest neighbor pixel elements. In the commercial environment, data bases can efficiently be modified to do parallel searches much faster than in the conventional serial way.

6   Summary

VLSI and massively parallel architecture are combined in the MP-1 to offer what would be considered supercomputer performance at a minicomputer price. The challenge of the MasPar software system is to permit supercomputer programming with minicomputer convenience. Many applications are inherently parallel and the data parallel SIMD approach is straightforward to formulate and scales with the problem size in a transparent way.

7   Acknowledgement

This paper is based on the description of the MP-1 massively parallel computer by Tom Blank, John Nickolls and Peter Christy , published in 'Proceedings of the IEEE Compcon Spring 1990 ', IEEE, February 1990. The support received by my colleagues in setting up this paper is gratefully acknowledged.

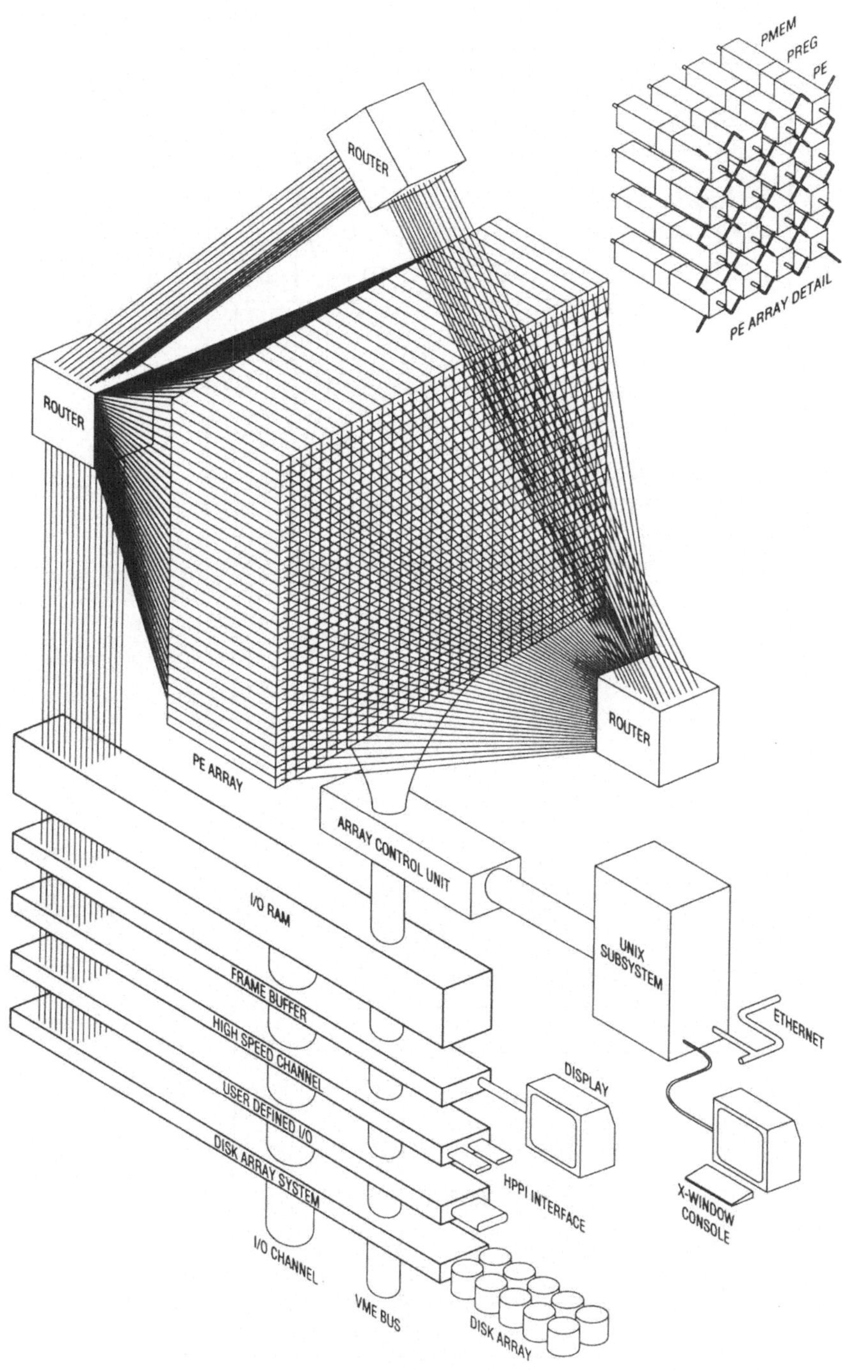

Figure 1:
MP - 1 System Block Diagram

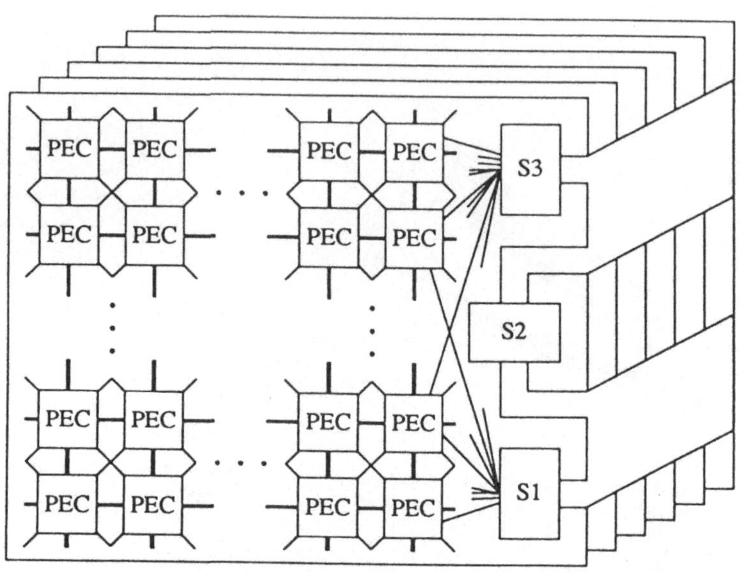

Figure 2:
Array of PE Clusters

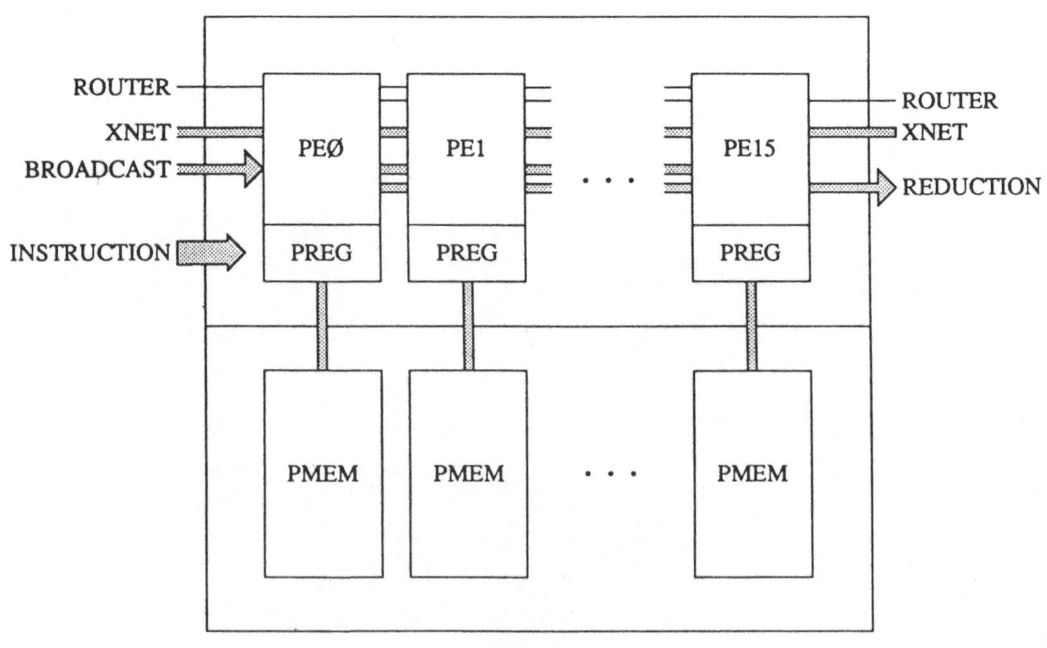

Figure 3:
PE Cluster

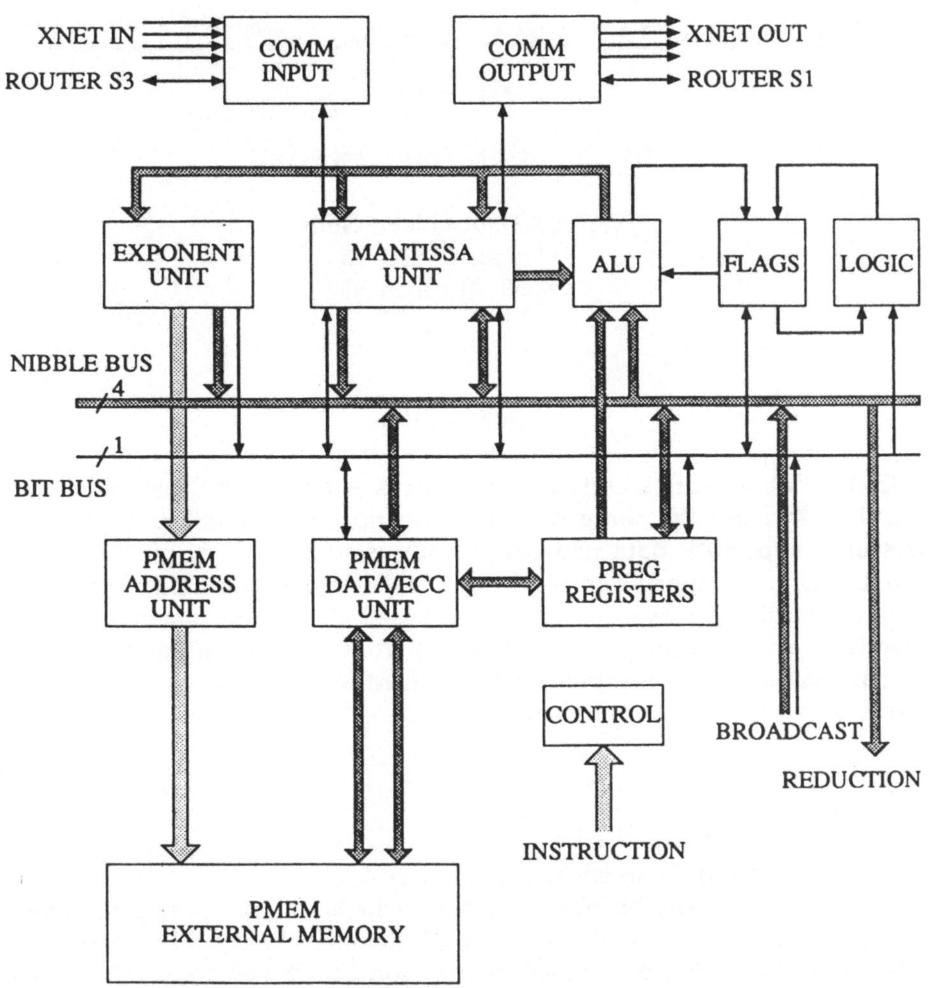

Figure 4:
Processor Element and Processor Memory

THE PARALLEL PROCESSING SYSTEM FROM nCUBE

M. Schmidt-Voigt, H. Gietl

nCUBE Deutschland GmbH
Hanauerstrasse 85
8000 München 50

Introduction

The nCUBE 2's hardware architecture represents a unique synthesis of features, each designed to increase the computer's performance and reliability. The architecture centers on a hypercube data network of fully custom VLSI 64-bit processors, each with independent memory. This network is an extremely modular, scalable system, that allows multiple users to perform distributed computing. The hypercube design accomodates a wide variety of applications, from scientific modeling programs to relational databases. The inexpensive but powerful processors give the nCUBE 2 its unmatched speed and price/performance ratio.

1. Hardware

Each nCUBE processor is an entire computer system on a chip. All the elements of a parallel system (normally brought together on logic boards containing hundreds of components) are consolidated onto a single state-of-the-art VLSI chip containing 500,000 transistors, using dual metal, one micron CMOS technology. It features a 64-bit CPU, a 64-bit IEEE standard floating point unit, an error-correcting memory management interface with a 39-bit data path, a proprietary message routing unit, and 28 uni-directional direct memory access (DMA) channels. The DMA channels are divided into pairs of 14 bi-directional communication lines that form the hypercube network with other computing elements and connect to the I/O system.

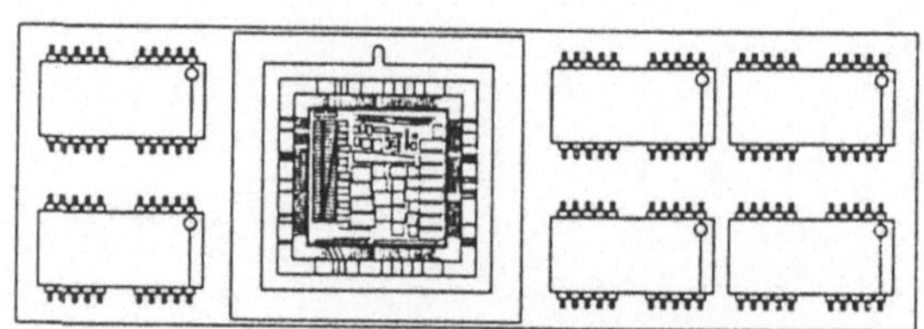

Figure 1:
The nCUBE computing element. Processor and 6 DRAMs

Running at a modest clock rate of 20 MHz, the processor is conservatively rated at 7.5 MIPS, and 3.5 MFLOPS single precision (32-bit) or 2.4 MFLOPS double precision (64-bit). The 64-bit processor includes a four-instruction pipeline, a data cache of eight operands, and an instruction cache of 128 bytes. This chip, coupled with DRAM memory, constitutes what nCUBE calls a *computing element* - a complete computer system (see figure 1). Due to its greatly reduced number of components, nCUBE's custom VLSI provides faster and more reliable performance than large logic boards.

1.1. Distributed Memory

The nCUBE 2's distributed (or local) memory architecture places virtually no physical limitations on the speed of memory operations. Distributed memory provides each computing element in a system with its own memory, so computing elements do not compete for available memory bandwidth. Adding a computing element increases the total system memory bandwidth and improves performance linearly. Local memory makes it easy to link thousands of computing elements together and scale systems to customers' needs.

Users select local DRAM memory in increments ranging from 1 to 16 Mbytes per computing element. In the largest nCUBE 2 configuration - 8,192 computing elements with 4 Mbytes each - the user has access to 32 Gbytes of memory. A system containing 4,096 computing elements with 16 Mbytes each gives the user 65 Gbytes of memory. The nCUBE 2 is designed to accept 64 Mbytes per computing element, yielding a maximum memory capacity of 256 Gbytes with 4,096 computing elements.

1.2. Multiple Processors

Each nCUBE 2 computer comprises a compact network of computing elements. Up to 64 computing elements can be mounted on a 16"x20" board that fits into a single slot of the nCUBE 2 chassis (see figure 2). A single chassis can hold sixteen boards, producing a 1,024-processor system. Connecting eight of these 1,024-processor systems creates a 8,192-node supercomputer with a footprint smaller than 50 square feet.

Grouping processors this way offers several benefits to nCUBE customers. First the number of processors provides high performance. Second, the use of an inexpensive component as the computer's building block results in a low cost for the whole computer. These two benefits combine to give the nCUBE2 the best price/performance ratio in the computer industry today. Finally, because the same processor is used in all nCUBE2 computers, software written for a small configuration runs on a large one, and vice-versa. No other computer provides software compatibility across such a large range of configurations.

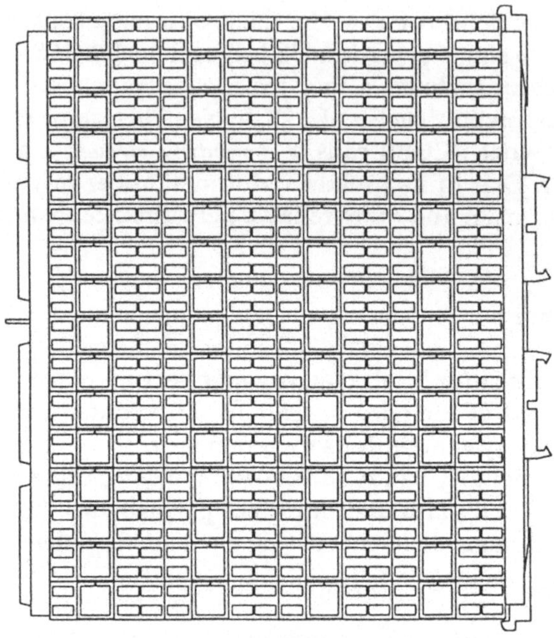

Figure 2:
64 nCUBE 2 computing elements on a single board.

1.3. MIMD Data Networks

In the nCUBE 2's MIMD data networks, each computing element executes its own programmed sequence of instructions and can function independently. The computing element array resembles a group of mainframes connected together in an extremely high-bandwidth network. The design provides a straight forward and familiar programming environment. It accommodates multiple users by allocating subarrays, which allow many different programs and a variety of operations to execute simultaneously. Through subarrays, the nCUBE 2's data networks achieve high efficiency in a large range of applications.

1.4. Hardware Message Routing

The nCUBE computing element features a high-speed hardware message routing unit that handles message passing between computing elements, a critical feature in parallel computer systems. It replaces slower store-and-forward schemes for messages sent beyond nearest neighbor computing elements. This routing unit allows direct pass-through of messages for other computing elements without interrupting intermediate computing elements or requiring message data to be stored in their memory. Messages may be of any length, and are transmitted and received at a rate of 2.22 Mbytes/second per DMA channel.

The routing unit reduces communication overhead to less than 1% of processing time in many applications. The user works in a hardware environment of "transparent latency". That is, to the user it appears that every computing element is connected to every other computing element because message passing occurs so swiftly.

2. The Hypercube Network

The main distinguishing features of different parallel processing systems are the amount of memory available (discussed above), and the scheme by which processors are networked together. The interconnecting technology, which nCUBE selected, is the hypercube architecture because it provides the fastest and most reliable communication network available. The hypercube allows users to satisfy *all* the computing requirements of an application - in terms of both the number and size of program runs.

nCUBE's hypercube network provides high performance without incurring architectural overhead. The sophisticated hardware message routing unit described above, for example, lets message passing take place among thousands of computing elements without user-directed route planning.

2.1. Hypercube Size and Scalability

The hypercube network is organized so that the connections between computing elements form cubes. As more computing elements are added, the cube grows to a larger dimension. Joining two hypercubes of the same dimension forms a hypercube of the next dimension (see figure 3). The size of a hypercube is also called its *order*. Both size and order refer to the dimension of the cube (a three-dimensional hypercube is an order three hypercube). A two-dimensional hypercube is a square; a three-dimensional hypercube is formed by copying this square and connecting the corners. The number of computing elements in any size is written as 2^x, where x is the order hypercube. A ten-dimensional hypercube (2^{10}) has 1,024 computing elements.

The hypercube is scalable to thousands of computing elements because the logic for its implementation is highly integrated into a physically small package. The nCUBE hypercube can be scaled to virtually any dimension.

The hypercube network provides multi-step communications paths by connecting each computing element to a subset of the other computing elements.

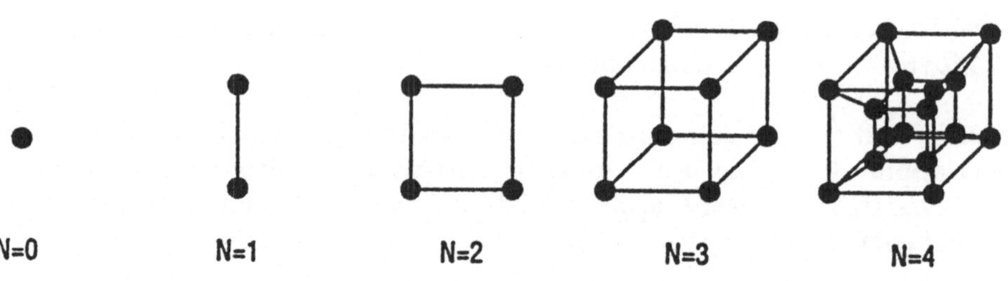

Figure 3:
Two hypercubes of the same dimension joined together form a hypercube of the next dimension.

2.2. Hypercube Efficiency

One measure of a network's efficiency is the number of steps required to move data between the furthest computing elements in a system. In the highly efficient hypercube topology, the greatest distance (or number of steps) between computing elements is the same as the cube's dimension. (In the largest nCUBE hypercube, an order 13 hypercube containing 8,192 computing elements - the maximum number of steps a message must travel between any computing elements is only 13.) This means user can *double* the number of computing elements in a system while adding only one additional step for communications between all computing elements. At the same time, communications between steps occur so fast, due to nCUBE's high-speed hardware message routing, that the number of steps is a less limiting performance factor than it is in systems with store-and-forward message routing techniques.

It should be noted that although 13 is the largest dimension hypercube, 14 communications channels are available on each nCUBE computing element. The 14th channel is reserved as an I/O channel. To provide superior, balanced system performance at all configuration levels, nCUBE has anticipated real-life applications for I/O as well as for compute power and memory. Including a built-in I/O channel with each computing element lets nCUBE users increase I/O bandwidth automatically while processing power and memory are simultaneously upgraded. (For a more detailed discussion of I/O capabilities, see the chapter of Input/Output System).

The hypercube's inherent efficiency, together with nCUBE's high-speed message routing hardware, create a streamlined, high performance interconnect topology with the highest interprocessor communications rate of any network scheme available today. The 8,192 processor nCUBE system has a 236 billion bytes/second interprocessor transfer rate.

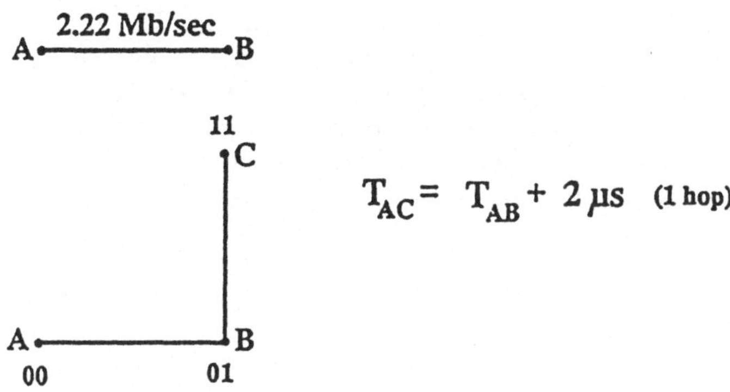

Figure 4:
Routing is handled in hardware. The hardware requires 2 μs to determine which channel to send message out.

2.3. Subcube Allocation

Since the hypercube is defined inductively, hypercubes of varying dimensions are logically equivalent, and a hypercube can be allocated in subsets, or subcubes. This means the nCUBE supercomputer is a *multi-user, multi-tasking system.* No nCUBE processor will ever be idle as long as there is a queue of tasks to be done.

The nCUBE system is built to accommodate many users without reducing performance. Multiple computing elements provide an ideal resource for the simultaneous execution of disparate tasks; more importantly, they give each user true autonomy. Subcube allocation is performed on hardware, where users designate physical hypercubes. Each subcube is a private computer for as long as the user requires it; there is no paging and no roll-in/roll-out, so response time is inherently fast. Further efficiency can be gained by scaling cube size to problem size.

Programs may be written to determine the hypercube dimensions just before executing. When executing, the program may allocate subcubes, which are released at the user's command. Subcubes can run programs interchangeably, with performance proportionate to the size of the hypercube.

The allocation of computing elements is as straightforward as the allocation of memory, with simple parameters and calls. Because each nCUBE computing element balances processing power with memory, nCUBE users can easily determine the number of computing elements a problem will require by noting the amount of memory used to store the problem data.

Efficient allocation of resources is a key factor, because every program reaches a point where adding computing elements no longer improves performance. Beyond this point, computing power is wasted. The nCUBE operating system lets users maximize available resources by requesting subcubes of appropriate size, while additional computing elements remain available for other users. The nCUBE hypercubes of various dimensions allow users to march processing power and memory to a problem's granularity. Maintaining this granularity at its optimum point keeps nCUBE systems running at maximum performance levels. Parallel computer systems that do not perform this service cause performance losses on small programs, effectively cancelling performance gains on large programs.

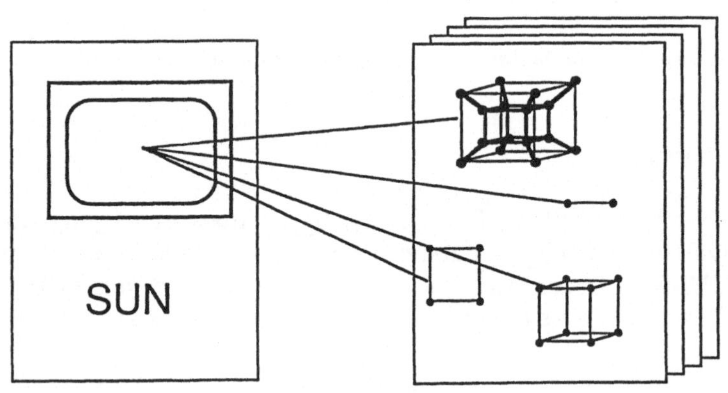

Figure 5:
The nCUBE 2 as a multiuser system. Spacesharing on the hypercube.

2.4. Expandable Systems

Subcube allocation allows nCUBE computers to be expanded in small increments. (Without subcube allocation, it would be necessary to double the number of computing elements in a system to expand it to the next order hypercube.) For example, to expand a system containing 128 computing elements (order seven hypercube) to the next (order eight) hypercube, would take an additional 128 computing elements for a total of 256. nCUBE users can instead add only 64 computing elements to an order seven hypercube, and gain significant performance capacity without making a substantial investment. System growth can be flexibly tailored to user performance requirements and budget considerations.

3. Input/Output System

The massive, powerful computation system of the nCUBE 2 is balanced by an equally powerful I/O system. This balance is achieved through the I/O system's use of the nCUBE 2's custom VLSI processor - the mainbuilding block of the nCUBE system - which was designed to act as either a computing element or an I/O element. Identical communication links can function either to connect the computing elements in a hypercube or to serve as I/O data paths.

The same programming environment exists in the I/O element and the computing element. Using a separate I/O element with its own 64-bit processor allows I/O execution time and overhead - managing a disk drive, for example - to occur in parallel with the processing elements. In a large system, where as many as 8,192 computing elements and 1,024 I/O elements are operating, the extra computational power available for I/O overhead increases performance substantially.

3.1. nCUBE Parallel I/O Subsystem

The nCUBE Parallel I/O Subsystem is a high-performance parallel I/O system that provides I/O channels directly to the hypercube array. It allows users to balance high computational power with high performance mass storage or other I/O functions (see figure 6).

The nCUBE Parallel I/O Subsystem uses one of the nCUBE supercomputer's 560 Mbyte/second I/O channels. Each I/O channel has up to 256 DMA links into the main processor array, and each link operates at 2.22 Mbytes/second. The nCUBE Parallel I/O Subsystem has 16 independent peripheral connections, each of which can drive different peripheral types.

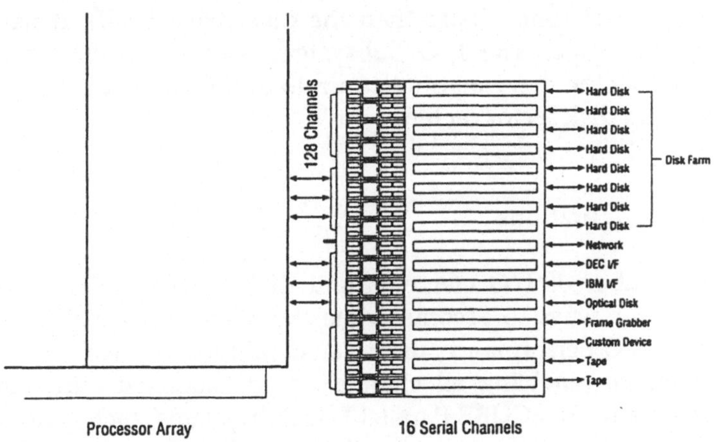

Figure 6:
The nCUBE 2 Parallel I/O Subsystem provides multiple high-performance I/O channels.

Peripheral devices commonly connected with the nCUBE Parallel I/O Subsystem include:

- disks
- tape drives
- networks
- SCSI interfaces
- cameras and frame grabbers
- the DR11W (16-bit connection to VAX)
- the DRB32 (32-bit connection to VAX)
- terminal multiplexors (for large numbers of terminal connected remotely)
- remote graphics devices

Each of the 16 I/O peripheral connections on the nCUBE Parallel I/O Subsystem transfers data at 20 Mbytes/second (10 Mbyte/second, bi-directional). The Subsystem's extremely high bandwidth allows the nCUBE 2 to make remote I/O connections without sacrificing its superior data transfer rates. The nCUBE 2 holds up to 32 Parallel I/O Subsystems, permitting users to connect up to 504 I/O controllers to a fully configured Model 80.

3.2. Parallel Disk Subsystem for Mass Storage

A parallel disk subsystem, supported with the nCUBE Parallel I/O Subsystem, allows mass storage for the nCUBE 2 and provides an indispensible resource for many high-performance applications. In a parallel disk application, each I/O peripheral connection supports a single ESMD disk controller, which in turn supports from one to four disk drives. A single nCUBE Parallel I/O Subsystem therefore supports up to 64 disk drives; a fully configured nCUBE system supports as many as 2,016 disk drives. Because the I/O rate of each channel of the Parallel I/O Subsystem is 10 Mbytes/second (several times faster than the disk drive itself), it never limits the performance of the drive. The I/O Subsystem uses each disk controller's local memory, provided by the drive manufacturer, to optimize the disk transfers through double buffering and disk sector caching.

3.3. Disk Drive Configurations

With the large number of I/O elements and disk drives available, disks may be configured in various ways to accommodate the needs of virtually any system. To achieve the fastest I/O performance, users can configure a system with a single drive for each I/O element, enabling all channels to be accessed simultaneously . For maximum data storage, 32 nCUBE Parallel I/O Subsystems, each configured with the maximum number of the highest density drives, will support up to 2,016 Gbytes of data. The speed and size of this mass storage system make it well-suited for the management of large databases.

4. System Software

The nCUBE 2 supercomputer may be accessed through one or more UNIX-based hosts. The hosts are connected to the nCUBE network by I/O nodes, which are themselves built around general-purpose nCUBE processors. Both distributed and shared I/O are supported. I/O services can be provided directly by the I/O nodes or through the host. The nCUBE operating environment is seamlessly integrated with its front-end, allowing users to control the nCUBE entirely from a platform they are familiar with. The nCUBE operating environment is a multi-user environment in which each user acts independently and exercises complete control over the execution of his or her programs.The environment includes standard programming languages and high-level utilities to aid software development.

The host workstations serve as operator interfaces to the nCUBE network. Hosts can share their memory and I/O resources with the processors in the network. For large problems, a single host can use all the processors and memory in the nCUBE system. Alternatively, the nCUBE can be divided into subsets of processing nodes that are dedicated to individual hosts in a multi-host environment, in such configuration, computations and message passing by one user are completely protected from other users on the network (see figure 7).

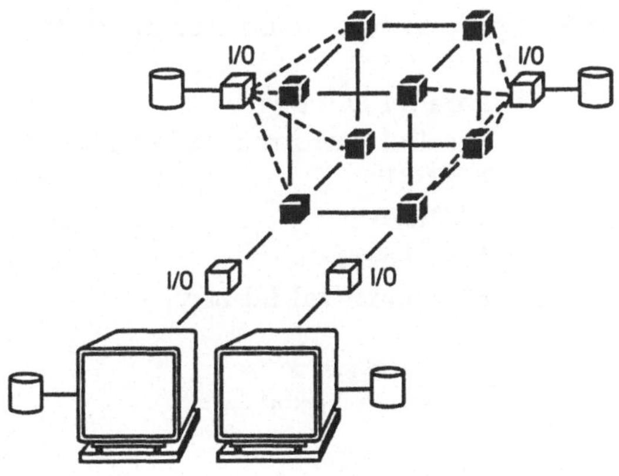

Figure 7:
Multi - Host Environment

4.1. Programming Languages

The nCUBE 2 supports Fortran-77 and C with standard compile-time and run-time constructs. A complete suite of cross-compilers and cross-development tools for the nCUBE 2 is available for use on Sun Workstations.
Users do not need to know special or non-standard language constructs to set up communications between Fortran programs running on different nCUBE computing elements.

nCUBE's advanced C compiler achieves high performance on demanding programs, such as the ORACLE ^{TM} database management system and scientific applications.

4.2. Program Execution

Program loading and execution on nCUBE subcubes, as well as message passing and other communication between subcubes, is handled with subroutine calls from the nCUBE runtime environment library. Subroutines such as nwrite, nread, and ntest allow computing elements to send, receive, and test messages from other computing elements.

Other subroutines are available from the Express^{TM} toolkit. This toolkit provides a runtime environment that automates program communication between computing elements.

4.3. Cross Development Tools

nCUBE provides a range of tools to help users achieve maximum performance on their applications. Porting and conversion of sequential programs, as well as new program developments, are facilitated by resources from nCUBE and other pioneers in the development of parallel processing systems (see figure 8).

Parallel Debugger
Parallel Performance Monitor
FORGE
EXPRESS
MIMDizer
Mathematical Library

Figure 8:
Cross Development Tools

4.4. Parallel Debugger (ndb)

In parallel processing debugging is of great importance, since in decomposing a problem to several processors a large number of errors may occur. For MIMD architectures we have to be able to debug multiple processes across multiple nodes. The **ndb** parallel debugger fulfills this need. It is possible to debug a program on source code as well as on assembly level. The assembly level debugger is continously available, i.e. if an error occurs during the run-time of a program the operating system automatically enters the assembly level debugger. If the program has been compiled with the **-g** option or a symbol table is already available, the source code level debugger is automatically invoked. This enables the programmer to review variables, data, message queues, processor state or registers on any, all or any set of processors simultaneously. The commands are straight forward like *pick* to select the processors to be shown, *stop in subroutine* or *stop at line number* to set breakpoints. *list* displays the source to find out the line numbers, *where* prints the line number an error occured. *print variable, show queue* or *show status* display variables, message queues and processor status. This small subset of **ndb** commands usually is sufficient to efficiently debug a user's program on an nCUBE.

4.5. Performance Monitor (PM)

After having written his parallel application, the user needs a tool to tune the program to achieve maximum performance. Therefore nCUBE provides the parallel performance monitor which is a graphical menu-driven interface. It provides information such as the time spent in individual subroutines or groups of statements, the activity on each node at any point of the program or the time spent for interprocessor communication or I/O. Hence the parallel performance monitor helps to find out those parts of the program where tuning really speeds up the program and helps the program to identify load imbalances. Again no extra compilation is necessary to invoke the performance monitor, only typing in the alias x+ on the Sun and running the program.

4.6. FORTRAN Analysis (FORGE)

FORGE is a family of tools which is helpful when porting large bodies of FORTRAN code to the nCUBE and to maintain it. This includes the track-down of inconsistencies in variable storage, the location of undefined variables and consistency checking of subroutine arguments and COMMON statistics. Hence FORGE helps to get a correct version of the source code and to find 'hidden' inconsistencies which may be of no importance on traditional supercomputers but crucial on parallel architectures. Moreover FORGE offers a DO LOOP parallelization facility, a program instrumentation for obtaining runtime statistics and an analyzer of the execution statistics.

4.7. Parallel Operations Environment (EXPRESS)

EXPRESS is a parallel operating environment which provides tools to parallelize C and FORTRAN programs. This includes subroutines for automatic decomposition of data and dynamic load balancing. The EXPRESS software is scalable in the sense that it suffices to define the number of processors at runtime. Moreover code written under EXPRESS is portable between parallel machines and between sequential and parallel machines.

4.8. Parallel Design Tool (MIMDizer)

MIMDizer is a set of interactive tools that simplifies the redesign of existing FORTRAN programs for parallel execution or to design a new parallel FORTRAN source. It should be noted that it is a MIMD design tool, not an automatic system for transforming serial porgrams. **MIMDizer** uses static information derived from existing FORTRAN programs, dynamic information from run-time statistics and interactive user-supplied information about the program which cannot be detected by an automatic tool. This finally produces a representation of the program in parallel form which has to be realized using routines of the nCUBE library or of the EXPRESS environment.

4.9. Mathematical Library

To make program tuning easier, a comprehensive collection of 32-bit and 64-bit FORTRAN and C-callable routines has been collected in the nCUBE mathematical library. It includes the basic linear algebra subroutines (BLAS), a huge number of vector operations, signal processing operations and more complex algorithms for integration, interpolation, polynomial operations and fast fourier transforms (FFT). All of the routines in the mathematical library are developed and tuned for maximum performance on an nCUBE 2.

5. Parallel Programming

The application algorithms that run on each nCUBE processing node are identical to those that run on sequential machines. To achieve efficiency, however, some parts of the programs that implement these algorithms need adaptation to the parallel environment. Typically, this involves two things:

- Partitioning the data and/or code among the nCUBE processors.
- Communicating between nCUBE processors and with the host.

Before processing begins, code and data need to be downloaded to the local memory in the processing nodes. During processing, partial results obtained at the boundaries of partitioned data or code in each node may need to be communicated to neighboring nodes (see figure 9).

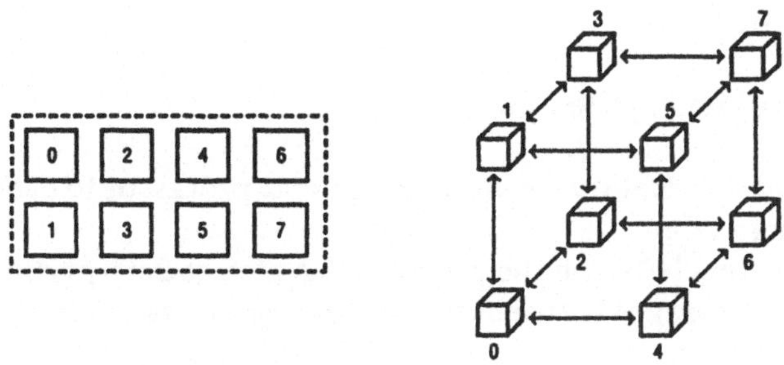

Figure 9:
Data Partitioning and related Hypercube Communication Structure

5.1.Partitioning

Partitioning the Data - Divide the data for a program among the available nCUBE processors so that each processor's subset of data is processed by identical copies of the program. This is also referred to as *parallelism by data*. Examples of data partitioning include the following schemes:

> - Each processor handles a fixed sub-region of the total data region.
> - Each processor handles a subset of the total data, wherever the data are
> - located in the data region.
> - Each processor handles a variable-sized sub-region of the total data region,
> - with the same number of data in each region.

Partitioning the Program -Divide the instructions in a program among the available nCUBE processors so that each processor's subset of instructions processes all of the data. This is also referred as *parallelism by function*.Examples of program partitioning include:

> - Some processors handle only I/O.
> - Some processors handle only the user interface.
> - Some processors handle only database searches or data reformatting.

The nCUBE library functions follow general rules for partitioning. These rules apply to all programs, including non-standard programs whose partitioning cannot be automated by library routines. The most important rule is:

Balance the Computation Load at Each Processor - Efficient parallel applications use approximately the same processing time on all processors. By partitioning problems so that each processor has a similar processing load, some processors will not be idle while others are processing.

5.2. Communication

Communication is often required to:

- Download applications from the front-end processor to each nCUBE
- processing node.
- Exchange data between the processing nodes at data-partition boundaries.
- Exchange messages between the processing nodes at function-partition
- boundaries.
- Upload results from the processing nodes to the front-end processor for
- final assembly and presentation.

As in partitioning, nCUBE library functions automate or simplify these programming tasks. For example, nCUBE library functions perform such things as global summations across all processors, using a logarithmic broadcast tree that is transparent to the programmer. All nCUBE processors are networked together by DMA channels with hardware routing. nCUBE library functions hide the details of processor addressing from the programmer.

nCUBE systems are well-suited to the *loosely synchronous* method of communicating between processors. In this method, the activities of all processors are synchronized through paired writes and reads. A source processor writes to the destination processor, and the destination processor then reads the message.The read is *blocking*, it prevents further processing until it is finished, thereby ensuring that the application runs in an orderly manner. The synchronization occurs when processors are both senders and receivers, as in regular matrix applications where submatrix boundary data is exchanged.

The nCUBE library functions follow rules for communication. These same rules also apply in complex applications whose communication routines cannot be fully automated:

Minimize the Communication-to-Computation Ratio - Keep interprocessor communication time short, relative to computation time. Short communication time can be achieved through partitioning. In many applications, communication among partitions can be minimized by creating only a few partitions of data or code, each of which undergoes a large amount of computation. It may also require decomposing the program into geometrically simple partitions that form whole objects or whole procedures rather than parts of objects or procedures. The Laplace equation can achieve a communication-to-computation ratio of approximately 1% by making each data partition a submatrix of at least 30 x 30 data points. Ratios considerably higher than this can still achieve very efficient performance compared with conventional sequential processing, but lower ratios usually result in better performance.

Keep Closely Related Objects on Neighboring Processors - Messages passed between neighboring processors move somewhat faster than messages between non-neighboring processors, because neighboring processors are directly connected by a dedicated communication link. nCUBE library functions can automatically map data onto processors so that neighboring partitions are located in neighboring processors.

Consolidate Message Passing -If your program sends a series of messages to the same processor, communication time can be reduced by combining separate messages into a single long message. The startup time for message passing can then be amortized over several messages. In matrix applications, for example, data along one axis of the array is typically stored in contiguous memory locations, while data along the other axis is stored periodically at non-contiguous locations. To make effective use of the DMA communication links on the nCUBE, the *gather-scatter* method of consolidated message passing is often used. This method, which can be implemented with library functions, gathers data into a buffer at the source end, transmits it as a package, and then scatters it (distributes it in an orderly fashion) into memory at the destination. The standard C I/O library, *stdio*, consolidates I/O operations on the host, so that many I/O requests are consolidated into a single message.

Avoid Alternating Writes and Reads - The nCUBE operating system residing in each processor tries to consolidate message-passing between processors by buffering writes. This technique is defeated, however, if you alternate writes and reads. If you have several writes to different processors and several reads, do all the writes first, then do all the reads. On the host, the standard C I/O library *stdio* buffers writes so that alternation of writes and reads is unlikely to occur.

6. APPLICATIONS

6.1. SLALOM Benchmark

In order to benchmark a wide span of computing resources with no architectural preference John L. Gustafson (1990) designed the **SLALOM** benchmark (Scalable Language-Independent Ames Laboratory One-Minute Measurement). Instead of calculating a fixed problem, the execution time is kept constant (one minute) and the problem size is adapted to the computational power of the machine used. A complete problem is solved (radiosity, computer graphics) including I/O, set-up of matrices and equation solver. The resolution of the generated scene (number of calculated patches) depends on the speed of the benchmarked computer. The problem is well-suited for scalar, vector, SIMD and MIMD architectures. The result of different machines including an nCUBE 2 are shown in figure 10 (March 1991):

Machine	Processors	Patches	MFLOPS
CRAY Y-MP/8	8	5120	2130
nCUBE/2	1024	3720	813
CRAY Y-MP/2	2	3200	557
nCUBE/2	256	2493	251
Intel iPSC/860	64	2167	169
MasPar MP-1	16384	2047	155
Alliant FX/2800	14	1736	89.3

Figure 10:
SLALOM benchmark results

6.2. Geophysical waves: Scalable Hardware and Scalable Software

The following example has been ported by C. Peng (1990) to the nCUBE 2 system with 128 nodes at the MIT. The scattering of seismic waves is calculated by integration of Laplace's equation with Green's functions. On the 128 nodes the program was about a factor of 1.5 faster than on one processor of a CRAY 2. Figure 11 shows the decrease of execution time with increasing hypercube dimension. When the number of processors approaches the dimension of the problem (d=7), the efficiency decreases, i.e. a further increase of computational nodes is not recommandable. This corresponds to the case where on traditional vector computers the problem size determines the vector length hence performance. There is no chance on the traditional supercomputers for another process to use the MFLOPS remaining to peak performance; the only possibility is increasing the problem size. On parallel architectures this is different. Users can always choose a specific hypercube dimension to get best efficiency; the remaining nodes can be used for other processes. Hence the parallel machine is much more flexible and a far better throughput can be achieved. In the case a user wants to increase the problem size he can allocate a hypercube of higher dimension to run his program with the same efficiency.

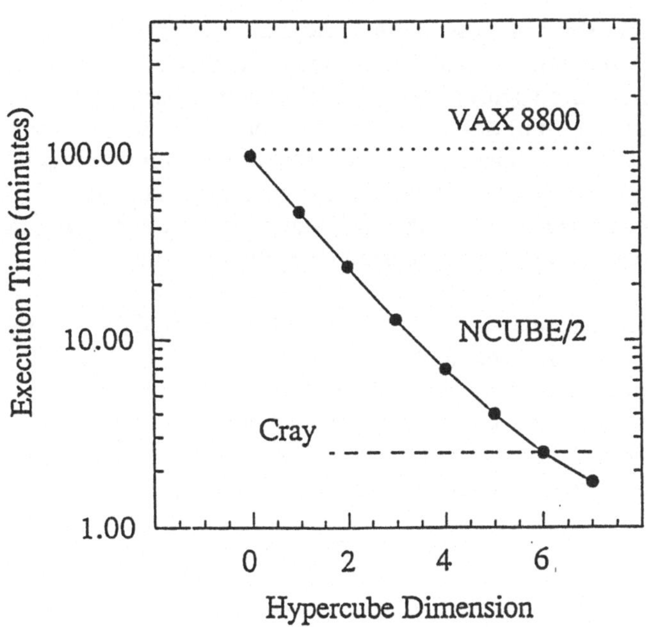

Figure 11:
Execution time as a function of the hypercube dimension for the geophysical waves code (C. Peng).

6.3. Application Software

Third party software allows the usage of a parallel computer without experience in parallel programming while achieving maximum performance. Compared to a sequential architecture there is no difference in running the application. At the Celanese Research Division (Hoechst, Inc.) the chemical software **MOPAC** (QCPE) and **DISCOVER** (Biosym, Inc.) have been installed on a nCUBE 1; they are just being ported to the nCUBE 2. On the nCUBE 1 which has by a factor of 7 slower processors than the nCUBE 2, 32 processors achieved the speed of a CRAY X-MP using **MOPAC** which demonstrates the power of parallel architectures in chemistry. Recently a parallel release of the quantum chemical package **TURBOMOL** has been adapted to the nCUBE 2. Moreover, if the chemist (or anybody else) has to use a database containing e.g. protein chains, molecules or atoms for his application, he has access to a parallel version of **ORACLE** on the nCUBE. In this special version multiple database servers run concurrently and independently, each on its own processing node with its own memory for database buffers and its own set of backup and recovery processes.

Each server handles the database requests of multiple clients. Any number of these servers can access the same ORACLE database on disk, thus collectively forming a parallel server. Associated with every parallel server a parallel cache manager which tracks the current location of database blocks in the caches of all servers. By using this cache manager, each server acquires all the database data it needs (whether from disk or from other servers) directly into its own memory. The parallel cache manager efficiently garantees inter-server data consistency, thereby removing the need to incur the overhead associated with a distributed two-phase commit.

The price/performance relation using ORACLE on a nCUBE 2 is striking: On a 16 processor system with 256 MB, 16 I/O processor and 16 GB disks 260 transactions per second have been measured. Such a performance can only be achieved by a traditional mainframe in a price range above 10 million $ leading to a price/performance relation in the order of 20. Hence high speed and low cost characterize the nCUBE data base processing.

6.4. Acknowledgement

We want to express our thanks to Marianne Nentwig for typing the manuskript and to all people from nCUBE in the US, who have directly or indirectly supported this publication.

References

Angus, I., Fox, G., Kim, J., Walker, D.: 1990, Solving Problems on Concurrent Processors, Vol. 2: Software for Concurrent Processors, Prentice Hall

Fox, G., Johnson, M., Lyzenga, G., Otto, S., Salmon, J., Walker, D.: 1988, Solving Problems on Concurrent Processors, Vol. 1: General Techniques and Regular Problems, Prentice Hall

Gustafson, J., Rover, D., Elbert, S., Carter, M.: 1990, SLALOM, The First Scalable Supercomputer Benchmark, Supercomputing Review, 11/90

Peng, C.: Synthetic Code Wave Modeling with Application to the Separation of Scattering Effect from Intrinsic Attenuation, Preprint, Massachusetts Insitute of Technology, 1990

Sears, M.: 1990, Linear Algebra for Dense Matrices on a Hypercube

Ein europäisches Konzept für
Höchstleistungs MIMD-Parallelrechner

Mahmoud Chatah

Parsytec Anwendungen GmbH
Jülicherstr. 338
5100 Aachen

Zusammenfassung

Bei der Untersuchung von natürlichen und technischen Prozessen und Zusammenhängen setzt sich in der wissenschaftlichen und industriellen Forschung die Computersimulation neben Theorie und Experiment immer mehr durch. Viele Fragestellungen aus Gebieten der Chemie, Physik, Astrophysik, Strömungsmechanik und Meteorologie können mit den heute zur Verfügung stehenden Rechnerleistungen jedoch nur unbefriedigend oder teilweise gar nicht behandelt werden. Aus dieser Situation heraus hat sich in Europa die von Physikern getragene ETI (European TeraFlop Initiative) gegründet mit dem Ziel, einen Rechner mit einer Leistung von einem TeraFlop und mehr zu erhalten.

Die Firma PARSYTEC hat aufgrund ihrer seit 1985 gesammelten Erfahrungen im Bau und Betrieb von massiv-parallelen MIMD-Rechnern Anfang 1991 eine Studie über die Realisierbarkeit eines solchen Rechners durchgeführt. In einem "Letter of Intent" an die ETI legt sie dar, daß dieser Rechner innerhalb kürzester Zeit bis 1993 allein aus europäischen Mitteln kostengünstig gebaut werden kann. Weiterhin erklärt sie sich bereit, diesen Rechner auf Non-Profit Basis zu realisieren.

Durch Zusammenschluß mehrerer in der Parallelverarbeitung kompetenter europäischer Kräfte hat Europa mit dieser Herausforderung die Chance, die amerikanisch-japanische Vorherrschaft bei Supercomputern zu durchbrechen und sich weltweit an die Spitze moderner Computertechnologien zu setzen.

1 Einleitung

Die Untersuchung vieler Probleme der heutigen Forschung sind angewiesen auf computerunterstützte, numerische Lösungs- und Simulationsverfahren. Die in den letzten Jahren andauernde Entwicklung immer leistungfähigerer und preiswerterer Computer hat diesen Trend weiter beschleunigt. Mit jeder neuen Leistungsstufe öffnet sich auch eine neue Klasse von Aufgabenstellungen [5]. Einen Ausschnitt aus den heutigen "Grand Challenges", Aufgaben die nur unbefriedigend oder noch gar nicht mit dem Computer behandelt werden können, zeigt die untenstehende Liste. In vielen Bereichen sind signifikante Fortschritte nur dann weiterhin erzielbar, wenn die angebotenen Rechenkapazitäten dramatisch gesteigert werden. Die Fähigkeit zu Computerexperimenten nimmt in vielen Disziplinen der Wissenschaft und Technik heute eine Schlüsselrolle ein, so daß ohne sie der wissenschaftliche oder kommerzielle Erfolg gefährdet ist.

Dazu gehören zum Beispiel:

- Astrophysik
- Elementarteilchenphysik
- Festkörper- und statistische Physik
- Human Genom Project
- Klimaforschung
- Molekulardesign
- Ökosysteme
- Simulation neuer Computerarchitekturen
- Strömungsmechanik
- Virtual Reality

Ein besonders anschauliches Beispiel sind Wettermodelle und deren Simulation. Weltklimamodelle basieren auf einem Gitternetz der Auflösung von 500 km Kantenlänge pro Element; da schrumpft ein Land wie Spanien schnell zu einem einzigen Voxel (Volumenelement) und die Alpen und Pyrenäen sind gerade noch als leichte Erhebungen über der Erdoberfläche zu erkennen. Dies ist natürlich für eine detaillierte Untersuchung des Modells völlig unzureichend. Es erlaubt aber die Untersuchung der Lösungsalgorithmen und dient somit zur Vorbereitung auf den Zeitpunkt, zu dem genügend Rechenleistung vorhanden ist, um ein globales Klimamodell in genügender Auflösung simulieren zu können.

Neben Anwendern aus der Strömungsmechanik und anderen Gebieten sind es an aller vorderster Stelle die Physiker, die die Rechenzentren und deren Supercomputer auslasten. Aus dem breiten Spektrum dieser Problembereiche hebt sich ein Fachgebiet in der Nachfrage nach hohen und höchsten Rechenleistungen besonders hervor. Wissenschaftler aus dem Gebiet der Quantenchromodynamik (QCD), haben schon seit längerem einen nahezu unbändigen Bedarf an Rechenkapazitäten.

Computersimulationen aus dem Bereich der Physik umfassen unter anderem Untersuchungen aus der Astrophysik (Akkretionsscheiben, Galaxiendynamik), der Biophysik (Proteinstrukturen), der Molekularphysik (Polymere, Membrane, Absorbtionsprozesse), der Festkörper- und statistischen

Physik (Wachstumsprozesse, Chaotische Systeme, Spinsysteme, Neuronale Netze) und der Elementarteilchenphysik (Quantenchromodynamik).

So führt die Reise durch die Welt der Simulationen von der Betrachtung astronomischer Größenordnungen bis hin zur Suche nach den Wechselwirkungen zwischen den elementaren Bausteinen von Protonen und Neutronen, den Quarks und Gluonen. Doch gerade diese Untersuchungen in der Teilchenphysik sind experimentell nur über einen immensen Aufwand an Versuchsanlagen durchzuführen.

2 Elementarteilchenphysik und Quantenchromodynamik

Die experimentellen und theoretischen Untersuchungen auf dem Gebiet der Teilchenphysik haben ein fundamentales Verständnis elementarster Wechselwirkungen zwischen den Bausteinen unseres Universums zum Ziel. Auf der Suche nach den kleinsten Baukomponenten von Materie, wie den Quarks und den Teilchen, die die elementaren Wechselwirkungen zwischen ihnen vermitteln, war und ist das Experiment wesentliches Werkzeug der Physiker. Beschleunigerringe wie der von CERN in Genf zeigen, wieviel Aufwand betrieben werden muß, um in diesem Bereich der Grundlagenforschung weitere Ergebnisse liefern zu können und die Bestätigung einer Theorie zu erhalten. Der Teilchenbeschleuniger in Genf hat einen Umfang von 27 km und ist teilweise unterirdisch geführt. Dort werden Teilchen auf kinetische Energien bis zu 91 GeV beschleunigt. Parallel zu den Experimenten wird seit Anfang der achtziger Jahre in zunehmendem Maße die Simulation zur Untersuchung der Theorie als Werkzeug eingesetzt [1].

Um in der Teilchenauflösung der experimentellen Untersuchungen eine Größenordnung weiter zu gelangen, wird aktuell in Texas der weltgrößte Beschleunigerring SSC gebaut, der Teilchen auf eine Energie von über 40 TeV beschleunigen soll. Für den effizienten Betrieb des Ringes und den dazugehörigen Aufbau der Experimente sind gewisse Annahmen über die Nachweiswahrscheinlichkeit von Teilchen innerhalb eines Energiespektrums zu machen. Eine wesentliche Möglichkeit besteht heutzutage in der Computersimulation des Verhaltens der Elementarteilchen und der Detektoren. Um aber dort auch schnell genug zu Ergebnissen gelangen zu können, werden Rechenleistungen im Bereich von TeraFlops und darüber hinaus benötigt.

Die Simulation der QCD stützt sich auf eine Monte Carlo Simulation auf einem 4-D Gitter (vier Dimensionen im Raum-Zeit-Kontinuum). Die Aussage, daß für eine akzeptable Laufzeit einer Simulation nur ein Rechner mit der Leistung von mindestens 10^{12} FLOPS in Frage kommt, leitet sich bei Untersuchung der eingesetzten, numerischen Verfahren (Monte Carlo, Hybrid Monte Carlo) ab [2]. E. Laermann zeigt auf, daß für 10000 Iterationsschritte pro Gitterelement $2,6*10^{12}$ FLOPS ausgeführt werden müssen. Diese 10000 "Gluonen-Updates" stellen sicher, daß der statistische Fehler des Ergebnisses klein genug ist, um Aussagen über den bisher nicht zugänglichen Teil der Theorie (quantenmechanische Natur der Quarks) machen zu können.

Angeregt durch die Diskussionen um einen TeraFlop-Computer liegen inzwischen auch schon Untersuchungen [3] aus anderen wissenschaftlichen Bereichen vor, die Abschätzungen über zukünftig benötigte Rechenleistungen machen. Eine Kernaussage ist auch hier, daß diese Leistungsstufen von fundamentaler Notwendigkeit für viele Anwendungsbereiche sind.

3   Europa und die ETI

Europa ist sich der Herausforderung wohl bewußt [6]. Der Nobelpreisträger Carlo Rubbia [4] kommt als Vorsitzender der EG (Europäische Gemeinschaft) Arbeitsgruppe "Höchstleistungs-Computing" zum Schluß, daß Europa in die Lage versetzt werden muß, bis zum Jahre 2000 einen eigenen TeraFlop-Computer erfolgreich im Markt zu plazieren. Neben der Beherrschung der Technologie allein muß natürlich auch ein dazugehöriges Software-Umfeld entwickelt werden, damit solche Systeme überhaupt breitgefächert einsetzbar sind.

Ein TeraFlop-Rechner wird zwangsläufig nach heutiger Technologie ein massiv-paralleler Computer sein. Dies belegen alle bisher vorgeschlagenen Konzepte zur technischen Umsetzung eines solchen Systems. Traditionelle sequentielle oder Vektor-orientierte Rechner sind bereits zu nah an der physikalischen Grenze konstruiert, um als Architekturgrundlage für den Entwurf eines TeraFlop-Rechners zu dienen. Der Ausweg liegt in einem massiv-parallelen Rechner mit einer großen Anzahl relativ einfacher Prozessoren, die gleichzeitig an einem Problem arbeiten. Das Potential zum Erreichen neuer Leistungsstufen liegt weit über dem der Vektor-Supercomputer: Parallelrechner profitieren nicht nur von dem schnellen Fortschritt in der Mikroprozessorentwicklung, sondern auch von der Tatsache, daß heutzutage immer höhere Prozessorzahlen kontrolliert werden.

Wesentliche Wurzeln der Parallelverarbeitung liegen in Europa, wo man schon seit über einem Jahrzehnt verschiedenste Ansätze für Parallelsysteme untersucht und auch zum Einsatz bringt. Unbelastet von einer Vektorverarbeitungs-orientierten Technologie sind hier nicht nur neuartige Konzepte und Systeme entstanden, sondern es hat sich auch eine große Gemeinschaft gebildet, die im Bereich der Parallelverarbeitung tätig ist. In dieser Gemeinschaft finden sich neben Hardware- und Software-Produzenten, Forschungseinrichtungen von Hochschulen und Industrien, Förderungskonzepte auf Landes- und europäischer Basis (z.B. ESPRIT) und eine Reihe von Diskussionsforen. Hier findet sich das Fundament, um kurzfristig und kostengünstig einen TeraFlop-Rechner für ein breites Anwendungsspektrum einsatzfähig zu entwerfen und konstruieren. Dies bezieht sich sowohl auf Hardware wie auf Softwareaspekte.

Vor diesem Hintergrund hat sich gegenüber der bereits existierenden amerikanischen Initiative eine eigene europäische TeraFlop Initiative gegründet mit dem Ziel, einen eigenen, europäischen TeraFlop-Computer verfügbar zu haben. Mitglieder dieser Initiative in Deutschland sind F. Gutbrod (DESY, Hamburg), H. Herrmann (HLRZ, Jülich), F. Hossfeld (HLRZ, Jülich), H. Rollnik (HLRZ, Jülich), H. Satz (CERN, Genf) und K. Schilling (GSH Wuppertal). Von dieser Arbeitsgruppe wurde die Parallelrechnerfirma PARSYTEC in Aachen angesprochen, um Aussagen zu den Möglichkeiten einer TeraFlop-Technologie zu machen.

4 Der europäische TeraFlop-Rechner

Anfang 1991 hat PARSYTEC eine Arbeitsgruppe eingerichtet, die inzwischen ein Konzept für den Bau eines TeraFlop-Computers vorgelegt hat, basierend auf den Erfahrungen die mit dem Bau und Betrieb bisheriger MIMD-Parallelrechner gemacht wurden. Dabei wurde nach Konstruktionsmerkmalen gesucht, die Realisierbarkeit und Betrieb eines TeraFlop-Computers sicherstellen. Drei Kriterien standen für den Entwurf im Vordergrund. In gewichteter Reihenfolgen lauten diese:

1. Betriebssicherheit
2. Kostenminimierung
3. Kompaktheit

Der vorliegende Entwurf folgt daher soweit wie möglich einem radikalen Gedanken: *Einfachheit*. Erfahrungsgemäß scheitern ambitionierte Projekte nicht an ihren Zielen, sondern an der Komplexität ihrer Umsetzung. Auch im Bereich der Computertechnologie gibt es Beispiele dafür. Nur die konsequente Einhaltung von maximaler Einfachheit in allen Entwurfsstufen gewährleistet die Realisierung und Nutzbarkeit eines TeraFlop-Rechners.

Im vorgelegten Entwurf werden 65 536 autarke Prozessorknoten über ein Kommunikationsnetz zusammengeschaltet. Um ein breites Spektrum an potentiellen Anwendungen abzudecken, wird für die Kommunikation zwischen den Prozessoren ein 3-D Raumgitter vorgeschlagen. Diese Topologie stellt ein über das gesamte System homogenes Kommunikationsnetz sicher und orientiert sich an einer natürlichen, das heißt problemnahen Struktur. Die Unterstützung von 65 536 Prozessorknoten erfordert, daß möglichst viele Komponenten eines Knotens, wie Fließkommaarithmetik und Kommunikationsdienste, auf einem Chip integriert sind, um einen möglichst einfachen Aufbau des Gesamtsystems zu gewährleisten.

Jeder Knoten des Parallelrechners entspricht damit in seiner Funktionalität einem autonom arbeitenden Rechner. Dieser Ansatz geht auf das Jahr 1978 zurück, in dem C.A.R. Hoare, damals an der Universität Belfast, in seiner klassischen Arbeit 'CSP' ein Parallelkonzept auf der Basis kommunizierender sequentieller Prozesse vorschlug [7]. Dieses Prinzip erlaubt den Einsatz einer beliebigen Anzahl von Einzelprozessoren, welche für sich allein völlig autonom arbeiten und, bei Bedarf, zielgerichtet untereinander kommunizieren (message passing). Dieses Konzept ist in der Informatik als MIMD für "Multiple Instruction Multiple Data" mit verteiltem Speicher (distributed memory) bekannt geworden und steht im Gegensatz zum SIMD-Konzept, für "Single Instruction Multiple Data".

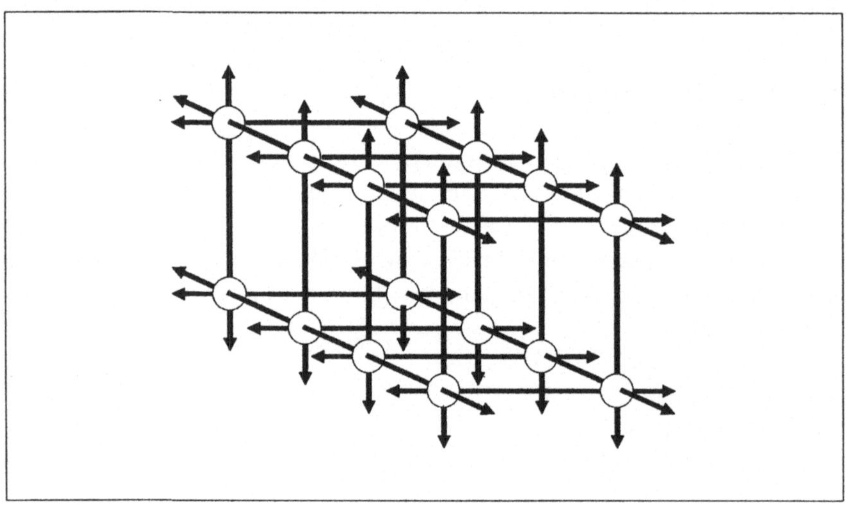

Abbildung 1:
Dreidimensionale Gitterstruktur des Kommunikationsnetzes des
TeraFlop-Rechners

Mit Einführung des Transputers von der Firma Inmos (Bristol), einem Tochterunternehmen des italienisch/französischen Konzerns SGS Thomson, brach 1985 für die MIMD-Parallelverarbeitung ein neues Zeitalter an. Es wurde ein Mikroprozessor vorgestellt, der technologisch neue Maßstäbe setzte, da er nicht nur der schnellste 32-bit Mikroprozessor der Welt war, sondern auch der erste Prozessor, der Rechner- und Kommunikationsleistung auf einem Chip integrierte.

Die Integration von mehreren Architekturkomponenten wie CPU (Central Processing Unit), FPU (Floating Point Unit), Kommunikationsdiensten (Links, bidirektionalen Kommunikationskanälen mit hohen Übertragungsraten), integriertem Speicher auf dem Chip, Speicherinterface und einem in Hardware implementierten Prozeß-Scheduler stellte nicht nur leistungsfähige Einzelfunktionen zur Verfügung, sondern schuf insbesondere eine neue Art von Mikroprozessor, den Transputer. Er war und ist bis heute damit der einzige Mikroprozessor, der von seiner Architektur her für MIMD-Parallelverarbeitung konzipiert und in Massenstückzahlen verfügbar ist. Die Punkte, die immer wieder zu Leistungsengpässen in realisierten

Parallelrechnern führten, die Kommunikation zwischen und das Scheduling von vielen Prozessen auf einem Prozessor, sind beim Transputer integraler Bestandteil der Hardware und ermöglichen somit erst den effizienten Aufbau von leistungsfähigen, massivparallelen MIMD-Rechnern. Das Kunstwort Transputer steht für *Trans*istor-Com*puter* und drückt die Idee aus, komplette Computer wie Transistoren zu verschalten, um komplexe Aufgaben zu lösen, wobei die Kommunikationskanäle der Transputer, die Links, den "Beinchen" der Transistoren entsprechen.

Der Transputer erfüllt somit die Anforderung an Einfachheit und Leistungsfähigkeit in idealer Weise. Die Basis des TeraFlop-Rechners wird eine Spezialentwicklung des T9000-Transputers[1], dem aktuell leistungsfähigsten Prozessor der Transputerfamilie, bilden.

Der T9000 Transputer wurde Mitte April 1991 von Inmos vorgestellt. Er hat, wie sein Vorgänger T800, integrierte Komponenten, die ihn qualitativ in wesentlichen Punkten von anderen Prozessoren unterscheidet. Er wird mit 50 MHz getaktet, hat eine schnelle Fließkommaarithmetik mit 20 MFlops und 16 KByte internen Speicher, der als Instruktions- und Datencache frei konfiguriert werden kann. Darüberhinaus ist ein erweiterter Prozeß-Scheduler, der das Taskswitching auf Hardwareebene übernimmt, und Kommunikationsmechanismen in Form der Links (mit einer Gesamtbandbreite von 80 MByte/s) integriert.

Diese Leistungsmerkmale sind bis auf einen Faktor 10 alle mit dem T800 vergleichbar. Bemerkenswert ist, daß die Balance zwischen der Rechenleistung und der Kommunikationsleistung erhalten bleibt; das heißt, daß bisher entwickelte Algorithmen in derselben Granularität wie auf dem T800 Transputer übernommen werden können. Neben den quantitativen Leistungsteigerungen hat der Prozessor nochmal an qualitativen Eigenschaften zugelegt. Er ist mit einem "Instructiongrouper" ausgelegt, der eingelesenen Code darauf untersucht, ob einzelne Codeelemente parallel auf den einzelnen Komponenten des Chips ausgeführt werden können; zu diesen zählen:

- eine ALU (Arithmetic Logical Unit)
- zwei Adresskalkulatoren
- eine FPU (Floating Point Unit)
- vier Links.

Weiterhin sind Erfahrungen in der Programmierung von kommunizierenden Programmen in den Chipentwurf des Proessors eingeflossen; von besonderem Interesse für Programmierer von massiv-parallelen MIMD-Rechnern ist die Integration von unendlich vielen, virtuellen Kanälen über einen "Virtual Channel Processor" (Abbildung 2). In Kombination mit dem Routingchip C104 (32 Links, 640 MByte/s Kommunikationsbandbreite, Vermittlungszeit 500 ns) ist die

---

1) Der T9000-Transputer trug zuvor den internen Codenamen H1.

effiziente Kommunikation in einem massiv-parallelen System mit mehreren tausend Prozessoren sichergestellt. Der C104 Routingchip wurde hierzu im Rahmen des europäischen Forschungsprojektes "PUMA" spezifiziert, in das die nunmehr über fünfjährigen europäischen Erfahrungen im Bau und Betrieb von Parallelrechnern einflossen.

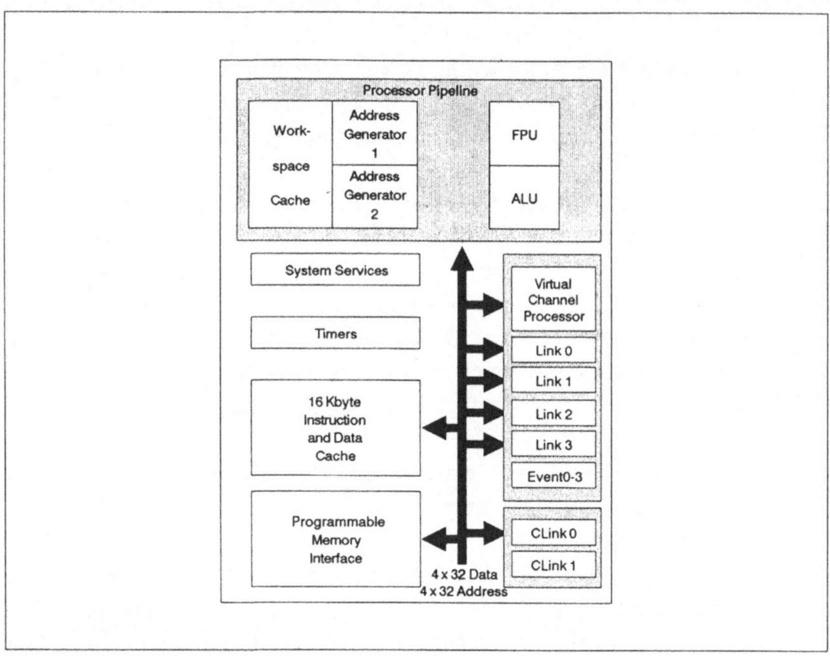

Abbildung 2:
Blockschaltbild des T9000 Transputer

Um die Gesamtanzahl von 65536 Prozessoren in ein System zu integrieren, wird der Rechner aus elementaren Baublöcken zusammengesetzt. Insgesamt 16 "sichtbare" T9000 Transputer, ausgestattet jeweils mit 16 Mbyte lokalem Speicher, und vier C104 bilden diesen elementaren Baublock, der sich 4096-fach im Teraflop-Rechner wiederfindet (Abbildung 3).

Bei diesen Größenordnungen an Prozessoranzahlen und Speicherelementen (der gesamte dynamische Speicher des Systems beträgt 1 TeraByte) schiebt sich die Frage nach Betriebssicherheit in den Vordergrund. Die Toleranz des Systems gegen Prozessor-, Kommunikations- und Speicherfehler ist damit unabdingbare Voraussetzung für einen sicheren Betrieb des TeraFlop-Rechners. Die konstruktive Aufgabe muß deshalb redundante Komponenten enthalten. Nur so läßt sich die Idee der unbegrenzt skalierbaren massiv-parallelen MIMD-Rechner auch in funktionsfähige Systeme umsetzen.

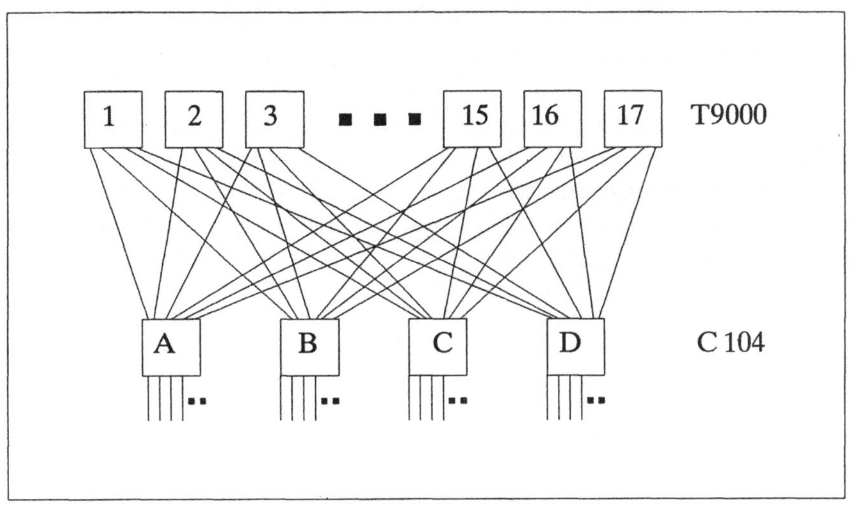

Abbildung 3:
Elementarer Baublock mit 17 T9000 und vier C104

Neben den 16 "sichtbaren" T9000 Transputern pro elementarem Baublock existiert ein weiterer "unsichtbarer" Prozessor, der im Bedarfsfalle einen fehlerhaften Prozessor ersetzen kann. Auch die verfügbare Kommunikationsbandbreite und -struktur zwischen den Blöcken ist redundant und flexibel ausgelegt, so daß für den Anwender auch bei Ausfällen von Einzelkomponenten stets eine intakte Kommunikationsstruktur mit annähernd gleichbleibend hoher Kommunikationsbandbreite von insgesamt 5 TeraByte/s zur Verfügung steht. Abbildung 3 zeigt die Verschaltung der Transputer-Links auf die C104-Links. Für die Verschaltung innerhalb des Baublocks wurde ein programmierbares Clos-Netzwerk Zugrunde gelegt, bei dem die von den C104 herunterführenden Links in die drei Raumrichtungen X, Y und Z und zu einem lokalen I/O System weisen.

Die Speichersicherheit wird letztendlich durch Einsatz einer EDC (Error Detection and Correction) Logik erzielt. Hierbei wird ein 64-bit Wort mit 8 bit Redundanz in einer 72-bit Speicherzelle abgelegt. Über diese Redundanz können 1-bit Fehler pro Wort erkannt und korrigiert werden. Bei einer Speicherkapazität von 1 TeraByte sind solche Maßnahmen aufgrund statistischer Betrachtung von Fehlerwahrscheinlichkeiten zwingend notwendig.

Ein weiteres Kriterium für die Betriebssicherheit eines so großen Systems ist die Minimierung der Komponentenanzahl; dazu zählen unter Anderem die Anzahl der Chips, Lötstellen, Steckkontakte, mechanischen Verbindungselemente. Um die Komponentenanzahl pro Knoten weiter zu reduzieren, stellt Inmos im Rahmen der ETI eine Spezialversion des T9000 Transputers her, der die besprochene EDC-Logik auf dem Chip integriert hat.

Vier dieser elementaren Baublöcke werden zu einem 64 Prozessorsystem mit 1 GFlop Leistung zur einer Grundeinheit vereint. Diese Grundeinheit bildet physikalisch eine autarke Zelle mit einer eigenen Spannungsversorgung und einem eigenen Kühlsystem. 1024 dieser Grundelemente werden durch eine externe Verschaltung in einem dreidimensionalen Gitter angeordnet, dessen Kantenlängen frei gewählt werden können, so daß sich das System zu einem Gitter der Dimension $16*16^3$ konfigurieren läßt.

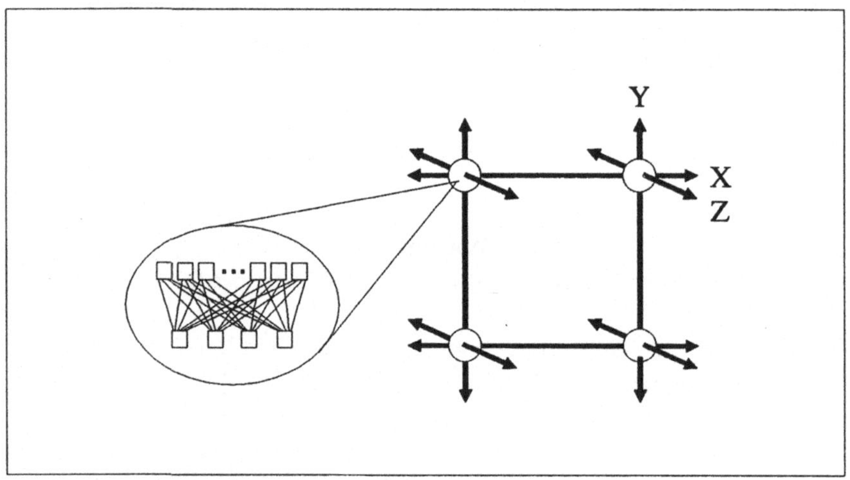

Abbildung 4:
Integration des elementaren Baublocks in die gesamte
Netzstruktur; neben den drei Raumrichtungen X, Y und Z
existiert noch eine zusätzliche Kommunikationsebene zu
I/O Systemen

Am Anfang der Designuntersuchungen standen die Forderungen nach Betriebssicherheit, Kostenminimierung und Kompaktheit. Der Aspekt Betriebssicherheit ist durch die Vorgabe der Einfachheit und die redundante Systemauslegung von Seiten der Hardware gewährleistet. Durch Minimierung der Komponentenanzahl auf 10 pro Prozessorknoten, Einsatz modernster Packungstechnologien und hoher Stückzahlen identischer Bauelemente (z.B. Platinen) wird nicht nur die Betriebssicherheit erhöht, sondern es werden gleichzeitig auch die Fertigungskosten reduziert.

Bleibt die Frage nach der Kompaktheit eines TeraFlop-Rechners: durch Einsatz moderner Kühltechniken in Kombination mit wassergekühlten Gehäusen ist sichergestellt, daß die entstehende Wärme, die einer Leistung von 1-2 LKW-Motoren entspricht, bei einer Aufstellfläche von ca. 50 m^2 abgeführt werden kann.

5 Perspektiven

Bei dem Entwurf des TeraFlop-Rechners hat PARSYTEC darauf Wert gelegt, daß der Rechner für ein breites Spektrum an Anwendungen nutzbar ist. Beispielsweise liegt dem Rechner ein dreidimensionales Gitter als Kommunikationsstruktur zugrunde, so daß sich viele Informationsverarbeitungsprobleme, die einer räumlich gegliederten Welt entstammen, optimal auf den Rechner abbilden lassen.

Bisherige Erfahrungen z.B. aus dem Bereich der Stömungssimulation auf massiv-parallelen MIMD-Rechnern bestätigen dies. So wurde 1991 im Rahmen eines DFG-Schwerpunktvorhabens (Deutsche Forschungs Gemeinschaft) für Strömungssimulation ein massiv-paralleler MIMD-Rechner (ein Parsytec SuperCluster mit 256 Prozessoren und 600 MFlops) an Rechenzentrum der RWTH-Aachen installiert. Dort bereitet man sich jetzt schon auf den Einsatz der nächsten Generation von Höchstleistungsrechnern vor. So steht für 1992 für die zweite Ausbaustufe der Einsatz eines 1 GFlop T9000 System bevor.

Die TeraFlop Initiative befaßt sich inzwischen nicht nur mit den speziellen Interessen der Quantenchromodynamiker, sondern sie setzt auch Impulse frei in die Entwicklungszentren der Parallelverarbeitung. In den letzten Jahren sind eine Reihe von Algorithmen und Programmiermodellen für MIMD-Parallelrechner entwickelt worden, die nun in die zweite Generation gehen. Es zeigt sich schon heute, daß die über die TeraFlop-Systeme geführten Diskussionen wesentliche Einflüsse auf die Produktgestaltung von MIMD-Parallelrechnern der Leistungsklassen von mehreren Dutzend GFlops haben und dadurch die Verbreitung und das Einsatzspektrum dieser Rechner noch weiter gesteigert wird.

Literatur

[1]   Claudio Rebbi, Die Gitter-Eichtheorie: Warum Quarks eingesperrt sind
        Spektrum der Wissenschaft, April 1983

[2]   Edwin Laermann, QCD TERAFLOP
        Studie am HLRZ, KFA Jülich 1991

[3]   D.W.Heermann, H.J.Herrmann, K.Kremer, J.Reger, D.Stauffer: Condensed Matter
        Physics and the European Teraflop Initiative
        Schrift, März 1991

[4]   Carlo Rubbia, Report of the EEC Working Group on High-Performance Computing
        Februar 1991

[5]   Elizabeth Corcoran, Calculating Reality
        Scientific American, Januar 1991

[6]   Falk Langhammer, Europa kann das TeraFlop-Rennen gewinnen
        Spektrum der Wissenschaft, Juni 1991

[7]   C.A.R. Hoare, Communication Sequential Process,
        CACM, Vol.21, Nr.8, 1978

Supercomputing 1995 and Beyond
– the Different Perspectives –

Steven Wallach
Convex Corp., Richardson, TX, USA

Justin Rattner
Intel Corp., Beaverton, OR, USA

Carl W. Diem
Cray Research Inc., Eagan, MN, USA

Kenichi Miura
Fujitsu America Inc., San Jose, CA, USA

Craig J. Mundie
Alliant Computer Systems Corp., Littleton, MA, USA

Guy L. Steele Jr.
Thinking Machines Corp., Cambridge, MA, USA

Andreas Reuter
IPVR, Universität Stuttgart, Germany

Abstract

The Mannheim Supercomputer Seminar 1991 had one of its highlights in the Panel Discussion covering "Supercomputing 1995 and beyond". Above named reputed personalities of leading supercomputer manufacturers participated in this discussion as well as Prof. Andreas Reuter from the "Institut für Parallele und Verteilte Höchstleistungsrechner", University of Stuttgart, as independent expert and user.

This Panel Discussion was chaired by James C. Almond, Austin University, Hans W. Meuer, Universität Mannheim and Hans-Martin Wacker, GMD Birlinghoven.

All panelists were in advance given 7 questions which are, together with all answers (in part slightly shortened) written down in the following. As this IFB Springer-volume was at the attendees' disposal at the beginning of the Seminar, these could take part in this session very well prepared.

Question 1:

What are the latest announcements of your company and the status of present products? Please give a very short sketch on architecture, price, performance, hardware, software and competitiveness.

– Steven Wallach –

CONVEX Computer Corporation introduced Open Supercomputing to provide the optimum high–performance environment. Open Supercomputing means a high–performance system that is both usable and accessible to every user in the organization who has to solve complex problems that only a supercomputer can manage. Since its inception, CONVEX has championed the ideal of a standard, open, connected environment where a variety of applications, networks, and computer systems work together.

CONVEX Supercomputer use integrated scalar, vector and parallel processing to achieve speeds of up to 2 GFlops. Each CONVEX processor is itself a supercomputer with high scalar speed for codes that cannot take advantage of parallelization and vectorization.

Automatic Self-Allocating Processors (ASAP), a CONVEX innovation, is recognized as the leading form of parallel processing – hardware features are used instead of system calls to keep the parallelization overhead low.

For large storage and/or backup requirement the StorageTec Silos (3480 compatible) can be attached via a CONVEX Black – Mux Interface and used for example under the Unitree Migration System. For larger requirements the CONVEX-based E–Mass storage library will be available (22 TByte in 22 square feet).

The availability of all major networking standards for years is well known. Currently CONVEX is introducing OSI-products for WAN-operations. The operating system CONVEX OS (which is also available as a secure system) is IEEE-POSIX compliant and offers beside BSD and System V-UNIX features all extensions necessary to run a mainframe environment. Examples are secured tape handling, NQS-based batch processing, extended accounting and resource controls, checkpoint-restart and dedicated interfaces for operators.

CONVEX always offered state of the art compiler technology. The last product introduced is an interprocedural optimizer for the languages C and FORTRAN which allows faster development, faster execution and more reliable applications.

The user interface becomes more and more graphically oriented based on the X- and MOTIF-standards, as can be shown with the new debugger CXdb which is also the first to offer debugging of optimized code.

With more than 500 customers and more than 950 installed CPU's CONVEX covers sites from quasi-personal supercomputers through departmental servers to centralized mainframes with a family of binary compatible products.

– Justin Rattner –

The iPSC/860 system is the third and most recent member of the Intel parallel supercomputer family. Introduced and first operational in January of 1990, over seventy–five iPSC/860 systems have been installed worldwide in the last eighteen months. The system is available in five scalable configurations providing from 8 to 128 compute nodes and from 2 to 128 input/output nodes. Compute nodes are based on the Intel 860 microprocessor. I/O nodes utilize the Intel 386 microprocessor and provide high–speed interfaces to disk, tape, and local area networks. Peak 64–bit floating point performance ranges from 0.48 to 7.6 GFLOPS over a price range from US$300 thousand to US$3 million.

The iPSC/860 system, like its predecessors, uses a scalable multicomputer architecture. Multicomputers are MIMD, distributed memory, message passing machines. Each processing node is a complete computer with one or more (micro) processors, a large local memory, specialized message–passing I/O hardware, and, optionally, a standard I/O interface. The nodes communicate by passing messages across a scalable interconnection network based on the hypercube topology. Message passing hardware in each node automatically routes message from source to destination node without software or node processor intervention.

Software services include standard UNIX System V, Release 3.2 running on the system's front–end computer and the node–resident NX/2 operating system. The latter provides basic process management, memory management, and message passing services. Higher level services include CFS, a scalable, parallel, UNIX–compatible file system, as well as TCP/IP network services and X–window client services.

Software development for the iPSC/860 is based on Fortran, C, and Ada. Each language is supplied with a subroutine library for direct access to the message passing facilities of the NX/2 operating system. A parallel debugger and various performance analysis tools are also available. FORGE and CAST are available for organizing and restructuring existing sequential programs for parallel execution.

In March of 1991, the Gordon Bell Prize for supercomputer price–performance was won by a team of scientists using the 128–node Intel iPSC/860 system at Oakridge National Laboratories. The system achieved a record 840 MFLOPS per $1 million (US) while delivering sustained performance in excess of 2.5 GFLOPS. In awarding the prize, the IEEE committee noted that this was the first time a multicomputer had achieved greater than 1 GFLOPS performance.

During May of 1991, Intel installed the DELTA system at Caltech for use by a consortium of 14 US laboratories and universities. With 528 i860–based processing nodes, DELTA is rated at 32 GFLOPS peak performance at 64–bit precision. An additional 32 I/O processors provide access to over 44 gigabyte of internal disk storage. Other I/O nodes and system software improvements provide Ethernet and HIPPI connections as well as a scalable, multiuser login and shell services. These improvements eliminate the need for any sort of front end computer. At the time of its installation, DELTA is expected to be the fastest operational computer in the world.

– Carl Diem –

Cray Research offers a complete family of CRAY Y-MP systems, ranging in price from US$400,000 to over US$20,000,000. They are the Y-MP EL, Y-MP2E, Y-MP4E and Y-MP8E systems. They offer the highest sustainable performance and most complete functionality over a wide range of applications of any supercomputers in their class.

The Y-MP EL is a minisupercomputer which has complete binary compatability with larger Y-MP systems. It utilizes CMOS VLSI logic circuitry and is offered in one to four processor configurations with up to 1 gigabyte of shared DRAM memory.

The Y-MP2E supercomputer is priced competitively with high-end minisupercomputer products, but offers true supercomputer performance in an air-cooled package. The system offers 1 or 2 central processors, each running at a 6ns clock, sharing a fast BiCMOS central memory of from 16 million to 64 million words (MW). The new integrated I/O Subsystem (IOS) comprises 1 or 2 I/O clusters (IOCs), which allow more data to be accessed at faster rates than previous Y-MP systems. Each IOC supports up to 16 channel adapters for connection to high performance disk units, tape units and communications products. An optional SSD solid-state storage device on the system offers up to 512MW of storage. It is accessed at a rate of 1000MB/s and allows users to run larger problems that require extensive I/O and out-of-memory solution techniques. Up to 500GB of online disk storage can be attached to the Y-MP2E system.

The Y-MP4E supercomputer offers twice the power of the Y-MP2E with up to 4 central processors, packaged in a similar air-cooled chassis. It has the same sized memory as the Y-MP2E, but has a considerably greater I/O capability. A Y-MP2E system may be field upgraded to a Y-MP4E system.

The Y-MP8I supercomputer uses new packaging technology to provide the performance of up to 8 central processors, 128MW of central memory, four IOCs and a 512MW SSD, in one liquid-cooled cabinet.

The Y-MP8E supercomputer uses new packaging technology to provide the performance of up to 8 central processors, 256MW of central memory, eight IOCs and a 2048MW SSD, in two liquid-cooled cabinets.

All of the Y-MP systems use the Cray UNICOS operating system which is based on the UNIX System V operating system. UNICOS is a mature, high performance operating system with a full set of tools, compilers (Fortran, C, Ada etc.) and libraries that comply with industry standards. Within the concept of Network Supercomputing Cray Research provides a seamless high performance computing environment for workstation as well as mainframe users. Beyond efficient implementations of networking standards a suite of product and tools is available to support cooperative processing between workstations and supercomputers.

In 1992 Cray Research will deliver a compatible follow-on product, the Y-MP16 which will offer up to 16 GFLOP performance in a single system.

– Kenichi Miura –

Fujitsu Limited introduced its new VP2000 Series supercomputer systems in December 1988. The VP2000 Series is a new generation supercomputer supporting full compatibility with previous VP and VP-E series, and with much higher performance. The high-end model VP2600 offers the maximum performance of 5 GLPOS, one of the highest as a uni-processor system. The new features supported in VP2000 Series are the adoption of the dual and quadruple scalar processor architecture, the expansion of main storage, the introduction of System Storage, and System V Release 4 compliant UNIX environments (UNIX is a registered trademark of AT&T).

The VP2000 Series covers a wide range of vector performance, with the most powerful model being 10 times faster than the entry-level model. While Model 10 is a uni-processor architecture, Model 20 is a Dual Scalar Processor (DSP) system in which two scalar units can share one vector unit, and Model 40 is a Quadruple Scalar Processor (QSP) System in which two DSP systems are tightly coupled. VP2000 Series has a total of 10 models.

The vector registers in VP2000 Series may take various configurations by concatenation just like its predecessors, in order to make the best utilization of the total capacity, thus reducing the traffic between the vector register and the main memory.

The scalar unit achieves high performance with powerful execution units, improved scalar pipeline structure, and large buffer storage. In order to enhance the scalar performance, one-cycle pipeline is implemented in the scalar unit so that machine cycle counts are reduced for instruction execution.

Dual and Quadruple Scalar Processor Architecture

The Dual Sclar Processor System is a newly developed architecture for the multi-processor system to increase system performance. For ordinary vectorized application programs, utilization of a vector unit rarely reaches 100%. For example, a program with vectorization ratio of as high as 90% makes a vector unit busy less than 50% of the total CPU time. Therefore, an extra scalar unit that shares one vector unit may be attached to a uni-processor system in order to increase the efficiency. From application's point view, Fujitsu's Dual Scalar Processor System can be regarded as a conventional two-way multiprocessor system, and the Quadruple Scalar Processor System as a four-way multiprocessor system.

Although the performance of DSP, when running only a single job, is not different from that of a uni-processor system, the total system throughput in the multiprocessing environment or performance of multitasked jobs can be substantially improved. It should be noted that the system throughput improvement factor is 2 when all the jobs are scalar, and that this factor is a monotonically decreasing function of the vectorization ratio of the programs, ending up with one when all the jobs are 100% vector. For example, the measured speedup factor of DSP over a uni-processor is more than 1.5 for a random job mix which yields the vector unit to be busy 50% on the average.

– Craig Mundie –

Alliant continues to ship products from both our original FX/80 family systems and our new FX/2800 series. The FX/80 family was built around the architecture of the Motorola 68020 instruction set, to which Alliant added support for vector and loop–level parallel execution. That system supports up to 8 vector processors and 12 I/O processors. The FX/80 series is now sold primarily in newly developing supercomputer markets where U.S. Department of Commerce export controls restrict distribution of our higher performance FX/2800 systems which were introduced and shipped in the first calendar quarter of 1990.

The FX/2800 family employs a similar architecture to the FX/80 for the control of loop–level parallelism, but is constructed from the INTEL i860 microprocessor family. The i860 is a superscalar microprocessor with integral 64–bit floating point support. In a full configuration the FX/2800 can support 28 of the i860's for parallel computation as well as a 29th processor for I/O support. The FX/2800 was recently enhanced with a new type of processor module, incorporating a large second–level cache, as well as the delivery of a 4 GByte main memory system.

More recently the FS/2800 family has been expanded to include the FX/800, a smaller version of the FX/2800 architecture which supports up to a total of 13 i860 processors and 512 MBytes of memory.

In the communication area Alliant has announced support for both FDDI and HIPPI capabilities which will begin shipments in the Fall of this year. Alliant currently is delivering Ultranet and Ethernet facilities.

The FX/2800 software suite includes the Concentrix Operating System. Derived from the Berkely 4.3 UNIX system originially, it has been enhanced to support very large virtual and physical memory, parallel disk I/O facilities, Real–time scheduling capabilities, etc. Alliant has developed proprietary implementation of Fortran, C and ADA for the i860–based FX/2800 family, and all of these are in production status at this time.

Using 28 processors the FX/2800 has sustained performance as high has 2.1 GFLOPS on standard algorithms such as linear convolution, and currently has the fastest recorded Linpack 100 and Linpack 1000 performances for any air–cooled system below US$2,000,000.

Additionally, Alliant has entered into a licensing arrangement with INTEL corporation to allow INTEL to incorporate Alliant's hardware–based Concurrency Control Architecture into future versions of the i860 microprocessors and also to resell Alliant Fortran and C compilers which provide automatic support for parallelization, vectorization, and optimal instruction scheduling for the i860 superscalar architecture.

– Guy Steele –

As of this writing (April 1991), the Connection Machine Model CM–2G is the world's fastest supercomputer. Its massively parallel architecture eliminates the Von Neumann bottleneck: the aggregate bandwidth between memory and processors is 50 gigabytes per second. With 65,536 single–bit processors and 2,048 floating-point units, the CM–2G makes full use of this bandwidth. Complete applications written entirely in Fortran 90 sustain overall performance in excess of 14 gigaflops, over half the theoretical peak performance.

In March 1991, for the second year in a row, a team from Thinking Machines Corporation and Mobil Research and Development Corporation demonstrated the fastest absolute performance in the Gordon Bell Prize competition: 14.18 gigaflops. This was the sustained performance over the entire 1/2-hour run, including I/O overhead; the inner loop ran at 14.88 gigaflops. The program was coded entirely in Fortran 90, without any language features or directives specific to the Connection Machine. (A paper on the relevant compilation techniques will appear in the proceedings of the June 1991 ACM SIGPLAN Conference on Programming Language Design and Implementation.)

Another team from Thinking Machines Corporation won the Gordon Bell Prize for compiler parallelization. A Fortran 77 program was automatically translated to Fortran 90, which was then compiled for the Connection Machine. The result was a speedup factor of over 1,800; the program sustained performance of over 1.5 gigaflops.

Besides Fortran, the Connection Machine system also supports parallel versions of C and Lisp. Software libraries include the CM Scientific Subroutine Library and the CM Visualization Library for graphics rendering. Programming tools include checkpointing, timing, and interactive debugging.

The operating system is Sun UNIX or VAX ULTRIX. A Connection Machine system can be partitioned into as many as four independent sections; each section can independently handle time-shared interactive users, batch processing, or both. I/O capabilities include the DataVault (20, 40, or 60 gigabytes of disk storage) and HIPPI interfaces.

Question 2:

What are your plans for 1995 concerning the evolution of products, and which new products are in the pipe?

– Steven Wallach –

What can be expected on the way to 1995 and beyond will be answered within the context of the following questions.

The main product currently in the pipeline is the CONVEX high-end computer the C3800:

With the CONVEX C-Series, high availability is part of the design. The C3800 is the first supercomputer using Gallium Arsenide (GaAs) integrated circuit technology. GaAs chips run both cooler and faster than silicon chips, offering optimum reliability and speed in an air-cooled environment. Air cooling eliminates the enormous maintenance costs and huge facility requirements connected with liquid-cooled systems.

To further increase availability, the C3800 is the first commercial implementation of a revolutionary technology called distributed power supply (DPS). With DPS, the power supply is on each board rather than traditional shoebox power supplies. You can remove a board without bringing the system down, simplifying maintenance and significantly increasing availability. CONVEX continues to push the limits of technology to bring you the most reliable, economical supercomputers available in the world.

Scalar, Vector, Parallel Processing

The C3800 employs three types of processing: scalar, vector, and parallel. Each central processing unit (CPU) is a supercomputer, integrating both scalar and vector processing. Scalar speed is extremely important because not all applications benefit from vectorization and parallelization. All jobs must have fast turnaround–not just those that can be optimized.

Vectorization speeds single job execution by performing the same operation on multiple data elements at the same time. Parallel processing splits or distributes the work over multiple processors, meaning individual jobs run faster with increased throughput for all system users.

Production Parallel Processing ASAP

The C3800 processors combine multiprocessing, vectorization, and parallelization in a unique technology called automatic self–allocating processors (ASAP). This implementation, developed at CONVEX, efficiently increases individual job performance, maximizes multi–job throughput, and fully, exploits CPU cycles.

Massive Memory

Speed is not enough to solve compute–intensive problems: the memory system has to keep up with processor performance. The C3800's robust, sophisticated virtual memory system easily accomodates immense applications as well as the physical memory, which can be expanded up to 4 GByte.

Some characteristic data are summarized below:

Processor and Memory Configurations (C3800)

Number of Moduls (cabinets)	2	3	4	5
Number of Processors	2	up to 4	up to 6	up to 8
Number of I/O Subsystem (a 500 MB/s)	1	up to 2	up to 3	up to 4
Max Memory in Gbytes	1,0	2,0,	3,0	4,0
Peak speed in Gflops				
(32bit)	0,5	1,0	1,5	2,0
(64bit)	0,25	0,5	0,75	1,0

Central Processing Unit

Hardware – supported data types

INTEGER and LOGICAL
*1, *2, *4, *8;
REAL *4, *8; CHARACTER

(scalar and vector, byte–addressable)

Processor cycle time — 8/16 ns

Processor vector registers — Eight 32/64 bit 128–element

Processor scalar registers — Eight 32/64bit

Processor address registers — Eight 32bit

Global registers — Thirty–two
128 element x 64bit
communication registers

Virtual address space — 4 Gbytes

Floating point format — IEEE and CONVEX native
(VAX F and G)

Hardware logic family — 16K and 30K GaAs gate arrays;
30K gate full Custom VLS

Memory system

Maximum physical memory — 4 Gbytes

Interleaving — 256–way max

Cycle time — Max: 256 ns
Min: 16 ns.

– Justin Rattner –

Touchstone, our 100 GFLOPS technology development program, funded jointly by Intel and DARPA, is scheduled to end in December of this year. Product developments based on the last of the four Touchstone prototypes, SIGMA, are now in progress. The first of the SIGMA prototypes will be internally demonstrated late this year. Beta versions of the production SIGMA machines should be installed by mid–1992. System performance is expected top be in the range of 150 GFLOPS peak at 64–bits with a main memory capacity of 8 GWORDS.

Perhaps more significantly, the SIGMA systems will introduce the first scalable, parallel version of standard UNIX System V, Release 4 of as the node operating system. For the first time on any highly or massively parallel computer, application programs will have full access to standard UNIX System V services on every processor of the system. Unlike multiprocessor versions, SIGMA's scalable, parallel UNIX will allow critical services, such as the file system and memory management, to fully exploit the parallelism of the distributed memory hardware. For example, file system performance and capacity will automatically increase as additional I/O nodes and disks are added to the system.

Future Intel supercomputer developments will be driven by advancements in microprocessor technology. With new high–performance microprocessors now on a two–year development cycle, our future generation systems should be available in 1994 and 1996. We expect system performance to rise by a factor of four with each generation: a factor of two due to the raw microprocessor speed–up, and the other factor of two from improvements in the interconnection network. This suggests that by mid–decade the technology program for Intel's first teraFLOPS systems should be nearly complete and the follow–on product development well underway.

– Carl Diem –

The mission of Cray Research is to be the high performance computing leader. We plan to pursue a two track approach with general purpose supercomputer working hand–in–hand with our massively parallel processing machines. We envision that supercomputer systems will be even more versatile, composed of heterogeneous computing elements and supported with a rich set of applications and friendly user environment. The competitive edge of Cray Research will be its architectural innovation, leading edge technology, software expertise in high performance computing in a distributed and highly parallel setting, and its commitment to quality customer service.

– Kenichi Miura –

Fujitsu's plan is to incorporate higher degree of parallelism in its future supercomputer systems. Since the applications of supercomputers are becoming more and more diversified, Fujitsu plans to provide a supercomputer system with the conventional vector architecture which is suitable for a wide range of applications, and a supercomputer system with a highly parallel system which can meet the most challenging performance requirements.

– Craig Mundie –

Central to Alliant's future product plans is the goal of tracking very closely the rapid evolution of the INTEL i860 microprocessor technology. The original chips were delivered in 1989, and we expect a new generation of these parts from INTEL about every 24 months. While providing an upward compatible path, we expect each generation of i860 part to incorporate higher levels in integration, greater on chip memory capacities, and steady growth in the operating clock frequency. Alliant has development programs underway to take direct and timely advantage of each of these stages of evolution.

The use of the microprocessor technology should allow this class of supercomputer to evolve more quickly than in the past, with significant new products as often as every 12 to 15 months. By retaining the common global memory model of the uni–processor systems of the past, the movement of applications to the parallel architecture of the Alliant is quite straight–forward, many times requiring only recompilation.

However, the memory hierarchy of the system is becoming more complex and the latencies between the processor core and the various levels of the memory system are more variable. Alliant is also developing compiler technology to assist in getting maximum performance from this type of memory system organization.

– Guy Steele –

Thinking Machines is working toward eventual production of a teraflop–class computer system by the mid–1990's.

Question 3:

What is your opinion about the survival of the architecture dominating at present, i.e. multi-vector processors?

– Steven Wallach –

In the late 1960s and early 1970s, scalar floating–point units were attached to minicomputers via an I/O bus. In the mid–1970s, scalar floating–point units were integrated into the architecture. As part of this integration, compilers were developed that generated in–line assembly code, rather than subroutine calls to runtime software modules.

Attached floating–point array processors eventually supplanted attached scalar processors. These array processors were attached to the CPU via the I/O bus, much like the scalar processors that preceded them. The compiler generated subroutine calls to move data across the I/O bus, and initiated numerical operations once the data was located in the attached processor's memory. This type of systems architecture, in turn, became obsolete with the next iteration of systems; integrated–vector, highly–pipelined machines – such as the CONVEX C1, C2 and C3 higher system performance and increased ease of use.

After almost 20 years of evolution, the new generation of accelerators are massively parallel systems. These machines require a general–purpose host processor to act as a front–end, to which they are attached via an I/O bus. This arrangement requires that programmers be familiar with two computers – the host and the massively parallel attachment – to be able to programm them properly.

We expect that this trend will continue and that with the next iteration of systems massively parallel features will be integrated into current vector / parallel high performance architectures.

We also have to notice that ease of use and ease of portability plays a major role for third party software vendors. All important products are currently being optimized for vector/parallel (shared memory) systems for the benefit not only of the large mainframes like the C3 but also for minis like the new generation of VAX–computers.

Vectorizable code and highly vectorizable algorithms are finally required to get high performance out of the new generation of RISC–chips as the i860– or the IBM–Power chips.

We now have the required compilers with algorithmic dependency–analysis capabilities, which ultimately made construction of automtic vectorizing and parallelizing compilers possible.

The architecture with the most comfortable user – and programmer interface combined with high performance will survive and not the architecture with the highest theoretical peak performance.

– Justin Rattner –

Just as mainframes, minicomputers, and dumb terminals continue to be built in significant volumes, so too will conventional vector supercomputers. And like mainframes, minis, and terminals, vector supercomputers will experience declining (or even negative) growth rates by mid–decade.

Three factors will keep vector machines commercially viable, long after they have passed into technological obsolescence. First, they will persist as "code museums", running an increasingly obsolete workload for those organizations unwilling or unable to move or develop new applications on highly parallel systems. Second, they will endure as file servers providing, where appropriate, centralized access to large disk and tape farms. Third, they will survive to serve those small number of applications which simply do not scale. It seems unlikely, however, that there are enough of these non–scalable applications to make the development of still faster vector machines financially attractive.

– Carl Diem –

There is nothing new about exloiting parallelism. In fact, with the effort in ILLIAC IV, parallel processing was introduced before vector processors. The recent reemergence of highly parallel machines should really be attributed to the technology advances made in microelectronics and to some extent the introduction of the RISC architecture. There is a lot more to DELIVERED performance than mere CPU speed. Ultimately, computers will be judged by their versatility to handle diverse programming paradigms, their ability to deliver data from memory to CPU and their speed and bandwidth in data movement between the machine and its peripherals. Those are the areas that need more technology push and architectural innovations and hence those are areas that add to the cost of the machine. If it is true that silicon is free and peak MFLOPS are cheap, that truth should hold for everybody. In fact, vector architecture is known to be the most efficient way to move data between CPU and memory and hence realize that promised MFLOPS or GFLOPS. If faster clock is the general trend, all players are on a pretty even playing ground. The design cycle for chips may be in the 2–3 years time span, but the design and development of a total system that can achieve high deliverable performance and faster clock will still take 4–5 years.

Our feeling is that the general purpose supercomputers will continue to address coarse grain parallel and not completely parallel applications and the MPP will be better suited for fine grain data parallel applications, SIMD or MIMD.

– Kenichi Miura –

(1) With ever increasing demands in the size and complexity of the computer simulations in various areas of scientific and engineering applications, an opportunity to exploit the so called "data parallelism" will be very high, and the SIMD concept will continue to be important. I

regard vector processing based on the pipelining approach as a practical implementation in realizing the SIMD concept, since the utilization of the logic gates is most efficient in this manner. Therefore, the vector architecture will continue to be the key component architecture, but how a supercomputer system will be designed is not necessarily a simple extrapolation to today's approach.

(2) While the vector architecture is approaching its mature stage as a component processor technology, adding more and more processors to one shared memory system will result in an obvious performance bottleneck due to the memory bus and memory bank contentions. Therefore, it is inevitable that the memory space is to be distributed across processors with a high speed interconnection network, in order to confine the memory accesses to each processor's own local memory as much as possible.

– Craig Mundie –

I believe that the traditional vector multiprocessor supercomputer systems are already under attack from both ends of the price and performance spectra. For the "traditional supercomputer" user who is after the highest possible performance, the massively parallel system rapidly overtake the vector multiprocessor, This migration will be limited by the rate at which the applications can be recast to run on this type of architecture.

On the other hand, the superscalar microprocessor technologies, as demonstrated by the INTEL i860 or the IBM RS/6000 architectures, have already superceded the traditional supercomputer in scalar performance, and when combined in parallel systems like the Alliant FX/2800 provide compelling throughput and performance at prices substantially below that of traditional systems. This pincer attack of the "Killer Micros" allows the best of both worlds -- optimal price/performance or maximum absolute performance -- and in the case of system built using the i860, there is the future prospect of compatible architectre, compilers, and development tools through the PAX specifications and tools from INTEL.

– Guy Steele –

It appears to me that parallel computer systems are now improving their cost–effectiveness much more rapidly than multi–vector processors. Let the market decide.

– Andreas Reuter –

Development in vector machines tends to focus on increasing peak performance, while widening the gap between experienced performance on most problems and the hard–to–achieve maximum performance. Another trend apparent in vector machine design is support for multi–processing. This is good for timesharing, but few people have achieved performance improvements on a single application by exploiting this feature. The rivals of the vector architecture right now are not so much any of the massively parallel architectures, but the super–scalar machines. These designs focus on keeping sustained performance close to peak performance, i.e. they behave in a much more predictable way than vector machines.. If they manage to increase their peak rates comparably, which is largely technology dependent, then their delivered performance grows faster than it is the case for vector machines. Clock cycles per FLOP is in the range of 2 for a machine a la CRAY X-MP, and about 2-3 for a super-scalar machines. Hardware designers claim that future super-scalar machines will have the same clock rates as vector supercomputers, so they will provide indistinguishable performance. The key point is this: Since super-scalars have a much better sustained performance over peak performance ratio, their peak performance for a given required sustained performance can be lower than that of a vector machine – which means they will be cheaper. So all things considered, super-scalar machines will supersede vector machines in many applications, especially those with mixed workload requirements. Vector machines might keep their edge in applications with long vectors so they can run close to their peak performance.

Question 4:

What is your opinion about massively parallel systems, and which architectural features will dominate (i.e. SIMD versus MIMD or shared versus distributed memory)?

– Steven Wallach –

The relative ease with which these systems can be built has encouraged this approach.

Graphs of performance curves also seem to support the use of massive parallelism. We can develop reasonable projections of where this parallelism technology may lead us in the future by looking at the expected performance increase of individual system components as there are DRAMs and CMOS gate arrays.

Is it reasonable to consider these components as potential building blocks of supercomputers to come? Many designers would say so: others would disagree. Such technological advances may contribute to the progress of massively parallel architectures, but it is not yet clear whether this design approach will ultimately be the most productive.

The system still lack the ease of use, the multijob/multiuser capabilities available in "chemical supercomputers" and worst of all there exist no common programming model for these systems.

We currently see local address spaces disappear in favour of global address spaces and a tendency away from hypercube topology to mesh topologies. Without a common programming model which is stable over at least a decade (as it is for vector/parallel computers) the number of 3rd party codes on massively parallel systems will stay negligible and so will be the acceptance in broad areas of scientific use.

– Justin Rattner –

Massively parallel machines will be the dominant super-performance computing machines of the 1990's. For those applications requiring the highest available performance, there simply will be no other choice. National efforts, such as the US High Performance Computing and Communication (HPCC) initiative will demand and encourage the wholesale movement of large-scale scientific computing to massively parallel architectures. Competitive scientific research will require access to the fastest massively parallel machines available.

In more price sensitive situations (e.g., industrial or commercial computing) wider use will be determined by the growth of third-party application software. Third-party applications growth will be driven by increasing hardware standardization and the portability of parallel software environments. The tremendous price-performance improvement afforded by parallel supercomputers will also spur the development of many new applications and provide a more level playing field for new suppliers.

Massively parallel architectures will become much more alike over time. Pure SIMD control architecture will disappear. Data parallel programs will move to MIMD machines through advanced compilation techniques and enjoy higher efficiency. All massively parallel machines will rely on physically distributed memory, but will offer both high performance message passing and efficient shared memory emulation. A combination of hardware and software techniques will be used to achieve this convergence, including shared virtual memory and directory-based caches.

– Carl Diem –

As we have indicated before, nobody really has the monopoly on deliverable performance. The only valid argument for the cost-performance advantage of MPP is the usage of commodity off-the-shelf components. With the advantage of volume production, machines made of those parts will enjoy a price advantage. However, in reality, those components (processors, memory, etc.) were optimized for the workstation market. They are not necessarily optimized to handle highly parallel, fine grain applications which the MPP is supposed to address. This fact often results in low efficiency system utilization for highly parallel codes. While commodity parts are not sure wins, a desirable approach may be to customize the architecture of those commodity parts for MPP applications. Features to support parallel executions need to be incorporated in the early design phase.

The battle between SIMD and MIMD will continue to be waged in the marketplace. In fact, since software is more of a deciding factor, whoever has the most mature software environment will win out. This issue may have a major bearing on the acceptability of the message passing paradigm.

– Kenichi Miura –

(1) As the raw speed of the circuits saturates, we have to depend on parallel processing for the future supercomputer systems. It should be noted, however, that the number of processors alone does not indicate the technological superiority of one manufacturer over another, but that what kind of circuit, packaging and cooling technologies are available determines the balance between the power of each processor and the number of processors in the system.

(2) In my own view, a hierarchical computing structure with vector processing at the low level, and MIMD parallel processing at the high level, will be the most versatile and flexible way for supercomputing.

– Craig Mundie –

I believe that for a significant period of time the massively parallel systems will be the "array processors of the 1990's". This is not meant to denigrate the capabilities and potential of this type of system, but only to reflect on the realities of the current state of the evolution of the memory systems and software environments of these machines. I think that parallel systems, at all levels, have the demonstrated capabilities to be the fastest systems at a given price point.

I believe that the "holy grail" of massively parallel systems in the near future will become the combining of hardware and software techniques to endow the massively parallel system with the perception of a common global memory, even though construction will obviously retain a physically distributed organization. This will be required to facilitate software development, which will be the gating item in the rate of acceptance, ease of use, and growth of this type of architecture.

– Guy Steele –

For reasons of cost–performance, massively parallel designs will surely be the first to achieve sustained teraflop performance. While it may be physically possible to achieve single–processor teraflop performance, it will require technologies that from today's standpoint must be labelled exotic; whereas the same performance can easily be achieved by the mid–1990's using a massively parallel design without radical technological breakthroughs.

There will be a great deal of debate and exploration of architectural details. The details will be governed, as always, more by the year–to–year economic consequences of engineering tradeoffs than by standards of "truth" or "elegance"; therefore such details are difficult to predict. They will probably depend much more on clock speeds, chip densities, and pinout limitations than on any notion of programming elegance. This is not to say that notions of programming elegance are unimportant; rather, given a decision to design an architecture that supports a style of parallel programming, engineering considerations are unlikely to suggest a one–to–one mapping between software and hardware features.

When notions of structured programming emerged in the 1960's, architectures were proposed to reduce the "semantic gap" by providing single instructions corresponding to IF–THEN–ELSE, DO loops, and procedure calls. Some of us can remember how unsuccessful they were. Even if we choose not to write GOTO explicitly in most of our code, it's okay for the hardware engineers, in their pursuit of speed and costeffectiveness, to make their engines run on JUMP instructions.

Similarly, whether we choose to present programming models that have single or multiple threads of control, present a shared–memory or message–passing or data parallel model, emphasize the global view ("multiply these matrices") or the local view ("do this in every processor"), there is every reason to believe that the hardware architectures will be optimized by providing a collection of lower–level building blocks for compilers to exploit, rather than an inflexible one–to–one mapping of hardware features to language features.

The one architectural feature that I am sure will survive is the use of hundreds, thousands, perhaps millions of processors. I think that distributed memory implementations are a logical consequence. Data parallel programming languages will continue to be useful for a large set of applications and computer architects will not ignore this.

– Andreas Reuter –

This is actually a bunch of questions wrapped into one. There is the question of SIMD vs. MIMD; then there is the problem of shared memory vs. distributed memory; and finally we have the issue of massive parallelism. Let me discuss each of them in turn.

SIMD machines exploit the same conceptual idea vector machines are based on: If there are many independent data elements, all of which have to undergo the same computation, let's give a processor to each of them. Architecturally, there are major differences, though. Rather than having one memory with a number of vector registers and a pipeline, these are independent processors, with their own memories, and they have an interconnection network for exchanging data. SIMD machines are typically run in a co–processor fashion, with a front end executing a single executing stream (all the control flow is handled there), and broadcasting each dataparallel statement to the SIMD backend. This is the major appeal of these machines: They can be programmed just like conventional machines, once you have figured out how to set up your data structures such that as many processors as possible have something to do. So they are great whenever a vector machine is great: if there really is a large degree of data parallelism, such as long vectors or huge matrices. The problem is that processors for which there are no data elements cannot be used for anything else. Most SIMD machines do not support timesharing at all, and if they do, it is done in a fairly crude, static fashion,, which prevents, among other things, the use of shared data. In order to keep a SIMD machine busy, you have make sure your problem is big enough so you drop below the maximum utilization only during start–up and when cleaning up again.

MIMD provides much more flexibility in terms of load balancing, dynamic task assignment, error handling and recovery, timesharing, etc. – it just is very hard to program, as was first demonstrated by the failure of ILLIAC IV to be the world's fastest machine. Little has changed since then. Proven success of MIMD machines is mostly in the area of timesharing. There are examples of speeding up processing for single problems on MIMD machines, but all this involved very careful algorithm design and coding at the machine language level *for that specific application*. The question if and based on which techniques MIMD can effectively be put to use for computationally intensive applications without calling for a new breed of programmers remains open for the time being. There is just one type of application where MIMD–type parallelism can be handselled via user–oriented programming languages: Parallel SQL databases. Surprisingly little cross fertilization between developers in this area and the classical parallel processing types has occurred so far. A quote from Patterson/Hennessy's book on computer architecture is very much to the point: "When the positive gains from timesharing are combined with the scarcity of highly parallel applications, we can appreciate the predicament facing computer architects designing large–scale MIMDs that do not support timesharing."

There are some attempts to blur the distinction between SIMD and MIMD machines by making the instructions to be executed by each SIMD processor more powerful and more general, so that they still execute in step, which is the SIMD–model, but each processor can do (slightly) different things within one instruction. Now if that was generalized to the point where the instruction only says "Run program X with your local parameters", then we would get significant timing differences between the processors, which would require to depart from the synchronous execution model–resulting in an MIMD scenario.

As to the last point: Shared memory will not play any role in supercomputing. The reason is simple arithmetics. Processors only maintain their high speed if everything is in their caches. Now as cycle times shrink so does the time a processor can wait for its data, which limits the allowable distance of memory from the processor. The development in processor speed clearly indicates that as much memory as possible should be on the same chip as the processor. That's where sharing definitely ends. Even today's shared memory machines go through great difficulties to mask the fact that, yes, there is shared memory, but that each processor has its own cache. Synchronization of a large number of processors sitting around a single (slow) shared memory becomes a killer problem as soon as you approach high performance. Experiences with implementing software packages like database systems onto shared memory systems and tuning them for performance has clearly shown that the software must be well aware of which processor it is using for which parallel task (i.e. which context is in which cache) in order to avoid frequent cache invalidations which can reduce performance by more than an order of magnitude. Once you have to keep track of task allocation, you are effectively programming against an MIMD model.

Real shared memory is doomed (from the perspective of high performance computing) because there is no way of increasing the speed of light. Virtual shared memory is OK for high level programming, where ease of use rather than performance is the issue. For supercomputing, programming on a virtual shared memory platform is beyond the current–of–the–art in the areas of compilers, operating systems, and load balancing – and will probably stay there for the foreseeable future.

Question 5:

What will be the impact of VLSI–RISC chip technology?

– Steven Wallach –

We can assume that by the year 2000, one–gigabit or 128 MB DRAMs, and gate arrays with 2 to 4 million gates (or custom designs yielding 8 to 10 million transistors) will be available commercially. With a maximum of two chips we will be able to build a CPU that forms the core of a system that today is housed in a five–foot–high, 19–inch–wide cabinet and that consumes 8,000 to 10,000 watts of power. These chips will be able to sustain performance rates of 0.4 to 1.0 GFLOPS. The CPU portion of the system will contain 8 to 16 processors, each operating at a clock rate of 10 nanoseconds or less. With such capabilities available, a teraFLOPS computer will be thought of as mundane, and nothing short of a petaFLOPS machine will deserve the title "supercomputer". This data suggests that compute performance and memory will continue to develop at an impressive rate.

We should keep in mind, however, that increases in supercomputer performance will also be affected by increases in sustainable memory bandwidth.

Put simply, if you cannot access the data, the speed at which you can do numerical processing is irrelevant. Solving this problem is one key reason for building massively parallel machines with processors that have their own local memories. While this approach alleviates many of the difficulties of machine design, it doesn't solve any problems for software developers.

– Justin Rattner –

Microprocessors have become so powerful that fewer and fewer proprietary processor architectures are being developed or implemented. This trend is certain to continue. Microprocessor–based systems will come to dominate all levels of price and performance.

RISC as a microprocessor design technique will, of course, survive. Frequently executed instructions should, quite obviously, execute in the shortest possible time. RISC as an architectural school, however, will fall victim to vastly increased transistor budgets and the demand for ever more performance. Superscalar and superpipelined microprocessors will be enormously complex to design and test. The RISC goal of a simple, very fast processor will be abandoned in favor of multiple execution pipelines driven by sophisticated, out–of–sequence, instruction and resource schedulers.

Perhaps the greatest impact of the post-RISC microprocessors will be to drive compilers to far higher levels of sophistication than is common today. Exploiting the complex pipelines, multi–level caches, and out–of–sequence instruction schedules will put further pressure on chip vendors to develop new compiler technology in concert with new processor development.

– Carl Diem –

We don't believe RISC per se is the issue here. The CRAY-1, being one of the first RISC machines, has been around for 16 years. The concept of deeply pipelined and multiple pipelined execution, recently "discovered" by the RISC vendors, was routinely used in the supercomputer world since the CRAY-1. We believe that some of the recent architectural innovations, such as the incorporation of decoupled execution units in support of dynamic scheduling, superscalar and controlled trapping will break new ground in the supercomputer world. We believe that the real issue here is not the RISC based microprocessor but the VLSI technology. In that, nobody really holds a monopoly.

– Kenichi Miura –

As the degree of parallelism increases, we definitely will have to depend more on VLSI technology, but the clock speed should not be sacrificed so that the number of processors can be within an reasonable limit. In a parallel system, the scalar unit of a processor element will benefit most from the RISC architecture, together with an appropriate choice of circuit technology. Fujitsu, a vertically integrated company, is actively pursuing various technologies such as CMOS, BiCMOS, ECL, and GaAs to cover a wide spectrum of products.

– Craig Mundie –

First, let me separate VLSI and RISC. VLSI techniques will allow the steady escalation of the number of transistors which can be placed randomly on a die and interconnected. This will allow the regular improvement in clock rates due to the level of single–chip system integration. This will have a profound effect on systems in the next decade.

As far as RISC goes, I am definitely in the camp which believes that RISC is an acronym which means "leave the Really Important Stuff for the Compiler". The value of this tradeoff of hardware control complexity for compiler complexity is a good one and will result in the RICS architecture requiring fewer transistors at any given point and thus facilitating the incorporation of other critical processor and memory components on the same die a generation earlier in the future.

– Guy Steele –

It is important to realize that we have already seen more than one cycle of the RISC/CISC tradeoff. I believe that the oscillation between the two has been driven primarily by packaging limitations.

Remember the DEC PDP-8, or its predecessor the PDP-5? There was a true Reduced-Instruction-Set Computer for you, and that was 25 years ago. Eight operation codes with a very simple instruction format; the bulk of the arithmetic operations were register-to-register. Another example was the Data General NOVA. An even more extreme (and obscure) example was the Ferroxcube FDC-300, which had no ALU; it was entirely a loadstore architecture, and performed all arithmetic operations (except incrementation of the program counter) by table lookup.

These were all examples of the most computer you could get on a backplane for a reasonable price. As LSI technology came into its own, boards got denser, and you could get more complex computers into the same backplane. Finally it got to the point where you could get an entire computer onto a board, if you made it simple again. Then single-board computers got incrementally more complex, until suddenly you could get an entire processor onto a chip--if you made it simple again. Then things got denser still, and it was realized that you could get a big pile of registers on the chip and really clock away on them, if only you simplified the processor again.

There is at least one more turn of this wheel to come: when you reach the point that you can get a microprocessor, a good 64-bit floating-point unit, memory management, and a really large chunk of memory (a megabyte, say) all on one chip. When that becomes barely possible, the microprocessor and memory management will once more be simplified to the bare bones (perhaps the floating-point unit also) in order to get it all on the chip. Then the complexity of this single-chip package will begin to increase again.

> Fortuna rota volvitur!
> Descendo minoratus;
> Alter in altum tollitur
> Nimis exaltatus.
>
> --from Carmina Burana (13th century),
>   found at the Benediktbeuern Monastery, Bavaria

– Andreas Reuter –

Advances in both RISC– and VLSI – technology will force us to redefine supercomputing in terms of cost per machine rather than performance figures. The vast majority of problems in science and engineering that currently require supercomputing gear will move to $10,000 boxes on everybody's desk within the next 10 years. This is the conservative forecast of technological development:

Year	1 Chip CPU Speed	1 Chip DRAM memory	1GB Disc Size
1990	10 MIPS	4 Mb	8"
1993	80 MIPS	16 Mb	5"
1996	500 MIPS	64 Mb	3"
1999	1000 MIPS	256 Mb	1"

Such computers are called 3B machines (1 billion instructions per second, 1 billion bytes of DRAM storage, and a billion bytes per second of I/O bandwidth). A 4B machine will suport a billion bit display, that is 3000x3000 pixels and each pixel 32 bits of shading and color. The prices are estimated to be something like that:

Year	1 Chip CPU	1 Chip DRAM memory	1GB Disc Size
1999	100$	7$	50$

Given these costs, one could buy a processor, 40 memory chips, several high-speed communications chips, and ten discs, package and power them for a few thousand dollars. This will not be supercomputing, it will be personal computing. No doubt there will be problems that require "real" supercomputing, such as 1000 time faster than that. Quantum chromodynamics, global weather forecast and other applications are already out there and waiting. And maybe somebody sees a market for a fully interactive version of "Gone With The Wind".

Question 6:

Give a short outline on the development beyond 1995 as expected by yourself.

– Steven Wallach –

Architectival features of a supercomputer beyond 1995 will be:

- IEEE arithmetics (real *4, real *8, and real *16)
- –big–endian byte ordering;
- virtual memory support;
- a tight coupling with other nodes on a network, permitting the support of fine–grain parallelism across nodes;
- global logical and byte–addressable address spaces;
- HPPI (both parallel and fiber optic) as the standard I/O interface;
- HDTV channels as the standard visual output media

Further, the machine's architecture will have to be scalar, vector, SIMD, and systolic.

A closer examination from the user's perspective, however, reveals something else. A superscalar, pipelined, graphical, userfriendly work environment will be standard equipment for users and developers. Programs will be written using an composition editor.

Multiple PEX (PHIGSExtensions to X) color windows will help users quickly determine errors in the syntactical and semantic structure of their programms.

Syntax–directed compilers and compiler environments will be the norm. During the compilation phase, full interprocedural analysis will be performed and, where appropriate, compiler–emitted queries will be issued to the user.

The major scientific languages will be FORTRAN, C++, Ada, and LISP. Many higher–level mathematical environments, such as Mathematica, will also be commonplace. The popularity of these more advanced environments will grow because most programming languages currently available are inexact metalanguages for the exact expression of mathematical equations. That is to say, if a system is not easy to program, it will find limited use.

– Justin Rattner –

Machines capable of sustained speeds in excess of one teraFLOPS should reach full production status. Massively parallel machines should enjoy a sizeable and growing, third–party application software base. Higher performance machines will continue to be built. Machines with 10–TFLOPS capability should appear about the end of decade.

The latter half of the decade should also see an increasing amount of monolithic photonic circuitry in parallel supercomputers. Photonics will be essential at the higher operating frequencies (i.e., 100 MHz and up) to control power dissipation and reduce electromagnetic interference. Photonic circuits will be found side by side electronic circuits at the chip, module, board, backplane, and subsystem levels. Pure optical computers are unlikely this decade and remain uncertain even after the millennium.

Multiprocessor network servers and workstations moving up in performance are certain to meet parallel supercomuters moving down in price sometime around the middle of decade. Once machines with physically distributed memory appear on the desktop or along the network, much of the software technology developed for massively parallel computers will appear in these lower–priced systems. These will not be backends or co–processors such as we see today, but complete, stand–alone systems.

– Carl Diem –

In the later half of this decade, Cray Research's Triton Project will continue to deliver products which are enhancements to the current parallel vector architecture. The Triton products will offer peak performance in the 64 to 256 GFlop range. In addition Cray Research has underway the development of a massively parallel (MPP) supercomputing product. The MPP product will be closely coupled to the more general purpose parallel vector system and permit sustained execution rates for a range of applications in excess of 1 TeraFlop.

– Kenichi Miura –

Fujitsu will be targeting a teraflops system by the year 2000.

– Craig Mundie –

Beyond 1995 I expect to see a period of time of "architectural consolidation". By then I expect that microprocessor-based parallel systems will exist at every level from the desktop to the supercomputer. I expect more complexity in the memory systems of these various systems with much of the burden for managing the side–effect and opportunities of such falling to the compilers. By this time I also expect to see a revolution at the desktop with the arrival of the multi–media technologies. From this I predict that the next great discontinuity will occur in the last half of the decade with the movement to make the entire computing spectrum capable of supporting visual and vocal interfaces to the currently existing types of applictions. Because of this, I predict that a fundamental type of I/O for computers in the future will be compressed digital video...

– Guy Steele –

We will continue to see order–of–magnitude improvements in computational performance and price-performance at 5–year intervals (or less) for at least the next 20 years. This will require some technological breakthroughs.

By the year 2000, the world's largest computer will have performance approximately equal to one ENIAC for every man, woman, and child on the face of the planet.

By the year 2010, the world's largest computer will have performance approximately equal to one IBM 360 for every man, woman, and child on the face of the planet. It will not be a single massive installation, but a networked computational utility, a cross between the telephone system, the Internet, and the electric company. Computational utility companies will load–balance and trade computational cycles just as electric utilities do today. Data will be distributed for fault–tolerance against hardware crashes and tornados (see, for example, Michael Rabin's paper in the April 1989 Journal of the ACM). The primary uses of this utility will be, as for any pervasive technological breakthrough, business applications and personal entertainment. We will see some truly amazing video games.

Desktop terminals will have a minimal amount of computing power—perhaps one to ten gigaflops—for trivial personal computations and managing the human interface. If you want to do anything real, you will plug into the wall or use cellular radio connection. Little portable computers will be used in the same way as pocket calculators and flashlights, to be carried around and docked in their rechargers as necessary; physically they will consist of little more than a stylus–sensitive screen, a microphone, and a speaker: a one–gigaflop Etch–a–Sketch that you can argue with. They will also talk to cellular radio or satellites, and listen to (and buffer) a continuous stream of broadcast data including at least time, weather, global positioning beacons, and the top news stories.

– Andreas Reuter –

People will pursue the quest for the "El Dorado" of supercomputing along different paths, as is shown in the following figure (quoted from: Hennessy, J. L., Patterson, D.A.: Computer Architecture, A Quantitative Approach, Morgan Kaufmann Publishers, 1990).

The high path, represented by the CM–2 approach, i.e. massively parallel machines, is easy for the programmer. Assuming he has his applications written for a 64K processor machine, then (that is the assumption) not much will change qualitatively if the machine has 1M processors instead. Basically, the programmer can sit and wait until the hardware people get their act together and make the processors faster. This, in turn, is not a trivial task, because as the processors get fast and their number increases, the interconnection bandwidth has to increase quadratically in order to avoid communication bottlenecks.

The low path starts out with just a few very fast processors, but as they reach the physical speed limits, one has to employ many more of them. This is easy for the hardware people, it's just more of the same, but the software guys who have written nicely tuned programs for a CRAY X–MP will have a hard time changing these programs such that they can effectively employ 10,000 such machines.

The most likely scenario is that people will hook together a moderate number of 3B machines, say, 1,000 of them, thus building a 1 TIPS machine. It will look something like this:

$\simeq$ 1,000 processors = 1 TIPS (trillion instructions per second)
$\simeq$ 30,000 DRAMS (256Mb each) = 1 TB (one terabyte RAM)
$\simeq$ 10,000 discs (1GB each) = 10 TB (ten terabytes disc)

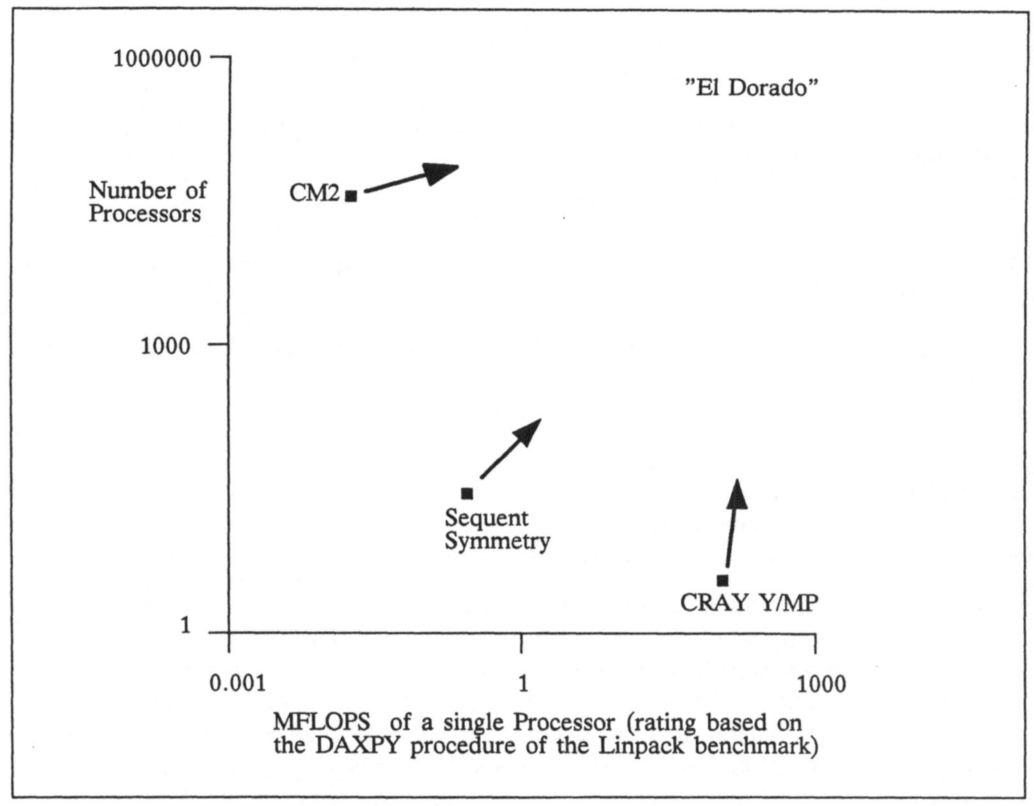

It will be built (something similar to this probably by 1995), and somebody will spare no expenses to adapt some programs to demonstrate its performance. The issue of how to program these machines in general will remain unsolved, though.

Apart from that, I am favoring Gordon Bell's position in his bet with Danny Hillis, saying that by the end of 1995 the majority of sustained supercomputing MFLOPS will be delivered by moderately parallel machines (no more than 100 data streams) rather than by massively parallel machines.

But one also has to understand that the vast majority of computing in the 3B machine scenario will be done by having these desk top machines cooperate on larger problems via sufficiently fast networks. This is distributed computing rather than parallel machine architecture in the classical sense, and the programming aspects involved are even harder than the ones mentioned before. Managing such networks is a fairly new field which calls for very powerful servers, probably 3T machines. It is quite possible that the main job of supercomputing in the future will be the management of 3B–machine networks.

Question 7:

What is the spectrum of applications on present architectures? What kind of applications (novel ones) do you expect in 1995 and beyond?

– Steven Wallach –

The spectrum of application covers all areas of scientific computing and also an increasing number of commercial requirements.

Quantitatively CONVEX offers by far the largest number of applications available on a supercomputer (1200).

A lot of vendors of well known codes have also decided to choose CONVEX as a development platform because the C–series architecture integrates significant features seen as standards in scientific and technical computing. Byte addressibility, RISC–like instruction set, IEEE–datatypes compatible to the workstation world under UNIX and a sophisticated development environment for the VMS–Operating system and production.

In conclusion, I return to the issue of memory bandwidth and its relationship to compilers and programming style. (Please refer to the adjoining article for a further elaboration). No matter how smart we make our compilers, how massively parallel we make our supercomputers, or how fast we make our memory subsystems, we should, at least, write sensibly structured programs. Otherwise – to borrow a term used in response to a pervasive FORTRAN programming style practiced on supercomputers of the late "70s and early 80s" – our software will become pornographic: we'll no longer be able to define specifically what it is but we'll know it when we see it.

– Justin Rattner –

The full range of scientific and engineering applications have been implemented on Intel parallel supercomputers. The DELTA and the commercial SIGMA–based machines are expected to be one of two platforms of choice for the scientific Grand Challenge projects now beginning in the United States.

One of the more unique application areas for Intel parallel supercomputers is computational finance. For example, the iPSC/860 system at Prudential Securities in New York is on–line and in daily use by traders and investment bankers. The machine is used to evaluate security portfolios, estimate bond yield, and to design new financial instruments. As financial companies around the world come to appreciate that computing power can mean the difference between making money and not making money, this application area is expected to enjoy considerable growth.

We also expect to see a growing number of non–numeric applications for our machines. Multicomputers are ideal for performing complex analyses of very large, unstructured databases. The result will be a variety of new information, marketing, and financial services for industry and for the general public. Multicomputers will also revolutionize large-scale scientific data gathering and retrieval for applications such as EOS, the Earth Observing System.

Late in the decade super-performance architectures will enable virtual reality entertainment applications to be built for home use. Instantaneous three-dimensional visualizations and sonifications (i.e., data-driven sound) of remote or entirely synthetic worlds will be available at the touch of a bottom. With joystick and throttle we will fly effortlessly across the surface of distant planets from our easy chair or define and explore completely artificial environments whose definitions of time and space are entirely at our discretion.

– Carl Diem –

There are literally thousands of different applications problems being run and solved on CRAY Y-MP systems today. The spectrum ranges across quantum chemistry, astrophysics, petroleum engineering, weather modelling, oceanography, car crash analysis, aerodynamic flow, injection molding, stock portfolio analysis, battlefield analysis, electronic circuit design, image processing and others too numerous to mention. Several hundred third-party applications packages are supported and optimized for Cray Y-MP systems. In addition, Cray Research is developing, marketing and supporting high level distributed applications suites, such as UNICHEM and MPGS. These products allow scientists and engineers to do their work more productively by providing effective graphical interfaces and analysis tools distributed between Cray Y-MP systems and powerful workstations.

In the next decade we will see supercomputer applications which combine several different disciplines to emulate real world products and phenomena much more realistically. Supercomputers will couple to real-time input and output devices, so that, for example, an engineer would be able to "sit" in the simulated new car design and see, hear and feel how the vehicle performs.

– Kenichi Miura –

Since Fujitsu's vector Processor Systems are designed around a general purpose scalar unit and Fujitsu also provides a very powerful vectorizing compiler, they have been used in very wide application areas. Approximately 50% of the installations of Supercomputer Systems manufactured by Fujitsu (over 100 worldwide) are in academic and research environment (universities, nuclear reactor, nuclear plasma fusion, aerospace, astronomy, computing service bureau, etc.), and 50% in the industry (construction, heavy industry, automobile, chemical, petroleum, electronics etc.). As for new applications, we expect more systems to be used in such areas as pharmaceutical, financial, optimization etc. Also the grand challenge problems will be important applications for Fujitsu's future supercomputer systems.

– Craig Mundie –

All of the traditional computationally-intense applications run on Alliant systems today. With the advent of spectacular scalar performance from the superscalar microprocessor system, we are seeing increasing demand for such applications as high performance mass storage, data base management and communications services. Some of the more interesting applications are the use of our systems for photo-realistic rendering applications, which is used in everything from television commercials to automotive design studies.

I think that in the future these parallel supercomputer systems will be the place where the "Killer Application" of the future will be developed. Many people think that such an application, like the next Lotus 1-2-3, lurks around the corner. It may! But, I believe that the real Killer Application of the 1990's will be the development of vocal and full-motion visual interfaces for the applications we already know. Independent of the computational requirements of the application in question, the computational requirements of the voice and full-motion visual interfaces are sufficient to drive the requirement for parallel computation at all levels of the computing price spectrum.

- Guy Steele -

Connection Machine systems are being used to support a wide variety of scientific computing applications that require the processing of massive amounts of data. They are also being appplied to certain database applications and to animation. I expect to see these areas of application grow in the near future.

- Andreas Reuter -

As a university institute we are probably not highly representative. We are using SIMD- and MIMD-machines, shared memory and distributed memory, moderate parallelism and massive parallelism. The applications range from data intensive problems (large databases), via numerical problems, image processing and logic programming to neural network simulation. We are developing these parallel applications mostly to understand their inherent parallelism, some of the load balancing issues and the ways to have compilers automatically generate parallel code – and we are doing it for the fun of it.

Acknowledgment: Many of the thoughts sketched above have been a result from discussions with (or a direct input from) Jim Gray. Following his assessment of the direction technology is headed, it's about time to consider which discipline to take on after computer science.

Question 8:

Which concepts will survive and which companies will exist in 1995?

- Andreas Reuter -

All the concepts discussed above will be around for some time. Shared memory will eventually drop below the event horizon of all fast processors. The notion of virtual shared memory is not likely to survive either; it will eventually be replaced by programming concepts a la DCE that are designed for a distributed environment rather than trying to hide it. Which companies will be around? Well, if I had some solid information on that I would be a stock broker making real money rather than wasting my time doing computer science. Generally, the survival rate of all these "parallel this"– and "high performance that" – companies will be low, as usual, maybe even lower, because most of them have no good software basis. But from discussions with people observing the field I get the impression of increasing concern about the future of the business, not only at the supercomputing fringe. It has to do with the 3B machine scenario sketched above. These machines will eventually be commodity items; $10,000 a box. It is the case that all of today's commercial and scientific computing can be done with these things, which means, from an application's perspective, hardware is for free. On the other hand, there are companies in the computer business making $60 billion revenues per year, to a large degree by selling hardware and maintaining it. Now, given our scenario, hardware revenues will drop to zero. Nobody will sign a $1000,000–per–year maintenance contract for a $10K machine either – so where will the revenues come from? It looks like the answer to that question will determine which companies are around in the next decade (century, millennium, as you please), and not subtle ideologic battles over SIMD vs. MIMD.

Question 9:

What will be the user requirements in 1995 and which architecture will be the most comfortable and/or economic one?

– Andreas Reuter –

Users will require what they always required: A simple, yet powerful interface, a programming model they can relate to, a programming environment that allows them to build their solutions from libraries of existing components, and lots of good graphics. There is no way users can ever be made program parallel machines – as parallel machines, that is. All that trickery must be hidden underneath the platform. For the next 5 – 10 years the vast majority of demanding users will be served best by super–scalar workstations, because it is for these that most of the items in the wishlist are already there.

Autorenverzeichnis

Bader, Georg, promovierter und habilitierter Mathematiker, ist seit 1991 im DFG–Schwerpunktprojekt "Strömungssimulation auf Höchstleistungsrechnern" am Institut für Angewandte Mathematik der Universität Heidelberg tätig.

Barker, W. B., Dr., ist Präsident von BBN Advanced Computers Inc.

Bemmerl, Thomas, promovierter Informatiker, ist Leiter der Forschungsgruppe Parallelrechner und des Parallelrechnerlabors an der TU München.

Brandes, Thomas, ist zuständig für Anwendung und Beratung in der Abteilung für Höchstleistungs- rechner in der GMD Birlinghoven. Er promovierte in Mathematik/Informatik an der Universität Marburg.

Bräunl, Thomas, promovierte über massivparallele Programmierung mit dem Parallaxis–Modell und ist seit 1990 am Institut für Parallele und Verteilte Höchstleistungsrechner der Universität Stuttgart.

Butscher, Werner, Dr. rer. nat., vormals in Forschung, Marketing und Vertrieb bei Cray Research, Prakla Seismos, Alliant und Convex tätig, ist nun General Manager der MasPar Computer GmbH.

Chatah, Mahmoud, ist Dipl. Ing. der Nachrichtentechnik (RWTH-Aachen), seit 1987 ist er Mitarbeiter bei Parsytec, und dort seit 1990 Gruppenleiter der Systemplanung.

Diem, Carl, ist Vice President Marketing Support bei Cray Research Inc.

Färber, Georg, Dr.-Ing. in Nachrichtentechnik, Firmengründer von PCS in München, ist Inhaber des Lehrstuhls für Prozessrechner an der TU München.

Gietl, Horst, Dr. rer. nat. in Mathematik, jetzt bei SIEMENS Leiter des Vektorrechner Produktzentrums. Hauptinteresse: Numerische Algorithmen auf Vektor- und Parallelrechnern.

Hertweck, Friedrich, promovierter Physiker der Universität Göttingen, ist Direktor des Bereiches Informatik am Institut für Plasmaphysik (IPP), Garching und Honorarprofessor für Informatik an der TU München.

Jirka, Friedrich, legte sein Informatik-Diplom an der Universität Bonn ab und ist Projektleiter des Connection-Machine-Labors der GMD Birlinghoven.

Jarp, Sverre, stammt aus Norwegen, promovierte in Theoretischer Physik (TH Trondheim) und ist Leiter des Bereiches Software bei CERN (Europäisches Laboratorium für Teilchenphysik) in Genf.

Krämer-Fuhrmann, Ottmar, Dipl.-Inf., ist zuständig für die Entwicklung von Programmierwerkzeugen für Parallelrechner in der Abteilung für Höchstleistungsrechner in der GMD Birlinghoven.

Miura, Kenichi, Ph. D. in Computer Science, ist Leiter der Computational Research Division bei Fujitsu America Inc, er hat erstmalig Monte–Carlo–Verfahren erfolgreich vektorisiert.

Mundie, Craig J., Master's Degree in Computer Science, 1982 Mitbegründer von Alliant Computer Systems Corp., ist jetzt Chief Executive Officer von Alliant.

Rattner, Justin, Intel Fellow und Director of Technology für Intel Supercomputer Systems Division, war Projektleiter für das 150 GFLOPS Touchstone System und wurde 1989 vom R & D Magazine zum Scientist of the Year ernannt.

Reuter, Andreas, Prof. Dr.–Ing.,Ordinarius, ist seit 1989 Direktor des Instituts für Parallele und Verteilte Höchstleistungsrechner an der Universität Stuttgart.

Ries, Bernhard, machte sein Diplom in Informatik an der TU München und ist wissenschaftlicher Mitarbeiter am Lehrstuhl von Prof. Dr. Bode mit dem Arbeitsgebiet "Rechnertechnik und Rechnerorganisation".

Steele, Guy L. Jr., Director of Advanced Software Development, ist Senior Scientist bei TMC. Dr. Steele leitet Entwurf und Implementierung von Programmiersprachen sowie anderer systemnaher Software für die Connection Machine.

Schmidt–Voigt, Michael, promovierte in Astrophysik am MPI für Astrophysik in Garching und ist nun, nach einer Mitarbeit bei Siemens im Vektorrechner Produktzentrum, bei nCube als Systemberater (Software) tätig.

Wacker, Hans–Martin, Dr. rer. nat. in Mathematik, ist Institutsleiter der GMD Birlinghoven. Spezielle Interessen: Bewertung und Konfigurierung von Groß– und Größtrechnern.

Wallach, Steven J., Mitbegründer der Convex Computer Corp., Chefdesigner der Convex C1, Senior Vice President of Technology und Mitglied des Convex Board of Directors, ist Inhaber von 33 Patenten auf dem Gebiet des Computerdesign.